高等职业教育财经商贸类专业系列教材

财政金融基础

主　编　张晓华
副主编　汤筱娴
参　编　段洪俊　孙翊　欧杨
主　审　张卫平

机械工业出版社
CHINA MACHINE PRESS

本书根据我国当前推进国家治理体系和治理能力现代化的背景，建立现代财政制度与深化金融改革的实践，按照高职人才培养要求，结合编者多年教学经验，全面介绍财政学与金融学相关基础知识。本书主要内容包括财政、财政收入、财政支出、国家预算、金融与货币、信用与利息、金融机构及业务、金融市场、货币供求、宏观经济政策。本书全面体现教学改革的基本思路，落实立德树人根本任务，设置学习目标、模块引例、延伸阅读、小资料、讨论与提升、模块小结、复习思考题、技能实训等栏目，帮助学生理解课程内容，提升学生职业能力。

本书注重实用性，语言通俗易懂，可作为高职院校大数据与会计、大数据与财务管理、金融服务与管理等相关专业教材，也可作为企业人员的培训用书，还可作为社会相关人员学习财政与金融知识的参考用书。

本书配有电子课件、习题答案、试卷及答案、课程标准等教师用配套教学资源，凡使用本书的教师均可登录机械工业出版社教育服务网www.cmpedu.com下载。咨询可致电：010-88379375，服务QQ：945379158。

图书在版编目（CIP）数据

财政金融基础 / 张晓华主编．—北京：机械工业出版社，2023.6（2025.3 重印）
ISBN 978-7-111-73283-9

Ⅰ．①财… Ⅱ．①张… Ⅲ．①财政金融—高等职业教育—教材 Ⅳ．①F8

中国国家版本馆 CIP 数据核字（2023）第 098261 号

机械工业出版社（北京市百万庄大街 22 号　邮政编码 100037）
策划编辑：孔文梅　　　　　　　责任编辑：孔文梅　张美杰
责任校对：肖　琳　陈　越　　　封面设计：王　旭
责任印制：常天培
北京机工印刷厂有限公司印刷
2025 年 3 月第 1 版第 4 次印刷
184mm×260mm・14.25 印张・302 千字
标准书号：ISBN 978-7-111-73283-9
定价：45.00 元

电话服务	网络服务
客服电话：010-88361066	机 工 官 网：www.cmpbook.com
010-88379833	机 工 官 博：weibo.com/cmp1952
010-68326294	金 书 网：www.golden-book.com
封底无防伪标均为盗版	机工教育服务网：www.cmpedu.com

前言

国家财政的收入支出和金融相互间的关系,即为财政金融。财政与金融作为经济社会发展的两大支柱,承担着资源配置、收入分配和宏观调控三大职能,二者协同是经济高质量发展的内在要求,是构建新发展格局的重要保障。建立现代财政金融体制,是推动高质量发展的内在需要,是推进国家治理体系和治理能力现代化的重大任务,对于以中国式现代化全面推进中华民族伟大复兴具有重要意义。

教育是国之大计、党之大计。党的二十大报告对"办好人民满意的教育"做出专门部署,凸显了教育的基础性、先导性、全局性地位,彰显了以人民为中心发展教育的价值追求。为适应我国财政金融领域快速发展对人才的迫切需求,我们从实用的角度出发,理论联系实际,组织教学经验丰富的教师,完成了本书的编写。本书主要内容包括:财政、财政收入、财政支出、国家预算、金融与货币、信用与利息、金融机构及业务、金融市场、货币供求、宏观经济政策。

本书的主要特点有:

(1)坚定中国特色财政金融发展道路,全面贯彻新发展理念。本书在编写过程中,通过知识讲述,全面彰显财政金融工作的政治性、人民性。通过延伸阅读模块反映了党的二十大报告提出的财政金融领域高质量发展主题,例如:加强财政政策和货币政策协调配合;健全现代预算制度,优化税制结构,完善财政转移支付体系;深化财政科技经费分配使用机制改革,激发创新活力;完善支持绿色发展的财税、金融、投资、价格政策和标准体系;加大税收、社会保障、转移支付等的调节力度;完善个人所得税制度;深化金融体制改革,建设现代中央银行制度,加强和完善现代金融监管;健全资本市场功能,提高直接融资比重等。

(2)坚持立德树人,将铸魂育人落到实处。本书以习近平新时代中国特色社会主义思想为指导,落实立德树人根本任务,结合课程实际和育人要求,融入"爱国情怀""职业操守""诚实守信""法治意识""民族自信""工匠精神""严谨求真"等方面的内容,把社会主义核心价值观融入课程教学、人才培养全过程,发挥财政金融领域蕴含的铸魂育人功能,满足学生成长发展需求。

(3)内容新颖,语言简洁生动。本书运用通俗易懂的语言,辅以贴近生活的典型案例,让学生在学习财政金融理论的同时,能够对财政金融现象进行理解和分析,激发学生学习的积极性,增强学习的趣味性。本书紧跟财政金融形势的变化,对近期发生的热点问题,进行了适当的梳理和总结,实现学习与应用的相互结合、相互促进。

（4）适应职业教育发展，以职业素质能力培养为重点。本书在编写过程中以履行岗位职责所需要的知识适度够用为基本原则，强调学生在学习过程中的主导地位，核心目标是使学生具备从事对应职业所必需的职业能力与素养。在体例结构上以案例为引导，揭示重点素质培养内容，在正文中有针对性地插入延伸阅读、小资料等栏目，便于学生深刻理解和灵活掌握，提高学生学习的自主性和积极性。通过讨论与提升栏目进行素质拓展，复习思考题与技能实训能够有效提升学生职业能力。

本书由江苏财经职业技术学院张晓华教授主编，张卫平教授主审，汤筱娴老师担任副主编，段洪俊、孙翊、欧杨老师参加编写。编写分工如下：张晓华编写模块二、模块五、模块八、模块九，汤筱娴编写模块三、模块四，段洪俊编写模块七，孙翊编写模块一、模块十，欧杨编写模块六。

本书配有电子课件、习题答案、试卷及答案、课程标准等教师用配套教学资源，凡使用本书的教师均可登录机械工业出版社教育服务网www.cmpedu.com下载。咨询可致电：010-88379375，服务QQ：945379158。

在编写的过程中，我们借鉴了国内外有关的文献资料、论著和教材，引用了相关研究成果，并得到财政金融行业资深人士的具体指点和帮助，在此，我们表示最诚挚的感谢。同时也感谢机械工业出版社对我们的大力支持和帮助！由于时间及资料所限，加之编者水平有限和工作中可能的疏漏，本书难免存在不足和不当之处，恳请专家、读者批评指正。

编　者

二维码索引

序号	名称	二维码	页码	序号	名称	二维码	页码
1	财政的一般特征		006	9	转移性支出		058
2	公共产品的分类		009	10	国家预算的概念		071
3	财政收入		021	11	国家预算的编制		076
4	税收		025	12	国家预算体系		080
5	国债		037	13	金融分类		093
6	财政支出的概念		045	14	货币的产生		096
7	财政支出的原则		046	15	货币职能		101
8	购买性支出		052	16	信用基本知识		115

（续）

序号	名称	二维码	页码	序号	名称	二维码	页码
17	商业信用		117	25	债券		166
18	终值和现值		123	26	货币需求		178
19	影响利率因素		127	27	建设现代中央银行制度		182
20	中央银行		137	28	通货膨胀含义		186
21	商业银行		138	29	宏观调控的目标		201
22	商业银行资产业务		147	30	财政政策工具		206
23	金融市场构成要素		159	31	一般性货币政策工具		210
24	健全资本市场		163				

目录

前言
二维码索引

模块1 为人民管好国家"钱袋子"——财政 001
    1.1 探寻政府"理财之政"的奥秘 002
    1.2 共享单车与"搭便车现象" 008
    1.3 发挥财政职能 助力乡村振兴 011
    复习思考题 016
    技能实训 018

模块2 财政的取之于民——财政收入 019
    2.1 财政收入较快增长折射经济发展质量提升 020
    2.2 从生态文明建设的"绿色礼物"谈起 025
    2.3 购买国债 利国利民 036
    复习思考题 040
    技能实训 041

模块3 执政为民——财政支出 043
    3.1 财政支出概述 044
    3.2 购买性支出 052
    3.3 转移性支出 057
    复习思考题 063
    技能实训 065

模块4 全面翔实的国家账本——国家预算 067
    4.1 国家预算概述 069
    4.2 国家预算的编制、审批、执行和决算 076

	4.3 国家预算管理体制	079
	复习思考题	087
	技能实训	090

模块 5　评价物品价值的标尺——金融与货币　091

	5.1 资金的融通	092
	5.2 货币	096
	5.3 货币制度	104
	复习思考题	110
	技能实训	112

模块 6　金融的逻辑起点——信用与利息　113

	6.1 从房屋按揭贷款被拒谈起	114
	6.2 令人不可小觑的利率	122
	复习思考题	130
	技能实训	133

模块 7　服务实体经济主力军——金融机构及业务　135

	7.1 北京有一条金融街	136
	7.2 认识商业银行	144
	7.3 认识中央银行	150
	复习思考题	154
	技能实训	156

模块 8　盈余和短缺的融通桥梁——金融市场　157

	8.1 你了解金融市场吗	158
	8.2 投资理财的主战场——资本市场	162
	8.3 资本市场的孪生兄弟——货币市场	169
	复习思考题	173
	技能实训	176

模块 9　货币从哪里来又到哪里去——货币供求　177

	9.1 对持有货币的要求程度	178
	9.2 社会运转究竟需要多少钱	181

9.3	从津巴布韦通货膨胀谈起	185
	复习思考题	196
	技能实训	198

模块 10　急则治标　缓则治本——宏观经济政策　199

10.1	宏观调控:"看得见的手"	200
10.2	脱贫攻坚战全面胜利背后的财政力量	203
10.3	央行"降准"背后的深意	208
	复习思考题	214
	技能实训	216

参考文献　217

模块 1

为人民管好国家"钱袋子"
——财政

学习目标

知识目标
- 理解财政的概念、特征。
- 熟悉公共产品及公共财政的特征。
- 掌握社会主义市场经济条件下财政的职能。

能力目标
- 能够运用所学解释生活中的财政现象。
- 能够分析公共财政在现代经济生活中的地位和作用。

素质目标
- 关心国家财政,关注国家和社会发展。
- 树立崇高理想信念,将个人的理想、追求融入党和国家的建设事业。

> **模块引例**
>
> **现实生活中的财政现象**
>
> 　　国家财政是一项涉及社会生活各个领域的复杂的经济分配活动。从居民的衣食住行到国家的政治活动和经济建设、社会建设，人们总在主动或被动地参与财政活动，财政现象无处不在。
>
> 　　首先，国家财政是实现国家宏观调控的重要手段之一，对实现资源的优化配置起着重要作用。例如，能源、交通运输、邮电通信、水利等基础设施行业，需要大量的资金投入，建设周期长，投资风险大，离不开国家财政的大力支持。
>
> 　　其次，国家财政通过国民收入的再分配，缩小收入分配差距，促进教育公平，建立社会保障体系与基本医疗卫生制度，保障和提高人民的生活水平，促进社会稳定和谐。对于家庭和居民个人来讲，义务教育、医疗保险、养老保险等都离不开财政，生老病死都和财政密切相关。国家财政无小事，它与我们的生活息息相关，取之于民也用之于民，因此我们要时时刻刻关注身边的财政现象。

1.1 探寻政府"理财之政"的奥秘

案例引入

　　为了解决贫困大学生入学难的问题，1999年，中国人民银行、教育部和财政部出台了《关于国家助学贷款的管理规定（试行）》。国家助学贷款是由国家指定的银行面向在校的全日制高等学校（包括民办高校）中经济困难的本专科学生、第二学位学生、研究生发放的无须抵押的、在校期间政府给予全额贴息的个人信用贷款，目的是帮助普通高等学校的经济困难学生支付学费、住宿费和生活费，以保障其顺利完成学业。申请的贷款金额主要根据学生本人所在学校规定的学费收取标准和学校所在地区的基本生活费标准确定。一般情况下，学生每年可得到6 000～8 000元的贷款。国家助学贷款的主要优惠政策在于由中央或省级财政贴息，从长远看，国家助学贷款将成为资助经济困难学生的主要手段。

　　请思考： 帮助贫困大学生完成学业是谁的责任？

知识解读

1.1.1 财政的产生

　　国家财政不是从来就有的，它是社会生产力和生产关系发展到一定历史阶段，伴随着国家的产生而产生的。

1. 原始公社制度下，没有独立意义的财政

原始社会初期，由于生产力发展水平极其低下，单独的个人不可能取得维持生存的物质资料，更难抵御自然界的侵害，这就迫使人们以群体的力量同大自然做斗争。人们在一个氏族内共同劳动，共同占有劳动成果，大体平均地分配产品。与此相适应，原始社会内部的公共事务，由氏族机构管理，在氏族机构中担任公共事务的组织者，既是领导者，又是劳动者，为全体成员的公共利益服务。由于生产力水平的限制，任何人都不可能脱离生产劳动，因此，在这个时期，没有剩余产品，没有国家，也不可能产生国家财政。

2. 财政是随着国家的产生而产生的

原始社会末期，由于生产力的发展，发生了社会分工，即第二次社会大分工——手工业从农业中分离出来，这标志着人们不再是仅仅为了自身的消费而生产，出现了直接以交换为目的的生产，即商品生产。人们的生产劳动除了创造出的维持自身生存的产品以外，还创造出日益增多的剩余产品，这样就为国家财政的产生提供了可能。

随着社会分工的扩大，商品生产和商品交换的发展，剩余产品也不断增多，各个家庭逐渐脱离了氏族群体而成为独立的生产单位，私有制社会便由此产生。与此同时，处于优越地位的公共事务管理者，也日益脱离生产，利用其职权占有公有土地，掠夺公共财富，占有战利品和交换的商品，逐渐成为靠剥削他人为生的氏族贵族和奴隶主。在以前生产力发展水平低下时，氏族之间也会因各种原因而发生战争，战争中的俘虏因为自身要消耗大量的物品，而不创造任何剩余产品，便会被杀掉。随着生产力的进一步发展，俘虏被保留下来，为奴隶主创造剩余产品，这便形成了奴隶。另外，由于氏族内部的演变、分化，终究有一部分人贫困至极，最后只有卖身为奴，加入奴隶的行列。社会发展产生阶级以后，阶级斗争也随之发生。奴隶主阶级为了维护他们在经济上的既得利益和政治上的统治地位，实现对奴隶阶级的剥削，就需要掌握一种拥有暴力的统治工具，以镇压奴隶阶级的反抗。于是，昔日处理原始公社内部事务的氏族组织逐步地转变为国家。

国家是阶级矛盾不可调和的产物，是阶级统治的机器，是一个阶级压迫另一个阶级的工具。国家区别于氏族组织的一个重要特征，是"公共权力"的设立，而构成这种公共权力的，不仅有武装的人，而且还有监狱和强制机关。奴隶制国家为了维持它的存在和实现其职能，需要占有和消耗一定的物质资料。由于国家本身并不从事物质资料的生产，它的物质需要就只能依靠国家的政治权力，强制地、无偿地把一部分社会产品据为己有。这样，在整个社会产品分配中，就分化独立出一种由国家直接参与的社会产品的分配，这就是财政分配。

财政是一个经济范畴，又是一个历史范畴。生产力的发展，剩余产品的出现，是财政产生的物质基础，成为财政产生的经济条件；私有制、阶级和国家的出现是财政产生的政治条件，财政是因国家的产生而产生的。

> **延伸阅读**

我国古代的财政思想

古代的理财家从他们的实践中已经体会到财政与经济的关系问题，如春秋时期的管仲、唐代的刘晏、北宋的王安石、明代的丘浚、清代的魏源等，他们在一系列论述中都阐述过财政收入与经济发展的关系，其核心是政府筹集财政收入应根据经济发展量力而行，切不能横征暴敛、竭泽而渔。善于理财的人们不能只考虑征税，而应该首先考虑培养税源，税源充裕，财政收入自然随之增长。

在我国古代，以财政手段调节经济和平抑经济波动的思想认识已经存在，如西汉时期桑弘羊的"平准""均输"思想就是很典型的例子。"平准"，就是设置一个官方机构来平抑物价。在物价下跌时，买进商品，以控制物价下跌；在物价上涨时，抛出商品，平抑物价上涨，使商品供求趋向平衡，物价波动小，投机商也就无法牟利，经济便得以稳定。桑弘羊还认识到财政支出能形成需求的作用，认为财政支出若小于收入，会减少消费，将阻碍商品流通，进而阻碍生产的发展，因此，他反对将节约支出作为财政支出的唯一原则。

其他诸如减轻税负、刺激生产、公平课税、简化税制等一些现代财政的重要原则，在我国古代理财家的头脑中已经占有相当重要的位置，在他们的很多著说中也有阐述。由此可以看到，我国的古代财政思想是一个较丰富的理论宝库，我国古代杰出理财家的财政思想，对于现代社会依然有非常重要的借鉴意义。

我国财政思想的产生比西欧国家早，但是，由于几千年封建社会的束缚，财政的实践和理论发展得比较迟缓，在较为漫长的历史时期，并没有对财政思想内容进行科学阐述，使之成为一门独立学科。把财政思想上升到理论进行论述，并使财政成为一门独立学科的，是英国古典经济学派的杰出代表亚当·斯密，他为财政学科的建立奠定了基石。

1.1.2 财政的发展

财政产生以后，随着社会生产力的变革和国家形态的更迭，也在不断地发生变化。人类进入阶级社会以后的各种社会形态，都有与其生产资料所有制和国家形态相适应的财政。

1. 奴隶制国家财政

在奴隶社会，财政的基本目的是维持统治。国王个人收支与财政收支没有严格界限，国家财政以直接剥削奴隶劳动的收入为主。奴隶制国家直接占有大量的生产资料和奴隶，这便是奴隶社会财政收入的一项主要来源。

财政收支采取实物与劳役形式。财政收入有王室土地收入（即国王强制奴隶从事农业、畜牧业、手工业等劳动创造的财富），贡物收入和掠夺收入（贡物收入包括诸侯与王公大臣的贡赋以及被征服的国家交纳的贡品，掠夺收入是在战争中掠夺的其他国家和部族的财物），军赋收入（为保证战争和供养军队需要而征集的财物），捐税收入（这主要是对自由民中占有少量生产资料的农民、手工业者和商人征收的捐税，如粟米之征、布缕之征、关市之征等）。这些收入主要被奴隶制国家用于军事开支，维护政权机构的支出，王室的享用，宗教和祭祀，农业、水利生产性支出等方面。

2. 封建制国家财政

封建社会中，财政的基本动因依然是维持统治。国家的财政收入由以官产收入为主转为以税收为主，税收与地租逐渐分开，成为纯粹意义上的税收，财政关系与一般的经济分配关系逐渐分开。

财政收入主要有官产收入（即剥夺农奴收入）、诸侯贡赋、捐税田赋、专卖收入（即盐铁等专卖收入）和特权收入（国家对矿山、森林、湖泊、河流、海域等自然资源以及铸币等经营权进行出卖和发放许可证而收取许可费等）。财政支出主要用于战争支出、行政支出、皇室的享乐支出（建造宫殿、坟墓，游乐，赏赐等）以及封建文化、宗教活动等方面的支出。

封建制国家财政与奴隶制国家财政相比，不仅在财政收支数量上有差别，而且在内容、范围上也有不同。其特点表现在：第一，财政收支形式逐步转化为以货币形式为主；第二，财政管理日趋完善，国家财政收支与国王私人收支从形式上的分别管理发展为逐步分离；第三，财政分配范围逐步扩大，出现了公债、国家预算等新的财政范畴。

3. 资本主义国家财政

英国资产阶级革命宣告了封建制度的破产和资本主义制度的确立。随后法国等广大欧洲国家相继爆发了资产阶级革命，加速了欧洲封建制度的崩溃。资本主义国家财政随着资本主义制度的确立而产生。资本主义社会的经济制度以生产资料资本主义私有制为基础。资本主义国家财政是为维护资产阶级的利益而强制参与社会产品分配的一种财力工具。

资本主义国家财政收入的主要形式分为以下几种。第一，税收收入。这是资本主义国家财政收入的主要形式，一般占财政收入的80%~90%。它主要来自对商品和劳务的课税、对所得的课税和对财产的课税。第二，债务收入。这是资本主义国家财政的又一重要收入形式。它是运用国家信用形式筹集的财政收入。第三，专卖缴纳金。这是对国家垄断的产品进行生产和经营而上缴给国家财政的收入形式。另外，还有少量来自国有企业的收入等。按照政府预算分类，资本主义国家财政支出主要包括七个方面，即军事支出、权力机关支出、外交支出和其他对外支出、经济支出、社会福利支出、保护环境和自然资源支出、债务支出等。

资本主义国家财政较上述两种国家财政是一种历史的进步。其特点主要表现为：第一，由于商品经济的高度发达，财政收支全部采取价值形式；第二，税收成为国家财政收入的主要来源，使国家与各方面所发生的财政分配关系走上法制化轨道；第三，财政分配体系相对完善，建立了比较完整的财政预算制度。另外，财政分配范围更大，出现了财政性发行、赤字财政、通货膨胀等。值得一提的是，在资本主义社会，出现了独立的财政理论,并在一定程度上指导了资本主义经济发展。

4. 社会主义国家财政

社会主义国家财政是为执行其经济职能而对社会产品进行有计划的分配和再分配所形成的分配关系。对正确安排积累与消费的比例关系,正确处理个人利益、局部利益与整体利益之间的矛盾,形成补偿基金、消费基金和积累基金,调整社会经济结构和国民经济结构都具有重大的能动作用。它是社会主义分配结构中的主导环节,是调节国民经济的强大杠杆。

奴隶制国家、封建制国家和资本主义国家的财政,都是以生产资料私有制为基础的国家财政。这种财政体现了在经济上占统治地位的剥削阶级凭借政治权力对劳动人民的剥削,具有深刻的阶级对抗性质。社会主义国家财政和剥削阶级统治的国家财政有本质区别,社会主义国家财政建立在以生产资料公有制为基础的多种经济成分、多种经营方式并存的社会主义经济制度上。其财政的特点表现为:第一,财政是政府对经济实行宏观调控的重要手段;第二,财政具有反映经济动态、调节经济活动、财政监督的作用。它不再是某一特权阶级的工具,而是社会主义国家用以组织、影响和调节社会主义经济,巩固和发展社会主义生产方式,最大限度地满足社会成员日益增长的物质和文化生活需要的重要手段。

1.1.3 财政的一般特征

财政的一般特征

在不同的社会形态中,财政有其各自不同的收支内容和特点,但是,作为政府参与分配的重要手段,在不同的社会形态中,财政又有其共同的方面,这就是财政的一般特征。

1. 财政分配的主体是政府

财政是一种以政府为主体的分配活动。首先,财政是和国家相伴随产生的,财政分配以国家相关的政府部门的存在为前提,没有政府就没有财政活动;其次,在财政分配中,政府是财政活动的组织者与决策者,财政分配的目的、方向、范围、数量、时间都由政府确定;最后,财政分配是政府凭借政治权力,通过相关的法律制度保证实现的。

2. 财政分配的对象是部分社会产品

财政分配的对象是社会产品,主要是剩余产品,但不是全部,只是其中的一部分。社会产品的价值由三部分构成,即C+V+M。其中,C是生产资料耗费的补偿价值,V是劳动力再生产价值,M是剩余产品价值。财政收入一般取自剩余产品价值部分和纳税人个人收入部分,其中主要是剩余产品价值部分。如果说政府是财政产生的政治条件,那么剩余产品就是财政产生的经济条件,有了剩余产品,财政分配才成为可能。剩余产品的增加能为财政分配提供更为广阔的空间。

3. 财政分配的目的是满足社会公共需要

社会公共需要是以整个社会为单位提出的需要，在市场经济条件下，具体可分为以下三类：第一，政府保证履行其职能的需要，包括政府履行某些社会职能的需要，诸如国防、外交、公安、司法、行政管理，以及普及教育、卫生保健、基础科学研究和生态环境保护等。这类需要是最典型的社会公共需要。第二，介于社会公共需要和私人个别需要之间的性质上难以严格划分的一些需要，其中的一部分或大部分也要由政府集中加以满足，如高等教育、社会保险基金、抚恤救济金、价格补贴等。第三，大型公共设施的需要，包括基础产业，如邮政、电信、民航、铁路、公路、煤气、电力、钢铁等。

4. 财政分配是一种集中性、在全社会范围内的分配

财政活动的主体是政府。政府作为整个社会代表的身份和它所履行的社会职能，决定了财政分配要在全社会范围内集中进行。同时，由于财政收入与支出涉及社会生产与生活的各个领域，政府在组织财政收入和安排支出时，也必须以社会总体发展为目标进行集中性的分配。

5. 财政分配是一种无偿性的分配

一方面，作为财政收入主要形式的税收具有无偿性特征，即政府不付任何代价从纳税人手中取得收入；另一方面，由于财政支出是向社会提供公共产品，而公共产品的固有属性决定提供单位不可能通过定价收费的办法来弥补成本，因此财政部门安排支出给公共经济部门的行政、事业单位通常也采用无偿拨款的形式，因而从整体上讲，财政分配具有无偿性特征。除无偿的基本形式之外，政府也运用信用方式来有偿分配资金，从而形成财政分配的调剂形式。

1.1.4 财政的概念

在人们的日常生活中，时时处处都存在着财政现象，人们总是主动或者被动地参与着财政活动。小到每天的生活，大到一生的成长，每个人都是政府支出的受益者。同时，政府为了维持其庞大的开支，要依法向企业、单位和个人征税。此外，政府还可以通过在社会上发行国债取得收入，从这个意义上说，每个人又是政府取得收入的贡献者。这也就是财政"取之于民，用之于民"的本质特征的具体体现。而要真正认识日常生活中的这些财政问题，就需要了解什么是财政。

财政概念是对财政一般特征的抽象和概括。所谓财政的一般特征，是指不同社会形态下的财政共同具有的形式特征，即财政的共性。根据以上的分析可以把财政的概念概括为：财政是指国家为了实现其职能，满足社会公共需要，以国家为主体对一部分社会产品进行的集中性分配活动。

1.2 共享单车与"搭便车现象"

> **案例引入**

随着互联网、通信技术的发展,共享经济作为一种新兴的商业模式,在国内外迅速崛起,正在强势影响并改变着人们的生产和生活方式。由于符合我国供给侧结构性改革的总体方向,在新型的经济体系中,共享经济在有效和可持续的供给关系中显示出巨大的潜力。共享经济这种新型经济形态出现以后,相继出现了共享单车、共享移动电源、共享电动车和共享汽车等。其中,共享单车最具代表性,截至2022年12月,已经出现了青桔单车、美团单车、哈啰单车等众多品牌。共享单车以解决"最后一公里"难题为口号,成为创新绿色出行的新方式,深得广大用户的追捧与青睐。

请思考: 共享单车属于公共产品吗?

> **知识解读**

1.2.1 公共产品

1. 公共产品的概念

现实生活中,人们需要的商品和服务分为两大类:私人产品和公共产品。

私人产品是由市场提供的、用来满足私人主体需要的商品和服务。这些产品通常可以分割并提供给不同的人使用,而不带给他人外部的收益和成本,如食品、衣服、住房等。

公共产品是指和私人产品相对应,不能或不能有效通过市场机制由企业和个人来生产、供给,而主要由政府等公共组织来提供,以满足社会公共需要的商品和劳务。一般认为,严格的公共产品定义是由美国经济学家萨缪尔森界定的,即纯粹的公共产品是指每个人消费这种产品或服务不会导致别人对该产品或服务获得消费的减少。它是以整个社会为单位共同提出的需要,如国防、公路、法律、环境等。

一项产品是不是公共产品,不是看该产品是私人提供还是公共开支提供的,而是由其受益对象是一个人还是多个人决定的。在一定时刻只能使一个人受益的产品是私人产品,能够同时使多个人受益的产品才是公共产品。

2. 公共产品的特征

(1)受益的非排他性。私人产品只能是占有人才可消费,谁付款谁受益。公共产品则不然,它具有受益的非排他性,任何人消费公共产品都不排除他人消费。如要排除他人对公共产品的消费,从技术上来讲几乎不可能或排除成本很高。例如国防,一旦形成了国家国防体系,提供了国防服务,要想排除任何一个生活在该国的人享受国防保护,是非常困难的,或者成本高到不可接受。

（2）消费的非竞争性。私人产品的消费具有强烈的竞争性，某一个人占有某项产品时就排除了其他个人对该产品的消费。公共产品一旦被提供，任何人都可以消费，任何消费者都不影响其他个人对同一公共产品的消费数量和消费质量。如国防、公用电网、灯塔等，不会因增加一个消费者而减少其他任何一个人对公共产品的消费量。

（3）效用的不可分割性。私人产品可以被分割成许多可以买卖的单位，为不同的人所占有和消费。公共产品是为全体社会成员提供的，具有集体消费、共同受益的特点，它的效用是不可分割的。国防、外交、治安等最为典型。从某种意义上来讲，人们对公共产品的消费不仅是非集体不可的，而且是被动的。

3. 公共产品的分类

（1）纯公共产品。纯公共产品是指完全具备非排他性和非竞争性的公共产品，这类公共产品很少，只有国防、环境保护、社会治安、外交和行政管理等。纯公共产品一般由政府提供。

公共产品的分类

（2）准公共产品。准公共产品是指只具备上述两个特征之一，而另一个特征表现不明显的公共产品。这些产品由于拥挤效应，随着使用人数的增加，个人从该公共产品获取的收益会随之减少。如学校、公园、体育场、公共图书馆等，本来是任何人都能享受的，但因为名额、座位、面积等条件有限，享用就受到限制。有的采用先到先坐，额满为止；有的则采用发放许可证（如门票）等方法。准公共产品在现实生活中大量存在。在通常情况下，准公共产品或由政府提供，或通过政府的必要补贴由私人部门提供。

1.2.2 公共财政

1. 公共财政的概念

公共财政是指国家（政府）集中一部分社会资源，用于为市场提供公共产品和服务，满足社会公共需要的分配活动或经济行为。它是与市场经济体制相适应的一种财政管理体制。

公共财政的历史使命，在于它支持、促进市场经济体制的形成和发展。有市场经济体制，必有公共财政，二者相互制约，相互促进，交替推动，共同前进，只有真正推行公共财政，才能建立与完善社会主义市场经济体制。公共财政是适应市场经济发展客观要求的一种比较普遍的财政模式，在国民经济中占有重要地位，它对依法促进公平分配，调控宏观经济，合理配置市场资源，做好国有资产管理，起着不可替代的作用。

2. 公共财政的特征

（1）公共财政是一种弥补缺陷财政：弥补市场失灵。市场经济是市场在资源配置中起基础性作用的经济组织形式，但在市场经济条件下，市场的资源配置功能不是万能的，市场机制本身由于存在垄断、信息不充分、外部效应与公共产品等原因导致市场失灵，政府必须且主要在市场机制无法影响的领域内发挥作用，这是市场经济中市场与政府分工的基本原则。因此，作为建立在市场经济运行机制基础上并符合市场经济要求的公共财政模式，它是一种弥补缺陷财政，政府在构建公共财政框架时，首先必须满足"市场在资源配置中起基础性作用"这一基本条件，否则就会出现"越位"和"缺位"。

（2）公共财政是一种服务财政：提供公共产品。在社会经济生活中，人类社会需要可以分为两类：一类是私人的个别需要，一类是社会的公共需要。相应地，用于满足各种各样社会需要的商品和服务，分为私人产品和公共产品两大类。区分公共产品与私人产品有两个基本标准：一是排他性和非排他性；二是竞争性和非竞争性。私人产品具有排他性和竞争性，公共产品具有非排他性和非竞争性。在市场经济体制下，作为社会集中代表的国家，其活动和存在的根据就在于履行社会管理职责，满足社会公共需要。因此，公共财政不应介入私人产品，它是一种为市场提供公共产品和公共服务的国家财政。

（3）公共财政是一种民主财政：依照民主决策。公共财政的宗旨是满足社会公共需要，是按社会公共利益来进行的一种集中性分配。我国社会主义市场经济的建立和完善，不仅赋予公民自主决策、公平竞争、依法获益的权利，而且进一步强化了人民当家作主的政治地位。广大人民群众在党的领导下，依照宪法和法律的规定，通过各种途径和形式管理国家事务，管理经济文化事业，管理社会事务。对于公共财政支出这个决定公共资源配置、体现社会公平和影响经济社会稳定的重大问题，广大人民群众无疑享有知情权、参与决策权、监督权、评价权，使公共财政支出真正成为公众支出，体现公众利益。

（4）公共财政是一种法制财政：依法规范理财。公共财政的实质是市场经济财政，而市场经济是法制经济，公共财政作为一种与市场经济相适应的财政模式，其收支必然是建立在法制基础之上的，一切公共财政收支活动必须纳入法制规范的范围。在公共财政收入方面，无论是开征税收、设立规费项目，还是发行国债，都必须根据法律规定按照一定的法律程序办事，由财政税务部门依法组织征收的收入必须全部纳入政府预算。公共财政支出方面，各项公共财政支出都要严格按照国家预算法规及其他财政法规规定的程序和方法进行科学安排，预算审批要公开透明，依法进行。

（5）公共财政是一种受制财政：接受公众监督。在市场经济体制下，政府实际上是一个国家或社会的代理机构，承担着一种公共受托的责任。本质上公众委托政府来提供私人无法通过市场配置而实现的有效供给。政府在收取纳税人的税收后，除部分作为自身的维持经费外，主要职责在于向社会提供安全、秩序、公民基本权利和经济发展的社会条件等方面的需要，如国防、治安、教育、环境卫生、市政建设等。在筹集资金和使用资金的全过程，作为公众利益的代表，政府必须接受公众的监督，这有利于规范为政者行为，用好公众所缴纳的税款，加强和完善国家治理，更好地承担社会责任，服务人民，造福人民。

1.3 发挥财政职能 助力乡村振兴

案例引入

党的十八大以来，以习近平同志为核心的党中央把解决好"三农"问题作为全党工作的重中之重，全面打赢脱贫攻坚战，启动实施乡村振兴战略，农业农村发展取得历史性成就。党的二十大报告提出，全面推进乡村振兴。坚持农业农村优先发展，坚持城乡融合发展，畅通城乡要素流动。

近几年来，各级财政部门始终把解决好"三农"问题作为工作的重中之重，坚持优先发展、压实责任，坚持综合施策、系统推进，坚持改革创新、激发活力，把农业农村作为财政支出的优先保障领域，公共财政更大力度向"三农"倾斜。财政是政府的公共经济活动，其目的无疑是为人民服务的，其宗旨也无疑是为全体社会公民谋利益的。不管财政这个词怎么样定义、财政分配如何进行、财政支出范围如何调整，财政都要围绕"民生"不断改革和完善，发挥自身的职能作用。"让公共财政的阳光照耀农村"，其终极目标应该是让农村享受到与城市一样的公共产品与服务，实现城乡社会的和谐发展。

请思考： 要做到"让公共财政的阳光照耀农村"，需要发挥财政的哪些职能？如何才能实现城乡社会的和谐发展？

知识解读

财政职能是指财政本身固有的职责和功能，这是财政这一经济范畴本质的反映，具有客观必然性，它回答了财政能干什么和应该干什么的问题。在社会主义市场经济条件下，公共财政具有三个职能：资源配置职能、收入分配职能、经济稳定与发展职能。

1.3.1 资源配置职能

1. 资源配置职能的含义

资源配置职能是指将一部分社会资源集中起来，形成财政收入，然后通过财政支出活动，由政府提供公共产品或服务，引导社会资金流向，弥补市场缺陷，从而优化全社会的资源配置。在社会主义市场经济中，市场这只"无形的手"在资源配置中发挥基础性作用，政府这只"有形的手"主要在市场"失灵"的领域发挥作用。作为政府履行职能的重要手段之一，财政不仅是一部分社会资源的直接分配者，也是全社会资源配置的调节者。这一特殊地位决定了财政的资源配置职能既包括对用于满足社会公共需要资源的直接分配，又包括对全社会资源的间接调节。

2. 资源配置职能的主要内容

财政的资源配置职能是通过财政收支引导资源的流向，使资源可以合理地配置到国民经济和社会发展的各个部门，形成一定的资产结构、产业结构、技术结构和地区结构，最终实现全社会资源配置的最优状态。其主要内容包括：

（1）调节资源在政府部门和非政府部门之间的配置。从社会总资源配置的角度看，政府和私人部门各应获得合理的份额。一方面能保证政府提供公共产品的需要，另一方面又能保证私人部门顺利发展的需要，从而实现社会总资源配置的均衡。这就需要根据市场经济条件下政府的职能，确定财政职能的合理范围，保证资源配置在政府部门和非政府部门之间的最佳比例。这一比例过低，意味着公共部门掌握的资源过少，不能提供足够的公共服务满足社会公共需要，存在"缺位"现象；比例过高，意味着公共部门掌握的资源过多，税负偏重，存在"越位"现象。

（2）调节资源在不同产业部门之间的配置。国民经济各部门必须按比例、协调地发展，市场总是把资源配置到那些能给微观经济主体带来丰厚利润的产业部门，从而造成各部门发展不平衡、产业结构不合理。对此，国家可以通过合理的财政措施实现资源在各个部门之间的合理配置，实现产业结构的调整。这主要表现在以下两个方面：一是调整政府财政投资结构，如增加能源、交通和原材料等基础产业和基础设施方面的投资；二是利用税收、财政补贴和投资政策引导企业的投资方向，鼓励企业向亟待发展的瓶颈产业、高新技术产业投资。

（3）调节资源在不同地区之间的配置。地区之间经济发展不平衡是一国在经济发展过程中可能面临的客观现实。在已有的经济布局中，经济发达地区的劳动生产率高、基础设施健全、投资利润和劳动报酬相对较高，就必然吸引更多经济资源。而经济落后地区的投资和就业吸引力远不如经济发达地区，使其与经济发达地区的差距越来越大。财政资源配置职能的一个重要内容就是通过转移支付、财政补贴、税收等多种手段，引导社会资源由经济发达地区向不发达地区转移，以促进不发达地区的经济发展，进而实现资源在各个地区之间的合理配置。

1.3.2 收入分配职能

1. 收入分配职能的含义

收入分配职能是指政府财政收支活动对各个社会成员收入在社会财富中所占份额施加影响，以公平收入分配。在政府对收入分配不加干预的情况下，一般会根据个人财产多少和对生产所做贡献大小等因素，将社会财富在社会各成员之间进行初次分配。这种市场化分配有利于提高效率，但容易造成社会成员间收入差距过大，从而需要政府对市场初次分配结果实施再分配调节，促进形成合理有序的收入分配格局，维护社会公平与正义。财政的收入分配职能主要通过税收调节、转移性支出（如社会保障支出、救济支出、补贴）等手段来实现。

2. 收入分配职能的主要内容

财政的收入分配职能是政府为了实现公平分配的目标，通过财政分配，调整国家、企业和个人之间的分配关系，从而缓和不同收入水平阶层之间的矛盾。收入分配职能的目标是实现社会公平，即把收入差距维持在社会各阶层能接受的范围内。财政的收入分配职能主要是通过以下方法来实现的。

（1）调节企业利润水平。政府主要运用税收、财政补贴等手段，通过调节使企业的利润水平能够比较客观地反映企业的经营业绩和管理水平，使企业在大致相同的条件下获得大致相同的利润，为企业创造一个公平竞争的外部环境。例如，通过开征资源税，可以把一些开采自然资源的企业因资源条件好而取得的超额利润征收上来；企业（公司）所得税可调节不同行业的盈利水平，从而实现企业之间的公平竞争。

（2）调节居民个人收入水平。在坚持效率优先、兼顾公平的前提下，贯彻执行以按劳分配为主体、多种分配形式并存的收入分配制度，既要合理拉开收入差距，又要防止两极分化，逐步实现共同富裕。这主要通过两个方面来调节：一是通过税收进行调节，如通过征收个人所得税，缩小个人收入之间的差距；二是通过转移性支出，如财政补贴支出、社会保障支出、社会救济支出等，维持居民最低生活水平和福利水平。

（3）创造就业机会。通过创造就业机会使中低收入者得到获取收入的机会。政府可以利用税收优惠政策创造就业机会并扩大就业培训，使中低收入者得到获取较高收入的机会。政府的再就业工程正是财政实现收入公平分配的体现。

延伸阅读

完善分配制度，增进民生福祉

民生福祉与生活品质的持续提高，离不开收入水平的稳步提升。党的二十大报告提出，"增进民生福祉，提高人民生活品质""着力解决好人民群众急难愁盼问题，健全基本公共服务体系，提高公共服务水平，增强均衡性和可及性，扎实推进共同富裕"。而谈及共同富裕，一个"共"字道尽了收入分配制度的核心与精髓，即绝不是简单的平均主义，更不是按照全体人口规模的绝对平均分配。作为促进共同富裕的基础性制度，完善分配制度成为促进共同富裕的必然手段。

党的二十大报告指出，完善分配制度，要坚持按劳分配为主体、多种分配方式并存，构建初次分配、再分配、第三次分配协调配套的制度体系。努力提高居民收入在国民收入分配中的比重，提高劳动报酬在初次分配中的比重。坚持多劳多得，鼓励勤劳致富，促进机会公平，增加低收入者收入，扩大中等收入群体。完善按要素分配政策制度，探索多种渠道增加中低收入群众要素收入，多渠道增加城乡居民财产性收入。加大税收、社会保障、转移支付等的调节力度。完善个人所得税制度，规范收入分配秩序，规范财富积累机制，保护合法收入，调节过高收入，取缔非法收入。引导、支持有意愿有能力的企业、社会组织和个人积极参与公益慈善事业。

1.3.3 经济稳定与发展职能

1. 经济稳定与发展职能的含义

财政的资源配置职能与收入分配职能是财政在微观经济领域发挥的作用，而经济稳定与发展职能则是财政在宏观经济领域发挥的作用。经济稳定与发展职能是指财政通过自身收支活动和实施特定的财政政策，调节社会供求总量与结构，促进经济稳定发展的职能。经济稳定与发展职能的总体目标是保持经济的稳定发展，实现社会总需求与社会总供给的基本平衡，具体目标包括充分就业、物价稳定、经济增长、国际收支平衡。

2. 经济稳定与发展职能的主要内容

由于市场机制的作用，不可避免地造成社会总供给与总需求的不平衡，通货膨胀、失业、经济危机等时有发生，有时甚至还会出现通货膨胀和经济停滞并存的"滞胀"局面。这就需要政府对市场进行干预和调节，以维持社会生产、就业和物价的稳定。因此，经济稳定与发展职能就必然成为财政的基本职能之一。具体包括以下几方面内容。

（1）通过财政预算收支调节经济。在经济衰退时，总需求小于总供给，财政可以实行适度宽松的政策，通过增加支出或减少税收，或二者并举由此扩大总需求，增加投资和就业；在经济繁荣时期，总需求大于总供给，财政可以实行紧缩政策，减少支出或增加税收，或二者并举，由此减少总需求，紧缩投资，抑制通货膨胀。在总供给和总需求基本平衡，但结构性矛盾比较突出时，实行趋于中性的财政政策。总之，通过财政收入和支出的松紧搭配，相机抉择，决定或影响总供给和总需求的平衡，使整个经济协调、稳定发展，并有适度增长。

（2）通过制度性安排，发挥财政"内在稳定器"作用。内在稳定器调节作用主要表现在财政收入和财政支出两个方面。

1）在财政收入方面，主要实行累进所得税制，当经济过热而出现通货膨胀时，企业和居民收入增加，适用税率相应提高，这样与通货膨胀前的情况相比企业和个人就要缴纳更多的税收，他们的税后实际收入就会下降，有利于抑制总需求和经济过热。反之，当经济萧条时，企业和居民的收入减少，适用的税率也会相应降低，这样会增加企业和个人的税后实际收入，有利于扩大需求，从而刺激经济复苏和发展。

2）在财政支出方面，主要体现在转移性支出（社会保障、补贴、救济和福利支出等）的安排上。当经济繁荣时，失业人数减少，转移性支出下降，对经济起抑制作用；当经济萧条时，失业人数增加，转移性支出上升，对经济复苏和发展起刺激作用。

（3）通过合理安排财政收支结构，促进经济结构优化。通过财政投资、补贴和税收等政策手段，加快农业、能源、交通运输、邮电通信等公共设施的发展，解决经济增长中的"瓶颈"问题，促进传统工业向现代知识经济转化，以信息产业为纽带加快产业结构的转换,保证国民经济稳定与高速发展的最优结合。

> **延伸阅读**

充分发挥财政职能作用 助力实现"双碳"目标

为贯彻落实党中央、国务院关于推进碳达峰碳中和的重大决策部署,充分发挥财政职能作用,推动如期实现碳达峰碳中和目标,2022年5月财政部印发《财政支持做好碳达峰碳中和工作的意见》(以下简称《意见》)。作为构建碳达峰碳中和"1+N"政策体系的其中一项,《意见》是财政部门贯彻落实党中央、国务院相关重大决策部署的顶层设计文件,是碳达峰碳中和的重要保障方案。

近年来,财政部不断创新完善政策制度,综合运用财政资金引导、税收调节和政府绿色采购等多种政策措施支持推进碳达峰碳中和工作。例如,在强化资金保障方面,2021年中央财政加强资源统筹,优化支出结构,安排支持绿色低碳发展相关资金约3 500亿元;同时,还推动建立多元化资金投入机制,规范有序推进生态环保领域政府和社会资本合作(PPP),更好发挥财政资金"四两拨千斤"的撬动作用。

《意见》明确支持六大重点方向和领域,包括支持构建清洁低碳安全高效的能源体系、支持重点行业领域绿色低碳转型、支持绿色低碳科技创新和基础能力建设、支持绿色低碳生活和资源节约利用、支持碳汇能力巩固提升、支持完善绿色低碳市场体系。

支持构建清洁低碳安全高效的能源体系是推动实现碳达峰碳中和的重要工作,中央财政对此高度重视。以落实新能源汽车推广应用财政补贴政策为例,财政部会同相关部门持续完善新能源汽车购置补贴政策,不断提高补贴技术门槛,合理把握补贴标准退坡力度和节奏,推动新能源汽车产业高质量发展。2021年我国新能源汽车销售完成352.1万辆,同比增长1.6倍,连续7年位居全球第一位。

在财政政策措施方面,《意见》提出五大方面措施,包括强化财政资金支持引导作用、健全市场化多元化投入机制、发挥税收政策激励约束作用、完善政府绿色采购政策、加强应对气候变化国际合作。

在政府采购方面,下一步将加快建立健全绿色低碳产品的政府采购需求标准体系,分类制定绿色建筑和绿色建材政府采购需求标准;大力推广应用装配式建筑和绿色建材,促进建筑品质提升;强化采购人主体责任,在政府采购文件中明确绿色低碳要求,加大绿色低碳产品采购力度。

实现碳达峰碳中和目标是一项长期任务,财政支持做好碳达峰碳中和工作可着力在激励、约束和协调等方面下功夫,充分发挥市场在资源配置中的决定性作用,充分运用政府采购需求标准、低碳投资基金、政府债券、税收优惠等政策工具。

模块小结

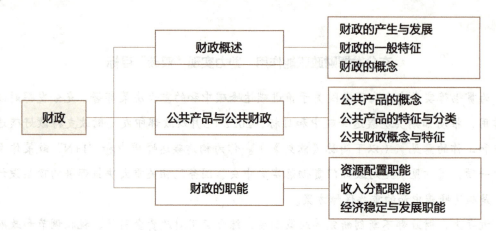

复习思考题

一、单项选择题

1. 财政是伴随着（　　）的产生而产生的。
   A. 封建社会　　　　　　　　B. 资本主义社会
   C. 社会主义社会　　　　　　D. 国家

2. 对于财政的理解，下列不正确的是（　　）。
   A. 是经济范畴　　　　　　　B. 是历史范畴
   C. 是生产范畴　　　　　　　D. 以国家分配为主体

3. 财政是以（　　）为主导进行的分配。
   A. 国有企业　　　　　　　　B. 国家或政府
   C. 社会团体　　　　　　　　D. 银行

4. 下列（　　）属于财政现象。
   A. 小王在超市里购买零食　　B. 小王购买车票回家
   C. 某家庭支付上个月宽带费用 80 元　　D. 王大爷获得政府专项补助 500 元

5. 从财政分配的实际情况来考察，财政分配的对象是（　　）。
   A. 社会产品的全部　　　　　B. 剩余价值的全部
   C. 剩余价值的一部分　　　　D. 社会产品中的一部分

6. 一般而言，文教科学卫生等事业单位提供的产品，主要是为了满足（　　）。
   A. 社会公共需要　　　　　　B. 个人投资需要
   C. 个人消费需要　　　　　　D. 企业消费需要

7. 下列（　　）属于纯公共产品。
   A. 国防　　　　　　　　　　B. 公海里的鱼
   C. 拥挤的道路　　　　　　　D. 规模较小的图书馆

8. （　　）有效率的供给通常需要政府行动，而私人产品则可以通过市场有效率地加以分配。

  A. 公共产品   B. 私人产品

  C. 消费品   D. 固定资产

9. 一些人享用公共产品带来的利益而不能排除其他一些人同时从公共产品中获利，体现公共产品的（　　）特征。

  A. 竞争性   B. 排他性

  C. 非竞争性   D. 非排他性

10. 公共财政的领域应该是（　　）。

  A. 计划经济的领域   B. 社会福利的领域

  C. 市场失灵的领域   D. 国有经济的领域

二、多项选择题

1. 公共产品的特征包括（　　）。

  A. 效用的不可分割性   B. 消费的非竞争性

  C. 受益的非排他性   D. 通过市场等价交换性

  E. 消费的竞争性

2. 公共产品可以分为（　　）。

  A. 纯公共产品   B. 准公共产品

  C. 私人物品   D. 公司物品

  E. 银行产品

3. 市场失灵是和市场效率对应的，也就是说，市场在资源配置的某些方面是无效或缺乏效率的。市场失灵主要表现在（　　）。

  A. 垄断   B. 信息不充分

  C. 外部效应   D. 自由竞争

  E. 公共产品

4. 以下体现财政收入分配职能的有（　　）。

  A. 个人所得税超额累进税率 B. 最低生活保障支出

  C. 转移性支出   D. 社会保障支出

  E. 通过财政预算收支调节经济

5. 市场经济条件下，财政的职能包括（　　）。

  A. 资源配置职能   B. 收入分配职能

  C. 制定价格职能   D. 经济稳定与发展职能

  E. 聚集资金职能

三、问答题

1. 简述财政的一般特征。

2. 市场失灵表现在哪些方面？

3. 财政是如何调节贫富差距的？

四、案例分析

近10年来，我国高等教育与时代同行，创造了举世瞩目的发展成就。高等教育在学总人数超过4 430万人，高等教育毛入学率从2012年的30%，提高至2021年的57.8%，高等教育进入世界公认的普及化阶段。我国接受高等教育的人口达到2.4亿，新增劳动力平均受教育年限达13.8年，劳动力素质结构发生了重大变化，全民族素质得到稳步提高。

问题：高等教育属于公共产品吗？

技能实训

公共财政与百姓生活

通过调查与查找资料结合，了解公共财政在百姓生活中如何体现：

1. 了解公共财政活动领域；
2. 了解公共财政哪些领域与百姓生活相关；
3. 查找我国近3年民生保障方面公共财政支出数据；
4. 分析我国公共财政用于民生方面支出的趋势；
5. 将分析、讨论结果写在实训报告上；
6. 组织各小组汇报。

模块 2

财政的取之于民
——财政收入

学习目标

知识目标
- 掌握财政收入含义与收入来源形式。
- 掌握税收及其特点，了解我国现行主要税种。
- 了解国债及其种类。

能力目标
- 能够分析多种财政收入形式的异同点。
- 能够解释说明我国的税收制度。
- 能够分析国债的性质与功能。

素质目标
- 树立依法纳税意识，增强法治精神。
- 坚定制度自信。
- 明确完善个人所得税制度、规范收入分配秩序的意义。

> **模块引例**
>
> **依法纳税是每个公民应尽的义务**
>
> 依法纳税是每个公民应尽的义务，税法具有法律权威性，任何人都不能以不法手段逃避纳税义务。我国的税收取之于民、用之于民。税收在我国的财政收入中所占的比重已经达到了90%以上。通过这些财政收入，国家支持农村发展，用于环境保护和生态建设，促进教育、科学、文化和卫生等事业的发展。民以食为天，国以税为本。国家建设的资金是由纳税人缴纳的税款汇集而成，国家的兴旺发达、繁荣富强需要每个公民的依法纳税。我们的个人命运和国家命运紧紧相连，税收和每个公民都息息相关。公民通过合法经营、诚实劳动富裕起来，致富不忘国家，积极主动纳税，既是尽公民的法定义务，也是热爱祖国的体现。

2.1　财政收入较快增长折射经济发展质量提升

案例引入

2022年3月18日，财政部发布2022年1月至2月财政收支情况。数据显示，2022年前两个月，全国一般公共预算收入46 203亿元，同比增长10.5%，全国税收收入40 812亿元，同比增长10.1%。从前两个月主要税收收入科目情况看，国内增值税14 847亿元，同比增长6.1%。国内消费税4 372亿元，同比增长18.7%。企业所得税9 127亿元，同比增长5.4%。个人所得税4 043亿元，同比增长46.8%。进口货物增值税、消费税3 741亿元，同比增长33.5%。关税550亿元，同比增长14%。出口退税3 191亿元，同比增长40.4%。资源税726亿元，同比增长92.2%。2020年以来，国际国内经济环境复杂多变，财政收入能够继续保持较快增长，说明我国经济增长质量、经济活跃度明显提升，对外贸易继续保持较快发展和较高增速，个人收入和居民消费欲望明显增强，经济增长的内生动力得到有效巩固提高。

请思考：什么是财政收入？财政收入有哪些形式？如何衡量财政收入规模？

知识解读

财政收入是政府部门的公共收入，是实现国家职能的财政保证。财政收入的取得不仅仅是聚集资金的问题，在具体操作过程中，取得多少、采取何种方式，关系到政府方针政策的贯彻落实，涉及各方面的物质利益关系的处理。

2.1.1 财政收入的概念与特征

1. 财政收入的概念

财政收入是政府在一定时期为了满足社会公共需要,凭借公共权力,通过一定的形式和程序,有计划地向私人部门和个人筹集的一种收入。财政收入是国家参与国民收入分配的主要形式,是政府履行其职能的财力保障。它标志着一部分社会资源由私人部门转移到公共部门,因此,财政收入的筹集和使用应当公开透明,受到社会公众的监督。

财政收入

2. 财政收入的特征

财政收入具有以下特征:

(1)公共性。财政收入以满足社会公共需要为目的,并且在使用上应强调公共参与决定。

(2)强制性。由于政府提供的公共产品具有"搭便车"的特点,使得政府为了保证其各项职能的行使必须强制地取得财政收入,如果遵循自愿原则,会导致公共产品出现严重不足,难以满足社会需要。

(3)规范性。公共财政收入主要取自家庭、企业的所得,因此,在获取公共收入的过程中一定要依据一定的法律、法规或政策,做到有章可循,依法行事,避免侵害公众的利益。

(4)稳定性。由于公共财政收入是政府行使职能的必要物质基础,政府要运行,国家要发展,都离不开一定的物质保障,因此,必须保证公共财政收入有稳定的来源和一定的数额。

2.1.2 财政收入的分类

1. 按照收入形式分类

财政收入形式是指国家取得财政收入的具体方式,即来自各方面、各部门、单位和个人的财政收入通过什么方式上缴给国家。

(1)税收收入。税收是国家为了实现其职能,凭借政治权力,依照法律规定标准取得财政收入的一种比较固定的形式,是国家取得财政收入的一种最可靠的基本形式。同时,税收在取得财政收入的过程中,还能起到调节经济运行、资源配置和收入分配的重要作用。税收收入是现代国家最为重要的财政收入。

(2)国有资产收益。国有资产收益是国家凭借国有资产所有权所应获取的经营利润、租金、股息(红利)等收入的总称。在现代企业制度下,企业是独立于投资者享有民事权利、承担民事责任的经济实体,具有法人资格。企业中的国有资产属于国家,企业则拥有包括国家在内的出资者投资形成的全部法人财产权。这样,财政与企业的分配关系,除了对各类企业的税收关系外,对国有企业或拥有国有股份的企业还有一层规范的资产收益分配关系,即国家以国有资产所有者身份采用上缴利润、国家股分红等形式,凭借所有权分享资产收益。

(3)债务收入。债务收入是指国家以债务人的身份,按照信用的原则从国内外取得的各种借款收入。它包括在国内发行的各种公债(国库券、财政债券、保值公债、特种国债等），向外国政府、国际金融组织、国外商业银行的借款以及发行国际债券等取得的收入。

（4）收费收入。一般地说，收费形式是国家政府机关或国家事业机构等单位，在提供公共服务、产品、基金或批准使用国家某些资源时，向受益人收取一定费用的一种财政收入形式。它主要包括规费收入、公产收入、特许金收入等。收费收入涉及面广，收入不多，一般属于地方政府收入的主要来源。规费收入一般包括两类：一是行政规费；二是司法规费，具体又包括诉讼费和非诉讼费。公产收入是指国有山林等公产的产品收入、政府部门主管的公房和其他公产的租赁收入及变价出售收入等。特许金收入是指政府给予居民或企业、组织某种行为或营业活动的特许权所取得的收入。例如，娱乐场所的开设必须取得有关部门的批准，并依法缴纳特许经营费用，否则视为违法经营。

2. 按照政府预算口径分类

按照我国的复式预算体系安排，我国的国家预算包括一般公共预算、政府性基金预算、国有资本经营预算、社会保险基金预算四部分，因此，对应四种类型的财政收入，即一般公共收入、政府性基金收入、国有资本经营收入和社会保险基金收入。

（1）一般公共收入。一般公共收入是以政府依法取得的税收收入为主体，主要安排用于保障和改善民生、推动经济社会发展、维护国家安全、维持国家机构正常运转等方面的支出。我们一般指的财政收入就是这种较窄口径的收入。一般公共财政收入可以分解成类、款、项、目等层次，包括各项税收收入、行政事业性收费收入、国有资源（资产）有偿使用收入、转移性收入和其他收入。

（2）政府性基金收入。政府性基金收入是指各级政府及其所属部门根据法律、行政法规和中共中央、国务院有关文件规定为支持某项公共事业发展，向公民、法人和其他组织无偿征收的具有专项用途的财政资金。

（3）国有资本经营收入。国有资本经营收入是指国有资产监督管理机构依据政府授权，以国有资产出资人身份依法取得的国有资本经营收益。

（4）社会保险基金收入。社会保险是由政府举办的主要由企业和职工缴费筹资的社会保障计划，其缴费收入是政府重要的财政收入。社会保险基金收入是一种强制性的专款专用的财政收入形式，其收入要专项用于政府社会保险计划的开支。

讨论与提升

2022年财政预算收入预计

1．2022年一般公共预算收入预计

中央一般公共预算收入94 880亿元，比2021年执行数增长3.8%。地方一般公共预算本级收入115 260亿元，增长3.7%。汇总中央和地方预算，全国一般公共预算收入210 140亿元，增长3.8%。加上调入资金及使用结转结余23 285亿元，收入总量为233 425亿元。

2．2022年政府性基金预算收入预计

中央政府性基金预算收入4 216.67亿元，增长5.3%。地方政府性基金预算本级收入

94 420亿元，增长0.4%。汇总中央和地方预算，全国政府性基金预算收入98 636.67亿元，增长0.6%。加上上年结转收入354.67亿元、特定国有金融机构和专营机构上缴利润16 500亿元、地方政府专项债务收入36 500亿元，收入总量为151 991.34亿元。

3．2022年国有资本经营预算收入预计

中央国有资本经营预算收入2 268.08亿元，增长13.5%。地方国有资本经营预算本级收入2 860亿元，下降10.1%。汇总中央和地方预算，全国国有资本经营预算收入5 128.08亿元，下降1%。加上上年结转收入664.23亿元，收入总量为5 792.31亿元。

4．2022年社会保险基金预算收入预计

2022年起，实施企业职工基本养老保险全国统筹制度，通过建立养老保险基本要素中央统一管理机制、地方财政补充养老保险基金投入长效机制、工作考核机制等，实施全国统筹调剂，增强基本养老保险制度的可持续性。与2021年中央调剂制度相比，调剂规模有所增加，上解省份扩大到21个，负担更加均衡合理，各地基金当期缺口全部得到解决。中央社会保险基金预算收入426.49亿元，下降58.3%；地方社会保险基金预算收入99 847.1亿元，增长6.5%；汇总中央和地方预算，全国社会保险基金预算收入100 273.59亿元，增长5.8%，其中，保险费收入71 280.02亿元，财政补贴收入24 105.66亿元。本年收支结余7 860.81亿元，年末滚存结余109 255.9亿元。

问题讨论

财政部每年开展财政预算的重要意义。

总结与提高

财政收入是财政支出的前提，是实现国家职能的财力保证，是正确处理各方面物质利益关系的重要方式。财政部每年在全国人民代表大会上做关于上一年中央和地方预算执行情况与当年中央和地方预算草案的报告，自觉接受全国人大的监督，虚心听取全国政协的意见建议。

（资料来源：2022年3月5日在第十三届全国人民代表大会第五次会议上财政部关于2021年中央和地方预算执行情况与2022年中央和地方预算草案的报告）

3．按收入的层次分类

按财政收入的层次分类，财政收入可以分为中央财政收入与地方财政收入。中央财政收入是指按照财政预算法律和财政管理体制规定由中央政府集中筹集和支配使用的财政资金。地方财政收入是指按照财政预算法律或地方财政法规规定划归地方政府集中筹集和支配使用的财政资金。

2.1.3 财政收入规模分析

1．财政收入规模及其衡量指标

财政收入规模也就是财政收入总水平，是指在一定时期内，国家以社会管理者、国有

资产所有者或债务人等多种身份,通过税收、国有资产收益和公债等多种收入形式占有的财政资金的绝对量或相对量。财政收入规模是衡量国家财力和政府在社会经济生活中行使职能范围的重要指标。财政收入规模必须适量,不能过大也不能过小。如果财政收入规模过大,在一国资源既定的情况下,意味着政府集中的社会财力过多,会影响企业扩大再生产,压缩社会消费水平,导致私人部门财力过小,从而减弱私人部门中劳动者劳动和工作的热情与积极性,进而影响经济效率;反之,如果财政收入规模过小,则不能满足政府实施职能的需要,也会导致经济效率低下。

财政收入规模通常用绝对量指标和相对量指标进行衡量。财政收入规模的绝对量是指一定时期内财政收入的实际数量,如财政收入总额。财政收入规模的相对量是指在一定时期内财政收入与有关经济和社会指标的比例。衡量财政收入相对规模的指标通常有两个:一是财政收入占国内生产总值(GDP)的比例,这一指标反映了在财政年度内国内生产总值当中由政府以财政方式筹集和支配使用的份额。它综合体现了政府与微观经济主体之间占有和支配社会资源的关系,体现了政府介入社会再生产分配环节调控国内生产总值分配结构,进而影响经济运行和资源配置的力度、方式和地位等。二是税收收入占GDP的比重,税收已成为现代财政收入最主要、最稳定和最可靠的来源,因此,财政收入的相对规模在很大程度上可由税收收入占GDP的比例体现出来。税收收入占GDP的比例又称为宏观税负率,它是衡量一国(地区)宏观税负水平高低的基本指标。

2. 影响财政收入规模的因素

(1)经济发展水平和生产技术水平。经济发展水平是影响一个国家财政收入规模的决定性因素。经济发展水平(一般用人均GDP来表示)从总体上反映一个国家社会产品的丰富程度和经济效益的高低,表明了一国生产技术水平的高低和经济实力的强弱。一国的人均GDP较高,表明该国的经济发展水平相对较高,而较高的经济发展水平,较高的人均GDP,则为增加财政收入规模奠定了基础。只有经济发展水平提高了,可供分配的社会产品丰裕了,才能使财政收入的总额增大。

(2)收入分配政策和分配制度。影响财政收入规模的另一个重要因素是政府的分配政策和分配制度。社会产品生产出来以后,要在政府、企业和居民个人之间进行一系列的分配和再分配,而收入分配政策和分配制度就决定了政府、企业和个人在国民收入分配中所占的份额。

(3)价格变动。一般情况下,财政收入是以一定的货币量来表示的。这就有了名义财政收入与实际财政收入的区别。名义财政收入是指当年账面上实现的财政收入,实际财政收入是指财政收入所真正代表的社会产品的数量,在价值上它可以用按不变价格计算的财政收入来表示。当物价上涨率超过名义财政收入增长率,则实际财政收入增长率为负数,实际财政收入下降;当物价上涨率低于名义财政收入的增长率,则实际财政收入增长率为正数,实际财政收入上升;当物价上涨率等于名义财政收入的增长率,则实际财政收入增长率为零,实际财政收入保持不变。

（4）其他因素。由于税收是财政收入的主要来源，在税源既定的情况下，税收管理水平和税收政策决定了税收收入的规模，因此也就成为影响财政收入的重要因素。另外，一个国家的政治经济制度和经济管理体制，一定时期的经济结构，如所有制结构和产业结构、宏观经济政策，以及经济的景气周期等，都是影响一国财政收入规模的因素。

2.2 从生态文明建设的"绿色礼物"谈起

案例引入

从税收角度而言，有一个"绿色礼物"对生态文明建设发挥了重要作用，它就是环境保护税。2018年1月1日，《中华人民共和国环境保护税法》（以下简称《环境保护税法》）正式实施。立法目的是保护和改善环境，减少污染物排放，推进生态文明建设。《环境保护税法》是我国现代环境治理体系的重要组成部分，也是我国第一部专门体现"绿色税制"的单行税法。它的出台和实施，提高了我国税制的绿色化水平，加快了税制的绿色化改革进程。《环境保护税法》第二条规定，在中华人民共和国领域和中华人民共和国管辖的其他海域，直接向环境排放应税污染物的企事业单位和其他生产经营者为环境保护税的纳税人。

请思考： 什么是税收？税收制度的要素有哪些？能否举例说一下我国的现行税种呢？

知识解读

2.2.1 税收及其职能

税收是国家为了实现其职能，凭借政治权力，按照法律规定，强制地参与对国民收入的分配而形成的一种分配关系和分配活动。税收具有强制性、无偿性和固定性这三个基本特征。

税收的强制性是指税收的征收是国家凭借政治权力，通过国家法律的颁布、执行而进行的，对任何单位和个人均具有强制的约束力。纳税人必须依照税法规定纳税，履行纳税有关义务，否则就要受到法律的制裁。

税收的无偿性是指国家取得税收收入后，不直接偿还给具体的纳税人，国家也不需要为此做出某种预期的承诺或付出相应代价。

税收的固定性是指国家在征税前，通过法律形式预先规定了统一的征税标准，包括征收范围、纳税人、征收比例、缴纳期限等，国家税务机关和纳税人共同遵守征税标准，不得随意变动，税收的固定性对征纳双方都有约束力。

税收的职能是指税收所具有的内在功能，税收的职能主要表现在以下方面：

1. 财政收入的主要来源

组织财政收入是税收的基本职能，税收的特点保证了税收筹集财政收入稳定可靠。税收成为世界各国政府组织财政收入的基本形式，2022年，全国税收收入占全国一般公共预算收入的比例为81.79%。

2. 调控经济运行的重要手段

经济决定税收，税收反作用于经济。这既反映了经济是税收的来源，也体现了税收对经济的调控作用。税收作为经济杠杆，通过增税与减免税等手段来影响社会成员的经济利益，引导企业、个人的经济行为，对资源配置和社会经济发展产生影响，从而达到调控宏观经济运行的目的。政府运用税收手段，既可以调节宏观经济总量，也可以调节经济结构。

3. 调节收入分配的重要工具

总体来说，税收作为国家参与国民收入分配最主要、最规范的形式，规范政府、企业和个人之间的分配关系。从不同税种的功能来看，在分配领域发挥着不同的作用。如个人所得税实行超额累进税率，具有高收入者适用高税率、低收入者适用低税率或不征税的特点，有助于调节个人收入分配，促进社会公平。消费税对特定的消费品征税，能达到调节收入分配和引导消费的目的。

4. 监督经济活动的作用

税收涉及社会生产、流通、分配、消费各个领域，能够综合反映国家经济运行的质量和效率。既可以通过税收收入的增减及税源的变化，及时掌握宏观经济的发展变化趋势，也可以在税收征管活动中了解微观经济状况，发现并纠正纳税人在生产经营及财务管理中存在的问题，从而促进国民经济持续健康发展。

此外，由于税收管辖权是国家主权的组成部分，是国家权益的重要体现，所以在对外交往中，税收还具有维护国家权益的重要作用。

延伸阅读

减税降费政策有力支持中国经济高质量发展

"一带一路"税收征管合作机制秘书处发布了《中国税收营商环境改革发展研究报告（2016—2020）》。该报告显示，中国税收营商环境持续优化，减税降费政策力度较大，效果非常明显。其中，2016—2020年，中国新增减税降费规模超过7.6万亿元，大大减轻了企业和个人的负担，持续增强了市场主体的活力，有力地支持了中国经济高质量发展。

为了实现经济转型升级，积极应对经济下行压力和新冠疫情对经济的负向冲击等，政府将制度性安排、阶段性政策和临时性措施有效结合起来，实施了大规模减税降费政策。

通过增值税改革、个人所得税改革等制度性的减税措施，为企业和个人降低了税收负担；通过对高科技企业的政策性减税，大力支持科技创新；通过实施对中小微企业的普惠性减税，帮助中小微企业克服生存困难；通过实施定向减税，例如支持脱贫攻坚减税和创新创业减税，不断配合国家重大发展战略的实施。在新冠疫情的负向冲击下，政府出台了临时性减税政策，加大对受疫情影响的企业和个人的减税力度，重点对小规模企业纳税人、小微企业和个体工商户等实施税收优惠和减免等。此外，财政部等政府部门通过全面清理、取消和减少行政事业性收费等，降低了企业和个人的费用负担。

大规模减税降费措施释放了巨大的政策红利，助力中国经济保持了稳定发展的良好势头，保持了市场主体的稳定性，支持了脱贫攻坚和科技创新等国家战略，有利于增强老百姓的获得感和进一步扩大消费，有利于稳定就业市场，保障了社会的和谐稳定。

2.2.2 税制及其构成要素

税收制度简称税制，是国家规定的各种税收法令、条例和征收办法的总称，反映国家与纳税人之间的经济关系，是国家财政制度的主要内容，也是税务机关向纳税人征税的法律依据和工作准则。

任何一个国家的税收制度都有共同的基本结构，并由固定的要素构成，这些就是税收制度的基本要素。税制要素是规范征纳双方权利与义务的法律规范的具体表现，由于税收制度具备法律特征，因而税制要素也就是税法构成要素。税制要素包括纳税人，课税对象，税率，纳税环节，纳税期限，附加、加成和减免，违章处理等。其中纳税人、课税对象和税率是基本的税制要素。

1. 纳税人

纳税人又称纳税义务人或纳税主体，指税法规定的直接负有纳税义务的单位和个人。从法律角度划分，纳税人包括自然人和法人两种。自然人是指在法律上可以独立享有民事权利并承担民事义务的公民个人；法人是指依法设立的，具有独立的财产，能独立地享有民事权利、承担民事义务的单位。纳税人是税款的直接交纳者，国家无论课征什么税，都要由一定的纳税义务人来承担，纳税人是税收制度的基本要素之一。

与纳税人密切相关的是负税人，它指税收负担的真正承担者。纳税人并不一定就是负税人。在实际生活中，有的税收由纳税人负担，纳税人本身是负税人；有的虽然由纳税人缴纳，但实际是由别人负担的，纳税人并不是负税人，此即税负转嫁。为了简化纳税手续，有效控制税源，方便纳税人，税法还规定了代收（扣）代缴义务人、税务代理人、委托代征人。

2. 课税对象

课税对象也称课税客体，指对什么课税，是税法规定的征税的目的物。课税对象是税收制度的最基本要素，是一种税与他种税相区别的重要标志。每一种税法都明确规定了征税对象，如流转税类的各项产品的销售收入额、所得税类的所得额、财产税类的财产数量或价值等。

与课税对象密切联系的一个概念是税目。课税对象范围涉及面广，需要根据具体情况确定它的不同课征范围，以便征税和确定税率，税目是课税对象的具体化。并不是每个税种都具备税目，有些税种征税对象简单，不必另定税目。大多数税种的课税对象比较复杂，就有必要进一步划分界限，按每一种商品、经营项目或行业设计税目。规定税目，一是明确征税范围，体现征税的广度；二是对具体征税项目进行归类和界定，以便针对不同税目确定差别税率，充分发挥税收的调节作用。

3. 税率

税率是税额与课税对象数额之间的比例，是计算税额的尺度，通常用百分比来表示。在课税对象数额既定的条件下，税额和税负的大小取决于税率的高低。税率的高低涉及国家财政收入水平和纳税人的负担程度，体现着国家与纳税人之间的分配关系。国家的税收政策集中体现在税率上，因此税率是税收制度的中心环节。一般来说，税率分为比例税率、累进税率和定额税率三种。

（1）比例税率。比例税率是指不分课税对象数额的大小，只规定一个比例的税率。它一般适用于对流转额和所得额的征税。比例税率又可分为统一比例税率和差别比例税率。差别比例税率即不同纳税人或不同地区、不同行业、不同产品采取不同的比例。

（2）累进税率。累进税率是指按课税对象数额大小规定不同等级的税率。每个等级由低到高规定相应的税率，课税对象数额越大，税率越高；反之，税率越低。累进税率一般适用于所得课税。累进税率具体又可分为全额累进税率和超额累进税率两种。

全额累进税率是指以课税对象的全部数额为基础计征税款的累进税率。课税对象的全部数额都按照与它相适应的税率征税，即按照课税对象数额适应的最高级次的税率统一课税。全额累进税额的计算公式为

全额累进税额=应纳税所得额×适用税率

超额累进税率是课税对象按数额大小划分为若干不同的等级，每个等级由低到高分别确定税率，各等级分别计算税额，一定数额的课税对象可同时使用几个税率。超额累进税率计算方法复杂，可采用速算扣除数的办法予以解决。超额累进税额的计算公式为

超额累进税额=应纳税所得额×适用税率速算扣除数

速算扣除数=全额累进税额-超额累进税额

（3）定额税率。定额税率又称固定税额，是按单位课税对象直接规定一个固定的税额，而不采用百分比的形式，它是税率的一种特殊形式，一般适用于从量定额征收，所以又称固定税率。

4. 纳税环节

纳税环节是指税法规定应税产品从生产到消费的商品流转过程中的哪个或哪几个环节

纳税。即商品从生产到消费，经过许多环节，是实行一道课税制，还是实行几道课税制，及在哪几个环节上课税。只在一个流转环节征税，称为一次课征制；在两个流转环节征税，称为两次课征制；在多个流转环节都征税，称为多次课征制。

5. 纳税期限

纳税期限即税法规定的纳税人缴纳税款的时间界限或时限区间，亦即纳税的最后时点。凡在规定时点以前缴纳者均为合法，凡超过规定时点才缴纳者则属于违规行为并应受到处罚。纳税期限的确定，对于监督纳税人及时足额纳税，保证财政收入的实现有现实作用。

6. 附加、加成和减免

附加、加成和减免是对纳税人税收负担的调整措施。税收附加是地方附加的简称，是地方政府按照国家规定的比例随同正税一起征收的列入地方预算外收入的一种款项。税收加成是指根据税制规定的税率征税以后，再以应纳税额为依据加征一定成数和税额。减税、免税以及规定起征点和免征额属于减轻纳税人负担的措施。减税是从应征税款中减征部分税款；免税是免征全部税款。起征点是税法规定的课税对象达到一定数额时才开始征税的数量标准，超过则全部计征，达不到则全部免征。免征额是税法规定的课税对象数额中免于征税的数额，即只就其超过免征额部分征税。减税和免税是一种税收优惠措施。从手段上看，减免税的基本形式有税基式减免、税率式减免和税额式减免。减税和免税按照其在税法中的地位，还可分为法定减免、临时减免和特定减免。

7. 违章处理

违章处理是对纳税人违反税法行为采取的惩罚措施。违章行为通常包括偷税、抗税、漏税、欠税等。偷税是指纳税人使用欺骗手段，不履行国家税法规定的纳税义务的违法行为。抗税则主要是采用明显的、公开的以及暴力的方式拒绝履行纳税义务的违法行为。漏税是指纳税人因非主观的原因造成未缴纳或少缴纳国家税收的行为。欠税则是指纳税人未按税法规定如期纳税，拖欠国家税收的违章行为。国家对违章行为的处罚方式主要有批评教育、强行扣款、加收滞纳金、罚款等。

2.2.3 我国的主要税种

目前来看，我国的税制体系主要由五大类税种构成。第一类：流转税类，包括增值税、消费税和关税；第二类：所得税类，包括企业所得税、个人所得税；第三类：财产税和行为税类，包括房产税、车船税、契税、印花税、车辆购置税、船舶吨税；第四类：资源税类，包括资源税、城镇土地使用税、土地增值税等；第五类：特定目的税类，包括城市维护建设税、耕地占用税、烟叶税、环境保护税。这里简要介绍具有代表性的主要税种。

1. 增值税

增值税是以应税商品及劳务的增值额为计税依据而征收的一种税。增值税的课税对象为商品流转环节的增值额。增值额是指纳税人的商品销售收入或劳务收入扣除外购商品额后的余额。增值税是一种中性的、税基大、收入广、对经济行为产生扭曲小的税种。增值税的最大特点是在就一种商品多次课征中避免重复征税。这一特点适应了社会化大生产的需要，在促进生产的专业化和技术协作、保证税负分配相对公平等方面有较大功效。

根据对购进固定资产价款的处理规定不同，增值税又可以分为三大类：

1）生产型增值税，是指以纳税人的销售收入（或劳务收入）减去用于生产、经营的外购原材料、燃料、动力等物质资料价值后的余额作为法定的增值额，其购入的固定资产及其折旧均不予扣除。

2）收入型增值税，是指以纳税人的销售收入（或劳务收入）减去用于生产、经营的外购原材料、燃料、动力等物质资料价值以及固定资产已提折旧的价值后的余额作为法定的增值额。

3）消费型增值税，是指将用于生产、经营的外购原材料、燃料、动力等物质资料价值扣除外，还可以在购置固定资产的当期将用于生产、经营的固定资产价值中所含的增值税税款全部一次性扣除。我国从2009年1月1日起全面推行消费型增值税。

（1）增值税的征税范围。现行增值税征税范围：销售或者进口货物、提供应税劳务和发生应税行为。

1）销售或者进口货物。货物是指有形动产，包括电力、热力、气体在内。销售货物，是指有偿转让货物的所有权。进口货物是指申报进入中国海关境内的货物。

2）提供应税劳务。应税劳务是指纳税人提供的加工、修理修配劳务。加工是指受托加工货物，即委托方提供原料及主要材料，受托方按照委托方的要求制造货物并收取加工费的业务；修理修配是指受托方对损伤和丧失功能的货物进行修复，使其恢复原状和功能的业务。提供应税劳务，是指有偿提供加工、修理修配劳务。单位或者个体工商户聘用的员工为单位或者雇主提供加工、修理修配劳务，不包括在内。

3）发生应税行为。应税行为分为三大类，即销售应税服务、销售无形资产和销售不动产。其中，应税服务包括交通运输服务、邮政服务、电信服务、建筑服务、金融服务、现代服务、生活服务。交通运输服务，是指利用运输工具将货物或者旅客送达目的地，其空间位置得到转移的业务活动，包括陆路运输服务、水路运输服务、航空运输服务和管道运输服务。邮政服务，是指中国邮政集团公司及其所属邮政企业提供邮件寄递、邮政汇兑和机要通信等邮政基本服务的业务活动，包括邮政普遍服务、邮政特殊服务和其他邮政服务。电信服务，是指利用有线、无线的电磁系统或者光电系统等各种通信资源，提供语音通话服务，传送、发射、接收或者应用图像、短信等电子数据和信息的活动，包括基础电信服务和增值电信服务。建筑服务，是指各类建筑物、构筑物及其附属设施的建造、修缮、装饰，线路、管道、设备、设施等的安装以及其他工程作业的业务活动，包括工程服务、安装服务、修缮服务、装饰服务和其他建筑服务。金融服务，是指经营金融保险的业务活动，包括贷款服务、直接收费金融服务、保险服务和金融商品转让。现代服务，是指围绕制造业、文化产业、现代物流产业等提供技术性、知识性服务的业务活动，包括研发和技术服务、信息技术服务、文化创意服务、物流辅助服务、租赁服务、鉴证咨询服务、广播影视服务、商务辅助服务和其他现代服务。生活服务，是指为满足城乡居民日常生活需求提供的各类服务活动，包括文化体育服务、教育医疗服务、旅游娱乐服务、餐饮住宿服务、居民日常服务和其他生活服务。提供餐饮服务的纳税人销售的外卖食品，按照餐饮服务缴纳增值税。销售无形资产，是指转让无形资产所有权或者使用权的业务活动。无形资产，是指不具实物形态，但能带来经济利益的资产，包括技术、商标、著作权、商誉、自然资源使用权和其他权益性无形资产。销售不动产，是指转让不动产所有权的业务活动。不动产，是指不能移动或者移动后会引起性质、形状改变的财产，包括建筑物、构筑物等。

（2）增值税纳税人。增值税纳税人按会计核算水平和经营规模分为一般纳税人和小规模纳税人两类，分别采取不同的增值税计税方法。

1）小规模纳税人。

① 一般规定。增值税小规模纳税人标准为年应征增值税销售额在500万元及以下。年应税销售额是指纳税人在连续不超过12个月或四个季度的经营期内累计应征增值税销售额，包括纳税申报销售额、稽查查补销售额和纳税评估调整销售额、税务机关代开发票销售额和免税销售额。经营期，是指纳税人存续期内的连续经营期间，含未取得销售收入的月份或季度。

② 特殊规定。

A. 年应税销售额超过小规模纳税人标准的其他个人按小规模纳税人纳税。

B. 年应税销售额超过规定标准但不经常发生应税行为的单位和个体工商户，以及非企业性单位、不经常发生应税行为的企业，可选择按照小规模纳税人纳税。

C. 年应税销售额未超过规定标准的纳税人，会计核算健全，能够提供准确税务资料的，可以向主管税务机关申请办理一般纳税人资格登记，成为一般纳税人。会计核算健全，是指能够按照国家统一的会计制度规定设置账簿，根据合法、有效凭证核算。

2）一般纳税人。一般纳税人是指年应税销售额超过《关于统一增值税小规模纳税人标准的通知》（财政部和国家税务总局2018年4月4日发布）规定的小规模纳税人标准（500万元）的企业和企业性单位（以下简称企业）。增值税一般纳税人资格实行登记制，登记事项由增值税纳税人向其主管税务机关办理。纳税人年应税销售额超过财政部、国家税务总局的规定标准，且符合有关政策规定，选择按小规模纳税人纳税的，应当向主管税务机关提交书面说明。个体工商户以外的其他个人年应税销售额超过规定标准的，不需要向主管税务机关提交书面说明。

（3）增值税税率及纳税计算。我国增值税是采用比例税率，按照一定的比例征收。增值税的税率对不同行业不同企业实行单一税率,我们称之为基本税率。实践中为照顾一些特殊行业或产品,同时营业税改增值税后应税服务的增加,增值税增设了低税率,对出口产品实行零税率。

第一档:13%税率,适用范围:纳税人销售货物、劳务、有形动产租赁服务或者进口货物,除适用9%税率、6%税率、零税率外,税率为13%。

第二档:9%税率,适用范围:纳税人销售交通运输、邮政、基础电信、建筑、不动产租赁服务,销售不动产,转让土地使用权,销售或者进口下列货物,税率为9%:

(1)粮食等农产品、食用植物油、食用盐。

(2)自来水、暖气、冷气、热水、煤气、石油液化气、天然气、二甲醚、沼气、居民用煤炭制品。

(3)图书、报纸、杂志、音像制品、电子出版物。

(4)饲料、化肥、农药、农机、农膜。

(5)国务院规定的其他货物。

第三档:6%税率,适用范围:纳税人销售服务、无形资产,除适用13%税率、9%税率、零税率外,税率为6%。

第四档:零税率,适用范围:纳税人出口货物,税率为零;但是,国务院另有规定的除外。境内单位和个人跨境销售国务院规定范围内的服务、无形资产,税率为零。

不同的增值税纳税人,其应纳税额的计算也不同。我国对一般纳税人采用购进扣税法,小规模纳税人采用简易征收办法。

一般纳税人当期应纳增值税额=当期销项税额-当期进项税额

小规模纳税人当期应纳税额=销售额×征收率(3%)

2. 消费税

消费税是对在我国境内从事生产、委托加工和进口应税消费品的单位和个人征收的一种流转税,是对"特定的消费品和消费行为"在"特定的环节"征收的一种流转税。

(1)消费税的纳税人。凡是从事生产和进口应税消费品的单位和个人均为消费税的纳税人。现行的消费税也是狭义的消费税,是在对商品普遍征收增值税的基础上,选择少数消费品再征收一次消费税,其主要目的是调节消费结构、引导消费方向和保证国家财政收入。

(2)消费税的征税对象、税率及纳税计算。消费税共设置了15个税目,征收范围包括了5种类型的产品:

第一类:一些过度消费会对人类健康、社会秩序、生态环境等方面造成危害的特殊消费品,如烟、酒、鞭炮、焰火等;第二类:奢侈品、非生活必需品,如贵重首饰、珠宝玉器、高档护肤品等;第三类:高能耗及高档消费品,如小轿车、摩托车等;第四类:不可再生和替代的石油类消费品,如汽油、柴油等;第五类:具有一定财政意义的产品,如铅蓄电池、涂料等。

消费税的计税依据有两种：一是销售额，二是销售数量。以销售额为计税依据主要适用于供求矛盾突出，价格差异较大的产品；以销售数量为计税依据，一般适用于供求矛盾较小、价格差异不大、计量单位规范的产品。在不同的计税依据基础上，消费税形成了比例税率、定额税率以及比例税率和定额税率相结合的复合税率三种税率。

比例税率办法是根据商品销售价格和税法规定的税率计算征税，包括雪茄烟、烟丝、妆品等。定额税率办法是根据商品销售数量和税法规定的单位税额计算征税，对黄酒、啤酒、成品油使用从量定额计算方法。还有一类是将比例税率和定额税率相结合的复合税率，如对白酒、卷烟采用复合税率计征。

采用从价计征办法，其应纳税额计算公式为

$$应纳税额 = 应税消费品的销售额 \times 消费税税率$$

从量计征办法，其应纳税款的计算公式为

$$应纳税额 = 应税消费品数量 \times 单位税额$$

对于复合税率，其计算公式为

$$应纳税额 = 应税销售数量 \times 定额税率 + 应税销售额 \times 比例税率$$

3. 企业所得税

所得课税是对所有以所得额为课税对象的税种的总称。企业所得税指中华人民共和国境内的企业和其他取得收入的组织（以下统称企业）就其生产、经营所得和其他所得征收的一种税。

（1）企业所得税的纳税人。企业所得税的纳税人指在中华人民共和国境内，企业和其他取得收入的组织（统称企业），但个人独资企业、合伙企业除外。企业分为居民企业和非居民企业。居民企业是指依法在中国境内成立，或者依照外国（或地区）法律成立但实际管理机构在中国境内的企业。非居民企业是指依照国外（或地区）法律成立且实际管理机构不在中国境内，但在中国境内设立机构、场所的，或者在中国境内未设立机构、场所，但有来源于中国境内所得的企业。

（2）企业所得税的征税对象。纳税人每一纳税年度内的生产经营所得和其他所得，包括从事物质生产、交通运输、商品流通、劳务服务，以及国务院财政部门确认的其他营利事业取得的生产经营所得，另外还包括股息、利息、租金、转让各类资产、特许权使用费及营业外收益等其他所得。

（3）企业所得税税率及纳税计算。企业所得税税率是体现企业分配关系的核心要素，税率实行比例税率。企业所得税的基本税率为25%。非居民企业在中国境内未设立机构、场所的，或者虽设立机构、场所但取得与其所设机构、场所没有实际联系的，应当就其来源于中国境内的所得缴纳企业所得税，适用低税率为20%。除了基本税率以外，符合条件的小型微利企业、国家需要重点扶持的高新技术企业、技术先进型服务企业等，其所得税税率有特殊规定。

计算企业所得税应纳税额先要算出企业应纳税所得额。企业每一纳税年度的收入总额，减除不征税收入、免税收入、各项扣除以及允许弥补的以前年度亏损后的余额，为应

纳税所得额。用公式表示为

$$应纳税所得额=收入总额-准予扣除项目金额$$

其中，收入总额为企业以货币形式和非货币形式从各种来源取得的收入，包括销售货物收入、提供劳务收入、转让财产收入、股息红利等权利性投资收益、利息收入、租金收入、特许权使用费收入、接受捐赠收入、其他收入。不征税收入有财政拨款、依法收取并纳入财政管理的行政事业性收费和政府性基金、国务院规定的其他不征税收入。

在算出应纳税所得额的基础上，企业的应纳税额的计算公式为

$$企业应纳所得税额=应纳税所得额×税率-减免税额-抵免税额$$

其中，减免税额和抵免税额是指依照企业所得税法和国务院的税收优惠规定减征、免征和抵免的应纳税额。

4. 个人所得税

个人所得税是以自然人取得的各项应税所得为征税对象而征收的一种税。根据住所和居住时间两个标准，个人所得税的纳税义务人分为居民和非居民，承担不同的纳税义务。居民纳税义务人是指在中国境内有住所，或者无住所而一个纳税年度内在中国境内居住满183天的个人，为居民个人，负有无限纳税义务，其从中国境内和境外取得的所得应依法缴纳个人所得税。非居民纳税义务人是指在中国境内无住所又不居住，或者无住所而一个纳税年度内在中国境内居住不满183天的个人，为非居民个人，其从中国境内取得的所得应依法缴纳个人所得税。

个人所得税共有9个应税项目。

（1）工资、薪金所得。工资、薪金所得是指个人因任职或者受雇而取得的工资、薪金、奖金、年终加薪、劳动分红、津贴、补贴以及与任职或者受雇有关的其他所得。

（2）劳务报酬所得。劳务报酬所得是指个人从事劳务取得的所得，包括从事设计、装潢、安装、制图、化验、测试、医疗、法律、会计、咨询、讲学、翻译、审稿、书画、雕刻、影视、录音、录像、演出、表演、广告、展览、技术服务、介绍服务、经纪服务、代办服务以及其他劳务取得的所得。

（3）稿酬所得。稿酬所得，是指个人因其作品以图书、报刊等形式出版、发表而取得的所得。

（4）特许权使用费所得。特许权使用费所得，是指个人提供专利权、商标权、著作权、非专利技术以及其他特许权的使用权取得的所得。提供著作权的使用权取得的所得，不包括稿酬所得。

从2019年1月1日起，居民个人取得第（1）项至第（4）项所得（以下称综合所得），按纳税年度合并计算个人所得税；非居民个人取得第（1）项至第（4）项所得，按月或者按次分项计算个人所得税。综合所得适用3%～45%的7级超额累进税率（如表2-1所示）。

表2-1 个人所得税税率（综合所得适用）

级数	全年应纳税所得额	税率（%）
1	不超过36 000元的	3
2	超过36 000元至144 000元的部分	10
3	超过144 000元至300 000元的部分	20
4	超过300 000元至420 000元的部分	25
5	超过420 000元至660 000元的部分	30
6	超过660 000元至960 000元的部分	35
7	超过960 000元的部分	45

居民个人的综合所得，以每一纳税年度的收入额减除费用60 000元以及专项扣除、专项附加扣除和依法确定的其他扣除后的余额，为应纳税所得额。专项扣除，包括居民个人按照国家规定的范围和标准缴纳的基本养老保险、基本医疗保险、失业保险等社会保险费和住房公积金等；专项附加扣除，包括子女教育、继续教育、大病医疗、住房贷款利息或者住房租金、赡养老人等支出。

非居民个人的工资、薪金所得，以每月收入额减除费用5 000元后的余额为应纳税所得额；劳务报酬所得、稿酬所得、特许权使用费所得，以每次收入额为应纳税所得额。

（5）经营所得。经营所得是指：①个体工商户从事生产、经营活动取得的所得，个人独资企业投资人、合伙企业的个人合伙人来源于境内注册的个人独资企业、合伙企业生产、经营的所得；②个人依法从事办学、医疗、咨询以及其他有偿服务活动取得的所得；③个人对企业、事业单位承包经营、承租经营以及转包、转租取得的所得；④个人从事其他生产、经营活动取得的所得。经营所得适用5%~35%的超额累进税率（如表2-2所示）。

表2-2 个人所得税税率（经营所得适用）

级数	全年应纳税所得额	税率（%）
1	不超过30 000元的	5
2	超过30 000元至90 000元的部分	10
3	超过90 000元至300 000元的部分	20
4	超过300 000元至500 000元的部分	30
5	超过500 000元的部分	35

（6）利息、股息、红利所得。利息、股息、红利所得，是指个人拥有债权、股权等而取得的利息、股息、红利所得。

（7）财产租赁所得。财产租赁所得，是指个人出租不动产、机器设备、车船以及其他财产取得的所得。

（8）财产转让所得。财产转让所得，是指个人转让有价证券、股权、合伙企业中的财产份额、不动产、机器设备、车船以及其他财产取得的所得。

（9）偶然所得。偶然所得，是指个人得奖、中奖、中彩以及其他偶然性质的所得。

个人取得的所得，难以界定应纳税所得项目的，由国务院税务主管部门确定。

利息、股息、红利所得，财产租赁所得，财产转让所得和偶然所得，适用比例税率，税率为20%。

延伸阅读

个人所得税的调节收入分配职能

我国的个人所得税制度开始建立于1980年，40多年来国家对个人所得税制度进行了多次优化。党的二十大报告提出，"优化税制结构""加大税收、社会保障、转移支付等的调节力度""完善个人所得税制度，规范收入分配秩序"。2018年8月，我国通过修订后的个人所得税法，个税"起征点"提高，还增加六项专项附加扣除，首次建立了综合与分类相结合的个人所得税制。税制更加公平、合理，中低收入群体实现大幅减轻税负，甚至不需缴纳个税。2022年3月5日，第十三届全国人民代表大会第五次会议开幕，时任国务院总理的李克强代表国务院向大会作政府工作报告，提出完善三孩生育政策配套措施，将3岁以下婴幼儿照护费用纳入个人所得税专项附加扣除。这个新设项目已自2022年1月1日起实施，有利于减轻人民群众抚养子女负担，体现了国家对人民群众生育养育的鼓励和照顾。我国个税制度较为简明，申报流程也很便利，对个人来说，要掌握税法、遵守税法，弘扬社会主义法治精神，严于律己、严负其责。

2.3 购买国债 利国利民

案例引入

2022年电子式储蓄国债第一、二期于4月10日至19日向个人投资者发行，发行总额度500亿元。其中，3年期票面年利率为3.35%、5年期票面年利率为3.52%。2022年国债发行的最大特点是多家银行的手机银行可办理国债认购、个人国债账户开户和查询业务，手机银行已逐渐成为电子式国债的重要销售渠道。储蓄国债投资门槛低、变现灵活、收益相对较高等优势和避险属性吸引着部分稳健投资者，再加上电子式国债通过网上银行、手机银行等线上渠道均可购买，投资者对国债的关注度和购买意愿也不断增强。本次国债销售多家银行都表示线上和柜面额度在很短的时间内售罄。投资者购买国债可以获得稳健收益，国家发行国债可以为国家经济建设筹集资金，所以说购买国债，利国利民。

请思考：什么是国债？国债的功能有哪些？我国的国债种类有哪些呢？

> 知识解读

2.3.1 国债的概念及其特征

国债是国家债券的简称,是由国家发行的债券,是中央政府为筹集财政资金而发行的一种政府债券,是一国政府为了筹措资金而向投资者出具的,承诺在一定时期支付利息和到期还本的债务凭证。由于国债的发行主体是国家,是国家信用的重要组成部分和基本形式,所以它具有最高的信用度,被公认为是安全性很高的投资工具。

国债

一般来说,国债具有自愿性、有偿性和灵活性三方面的特征。

1. 自愿性

自愿性表现为国债的发行或认购应建立在认购者自愿承受的基础上,是否认购或者认购多少应完全由认购者视其个人或单位的情况自主决定。自愿性特征使国债与税收有着明显的区别。国债的发行是以国家或政府的信用为依托,以借贷双方自愿互利为基础,按照一定条件与认购者结成债权债务关系的一种行为。

2. 有偿性

有偿性表现为通过发行国债筹集的财政资金,政府必须作为债务而按期偿还。除此之外,还要按事先规定的条件向认购者支付一定数额的暂时让渡资金使用权的报酬,即利息。有偿性也是国债区别于税收的重要特征。政府在利用国债筹集的资金提供公共产品与服务的过程中,并未减少私人财富的实际数量。

3. 灵活性

灵活性表现为国债发行与否以及发行多少,一般完全由中央政府根据具体情况灵活地加以确定,而非通过法律形式预先规定。这种灵活性是国债所具有的一个突出特征。国债的灵活性也是相对而言的,许多国家的立法机关都根据政府的财政负担能力而规定一个"负债"的最高限额,从而对国债总量加以适当控制,《中华人民共和国预算法》(以下简称《预算法》)第三十四条明确规定,中央一般公共预算中必需的部分资金,可以通过举借国内和国外债务等方式筹措,举借债务应当控制适当的规模,保持合理的结构。

2.3.2 国债的功能

1. 弥补财政赤字

通过发行国债弥补财政赤字是国债产生的根本性原因。一般情况下,国家弥补财政赤字的方式主要有三种:一是增税;二是增发货币或向中央银行透支或借款;三是发行国债。通过增加税收的方式弥补财政赤字会受到一国经济发展状况的制约,强行提高税率会导致财源枯竭,引起效率损失和"挤出效应",不利于经济的正常发展,且不容易被纳税人接受。增发货币或由国家财政直接向中央银行透支或借款容易引起通货膨胀。相比较而言，以发行国债弥补财政赤字是副作用最小的一种方式。国债弥补财政赤字的实质是将企业和个人支配的资金使用权在一定时期内转移给政府，因此不会增加市场货币流通量，一般不会导致通货膨胀。发行国债获取的资金基本上是认购者闲置的资金，不会对经济发展产生太多不利的影响。我国自1993年起，规范了财政赤字的弥补办法，即全部由发行国债来弥补赤字，不允许向中央银行借款和透支。

2. 筹集建设资金

政府的财政支出可以分为经常性支出和建设性支出。经常性支出是维持"国家机器"运转，满足社会公共需要所必需的一些开支。建设性支出是政府进行的与经济建设密切相关的一些投资性支出。从财政资金的使用角度来说，国债是政府筹集建设资金的重要手段。通过发行国债吸引社会闲散资金，能有效调节积累和消费的关系，增加投资总量，调整投资方向，向基础产业、支柱产业、重点产业倾斜，有利于实现国民经济产业结构的合理化。在我国每年的财政支出中，经济建设占有相当大的比重，超过财政支出的一半。这说明在政府所承担的各项职能中，经济职能是第一位的。

3. 调节宏观经济

政府可以通过在国债市场发行国债来推行自己的财政政策，中央银行也可在债券市场通过国债交易来推行自己的货币政策。国债市场是财政政策与货币政策的有机结合点。在财政政策方面，国债可以对社会资源进行重新分配，调节积累和消费的比例关系，将居民的消费基金转化为积累基金，满足生产建设的需要。国债还可以调节产业结构，使国民经济结构趋于合理化。在经济下行压力较大时，发行国债可以增加政府支出，扩大社会总需求，刺激经济发展。在货币政策方面，中央银行可以在公开市场上买卖国债，促使货币供应量的增减和利率的变化，从而影响生产、就业和物价水平。

2.3.3 国债的种类

国债的种类繁多，这里主要介绍我国面向普通的机构投资者和个人投资者发行的普通型国债，从债券形式上看，可分为无记名（实物）国债、储蓄国债和记账式国债。

1. 无记名（实物）国债

无记名（实物）国债是一种实物债券，以实物券的形式记录债权，面值不等，不记名，不挂失，可上市流通。发行期内，投资者可直接在销售国债机构的柜台购买。在证券交易所设立账户的投资者，可委托证券公司通过交易系统申购。发行期结束后，实物券持有者可在柜台卖出，也可将实物券交证券交易所托管再通过交易系统卖出。1993年以前，我国发行的国库券均为实物国债，随着国债市场投资条件和环境的改善，财政部从1998年开始停止了实物国债的发行，杜绝了假券产生的源头。

2. 储蓄国债

储蓄国债是财政部在中国境内发行的、通过储蓄国债承销团成员面向个人销售的不可流通人民币国债。储蓄国债的发行，一方面，可以吸收个人储蓄资金，满足国家经济建设需要；另一方面，可以满足个人储蓄投资需求，增加居民收入。储蓄国债分为储蓄国债（电子式）和凭证式国债，我国从1994年开始发行凭证式国债，2006年开始发行储蓄国债（电子式）。

（1）凭证式国债。凭证式国债是指国债承销机构采取不印刷实物券，而给国债购买者填制"中华人民共和国凭证式国债收款凭证"的方式通过银行的储蓄网点发行的国债。该凭证是投资者通过商业银行购买凭证式国债的一种证明。这种国债的特点是可以记名，可以挂失，不能上市流通，到期需到原购买机构或地点进行兑付，可以提前兑取。2012年前，机构投资者可以购买凭证式国债，2012年财政部、中国人民银行发文，不允许机构投资者购买。

（2）储蓄国债（电子式）。储蓄国债（电子式）是我国财政部面向境内中国公民储蓄类资金发行的，以电子方式记录债权，不可交易流通的人民币债券。这种债券面向境内中国公民，不向机构投资者发行，同时设立了单个账户单期购买上限，充分考虑并保护了个人投资者特别是中小投资者的利益。购买时采用实名制，不可流通转让。与其他非国债投资品种相比，储蓄国债（电子式）具有信用等级最高、安全性最好、利息免税、收益稳定、购买方便、管理科学、变现灵活等优点。

3. 记账式国债

记账式国债以记账形式记录债权，是由财政部使用无纸化方式通过证券交易所的交易系统发行和交易，以电脑记账方式记录债权，并可以上市交易的债券，可以记名，可以挂失。投资者进行记账式证券买卖，必须在证券交易所设立账户。因为记账式国债的发行和交易均无纸化，所以效率高、成本低、交易安全。与凭证式国债和1年期定存相比，记账式国债提前兑现不损失利息，而凭证式国债和定期存款都有一定的利息损失。记账式国债分为记账式附息国债和记账式贴现国债。记账式贴现国债是指以低于面值的价格贴现发行到期按面值还本、期限为1年以下的国债。记账式附息国债是指定期支付利息、到期还本付息、期限在1年或1年以上的国债。

模块小结

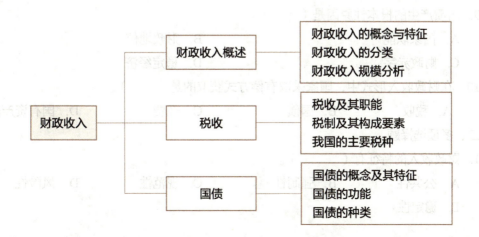

复习思考题

一、单项选择题

1. 目前我国最主要的财政收入形式为（　　）。
   A. 税收收入　　　　　　　　　　B. 企业收入
   C. 债务收入　　　　　　　　　　D. 其他收入

2. （　　）是影响一个国家财政收入规模的决定性因素。
   A. 经济发展水平　　　　　　　　B. 收入分配政策和分配制度
   C. 价格变动　　　　　　　　　　D. 宏观经济政策

3. 增值税属于（　　）税类。
   A. 所得税类　　　　　　　　　　B. 行为税类
   C. 流转税类　　　　　　　　　　D. 资源税类

4. 一种税和另一种税区分的重要标志是（　　）。
   A. 纳税人　　　　　　　　　　　B. 纳税环节
   C. 课税对象　　　　　　　　　　D. 税率

5. 直接负有纳税义务的单位和个人叫（　　）。
   A. 纳税人　　　　　　　　　　　B. 征税人
   C. 扣缴义务人　　　　　　　　　D. 负税人

6. 居民个人综合所得适用的税率是（　　）。
   A. 9级全额累进税率　　　　　　 B. 7级超额累进税率
   C. 9级超额累进税率　　　　　　 D. 20%的比例税率

7. 我国企业所得税的基本税率为（　　）。
   A. 10%　　　　B. 15%　　　　C. 20%　　　　D. 25%

8. 债务收入是指国家以债务人的身份，按照（　　）原则从国内外取得的各种借款收入。
   A. 强制性　　　　　　　　　　　B. 信用
   C. 无偿性　　　　　　　　　　　D. 对等

9. 国债产生的根本性原因是（　　）。
   A. 国家职能　　　　　　　　　　B. 财政地位
   C. 财政赤字　　　　　　　　　　D. 稳定经济

10. 在财政收入形式中，国家采取有偿方式获取的是（　　）。
    A. 税收　　　　B. 国债　　　　C. 规费　　　　D. 国有资产收益

二、多项选择题

1. 财政收入的特征有（　　）。
   A. 公共性　　　B. 强制性　　　C. 规范性　　　D. 风险性
   E. 稳定性

2. 按照政府预算口径分类，财政收入包括（　　）。
   A. 一般公共收入　　　　　　　　B. 政府性基金收入
   C. 国有资本经营收入　　　　　　D. 社会保险基金收入
   E. 税收收入
3. 影响财政收入规模的因素包括（　　）。
   A. 经济发展水平　　　　　　　　B. 生产技术水平
   C. 收入分配政策　　　　　　　　D. 价格
   E. 自然条件
4. 一般说来，比例税率的形式主要包括（　　）。
   A. 协议比例税率　　　　　　　　B. 幅度比例税率
   C. 差别比例税率　　　　　　　　D. 统一比例税率
   E. 固定比例税率
5. 国债的特征是（　　）。
   A. 自愿性　　　　　　　　　　　B. 强制性
   C. 有偿性　　　　　　　　　　　D. 规范性
   E. 灵活性

三、问答题

1. 简述财政收入的形式。
2. 税收的组成要素有哪些？
3. 我国国债的种类有哪些？

四、案例分析

假如我们有 20 万元用来认购国债，5 年期凭证式国债和储蓄国债（电子式）票面利率都是 3.97%，凭证式国债是到期一次性还本付息的，而储蓄国债（电子式）则是每年付息一次。

问题：购买这两种国债有什么不同？投资国债有什么好处？

技能实训

深入了解个人所得税综合所得年度汇算

通过家庭调查的方式了解个人所得税综合所得年度汇算：

1. 了解个人所得税 App。
2. 向父母、爷爷、奶奶等调查询问上年度个人所得税综合所得年度汇算情况。
3. 调查了解每个人的年度综合所得、专项附加扣除填报。
4. 了解每个人的上年年度纳税额。
5. 将调查结果写在实训报告上，报告中可以隐去被调查人员的真实姓名。
6. 深入总结对个人所得税在国家治理中筹集财政收入、调节收入分配功能的理解。
7. 组织各小组汇报和讨论。

模块 3

执政为民
——财政支出

学习目标

知识目标
- 掌握财政支出、购买性支出、转移性支出的含义及内容。
- 理解财政支出的原则。
- 理解购买性支出和转移性支出对经济的影响。

能力目标
- 能够分析财政支出的现状和发展趋势。
- 能够解释实际生活中一些财政支出现象。
- 能够预测财政支出对经济产生的影响。

素质目标
- 坚定中国特色社会主义道路自信、制度自信。
- 坚定爱党、爱国的信念。
- 践行社会责任，勇于担当，强化服务于民的观念。

> **模块引例**
>
> ### "执政为民,心系于民"全心全意为人民服务
>
> 2022年7月开始,长江流域遭遇了1961年以来最严重的气象干旱,出现罕见的"主汛期反枯"。8月6日,鄱阳湖提前进入枯水期,水位退至11.99米,成为1951年有记录以来最早进入枯水期的年份,8月11日,水利部对四川、重庆、湖北、湖南、江西和安徽6省(市)启动干旱防御Ⅳ级应急响应。水利部数据显示,四川、重庆、湖北、湖南、安徽、江西等省(市)耕地受旱面积已经达到3 299万亩(1亩=666.6m^2),246万人、35万头大牲畜因旱供水受到影响。8月17日,财政部、应急管理部紧急下达4.2亿元中央自然灾害救灾资金,支持地方做好防汛抗旱工作。其中预拨2.1亿元,支持安徽、江西、湖北、湖南、重庆、四川、新疆等7省(区、市)做好抗旱救灾工作,重点解决城乡居民用水困难等问题。预拨2.1亿元,支持河北、山西、山东、河南、黑龙江、内蒙古、陕西、甘肃等北方8省(区)开展防汛救灾工作,由地方统筹用于应急抢险和受灾群众救助,重点做好搜救转移安置受灾人员、排危除险等应急处置、次生灾害隐患排查和应急整治、倒损民房修复等工作。
>
> (资料来源:搜狐网,https://www.sohu.com/a/579473419_121154772。)

3.1 财政支出概述

案例引入

2022年4月20日,财政部召开2022年一季度财政收支情况网上新闻发布会,介绍了2022年一季度财政收支情况。一季度,全国一般公共预算支出63 587亿元,同比增长8.3%。其中,中央一般公共预算本级支出6 804亿元,同比增长4.5%;地方一般公共预算支出56 783亿元,同比增长8.8%。主要支出科目有:教育支出9 774亿元,同比增长8.5%;科学技术支出1 847亿元,同比增长22.4%;文化旅游体育与传媒支出798亿元,同比增长7.7%;社会保障和就业支出11 178亿元,同比增长6.8%;卫生健康支出5 720亿元,同比增长6.2%;节能环保支出1 294亿元,同比增长6.2%;城乡社区支出4 916亿元,同比增长7.5%;农林水支出4 121亿元,同比增长8.4%;交通运输支出3 259亿元,同比增长10.9%;债务付息支出1 993亿元,同比下降0.1%。

请思考: 分析我国财政支出规模和结构的变化趋势,并尝试给财政支出归类。

知识解读

如果说财政收入是财政分配活动的第一阶段,那么财政支出就是财政分配活动的第二

阶段，财政收入是财政支出的基础，财政支出是财政收入的归宿。财政支出是国家把集中起来的财政资金进行再分配的过程，它要解决的是由国家支配的那部分社会财富的价值如何安排使用的问题，是国家各级政府的一种经济行为。

3.1.1 财政支出的概念、方式、范围及原则

1. 财政支出的概念

财政支出，通常也称公共支出，是以国家为主体，以财政的事权为依据进行的一种财政资金（再）分配活动，是政府为提供公共产品和服务，满足社会共同需要而进行的财政资金的支付。

从国家政权角度看，财政支出是政府施政行为选择的反映，是各级政府对社会提供公共物品的财力保证，体现着政府政策的意图，代表着政府活动的方向和范围。从财政运行角度看，财政支出是财政分配的第二阶段；从宏观角度看，财政支出是政府进行宏观调控的重要手段之一，财政支出可以影响社会总供求的平衡关系，可以影响经济的发展状况。

国家集中的财政收入只有按照行政及社会事业计划、国民经济发展需要进行统筹安排运用，才能为国家完成各项职能提供财力上的保证。财政支出的规模和结构可以反映政府职能的范围大小。它反映了国家的政策，规定了政府活动的范围和方向，是政府履行其职能必不可少的财力保证；它能够调节和引导市场对资源的合理配置和有效利用，调控经济运行的规模和结构，促进国民经济持续、协调、稳定增长。

财政支出的概念

2. 财政支出的方式及范围

（1）财政支出的方式。财政支出的方式和途径，分为无偿拨款和有偿使用两种。

1）无偿拨款。无偿拨款指财政资金在上下级财政之间的无偿调拨以及财政资金从财政部门向付款单位的无偿调拨以及财政资金从财政部门向用款单位的无偿转移，是财政支出的最基本方式。对于国家各行政管理部门所需要的资金和国有非营利事业单位核定的支大于收的差额，通常采用无偿拨款的方式。

2）有偿使用。有偿使用指以借出财政周转金和财政周转金放款的方式供应财政资金，用于有偿使用的财政周转金除来源于财政周转金收入外，主要以列支财政支出的方式设置和增补。

（2）财政支出的范围。

1）保证国家机器正常运转、维护国家安全、巩固各级政府政权建设的支出，如行政管理、国防、外交、公安、司法、监察等方面的支出。

2）维护全社会稳定，提高全民族素质，外部社会效应巨大的社会公共事业支出，如社会保障、科技、教育、卫生、文化、扶贫等方面的支出。

3）有利于经济环境和生态环境改善，具有巨大外部经济效应的公益性基础设施建设的支出，如水利、电力、道路、桥梁、环保、生态等方面的支出。

我国目前经济正处在转轨时期，在市场机制还不完善的条件下，国家对宏观经济运行还应有必要的调控，财政也要留有一定的财力，对经济活动进行适当的干预。

3. 财政支出的原则

财政部门作为国家金融方面的管家，不仅要把政府有限的财政资金花在那些该花的地方，还要管好钱袋子，那么，怎样才能管好国家的钱袋子呢？为达到科学运用财政资金，满足国家完成各项职能需要的目的，财政支出的安排应体现以下原则：

（1）量入为出原则。所谓量入为出，是指在财政收入既定的前提下，财政支出只能在既定的收入数额内安排，支出不能超过收入，以保证财政收支平衡。

财政收入和财政支出始终存在数量上的矛盾，量入为出并不意味着国家财政要年年坚持收支平衡，并略有结余。短期看，略有结余是适合的，并不会导致财政资金的浪费，但长期来看，会出现财政资金的大量结余，这就会造成原本有限的财政资金以及与之相匹配的物质资源的大量浪费。遵循量入为出的原则，财政支出的安排应在财政收入允许的范围内，提高财政资金的使用效益。

（2）统筹兼顾原则。国家经济建设各部门和国家各行政管理部门的事业发展都需要大量的资金，在财政支出过程中要合理确定财政支出的项目与规模以及各项目之间的比例关系，财政支出项目的确定以及各项目支出的规模大小应该与社会公共需要和实现政府职能的要求相适应，防止财政支出的"越位"和"缺位"现象产生。

财政支出的原则

在财政支出过程中应同时处理好积累性支出和消费性支出的关系，生产性支出和非生产性支出的比例关系，国民经济各部门之间的比例关系，做到统筹兼顾，全面安排。

（3）经济效益原则。经济效益是指在既定的财政资金总额条件下，将有限的资金安排在最合适的财政支出项目中，使其产生最大的经济效益。财政支出的效益体现在财政投资的经济效益和社会效益两个方面，为保证有限的财政资金最大限度地利用，对有经济效益而不需要财政扶持的单位，要做到无偿拨款和有偿使用相结合，财政资金投入与单位自筹资金相结合，资金安排和日后的财政监督相结合。

延伸阅读

财政支持稳住经济大盘工作

2022年6月2日，财政部举行专题新闻发布会，介绍财政支持稳住经济大盘工作有关情况。发布会介绍了国务院出台《关于扎实稳住经济的一揽子政策措施》，推出6个方面33项措施。在以习近平同志为核心的党中央坚强领导下，各地区各部门有力统筹疫情防控和经济社会发展，2022年我国经济运行总体实现平稳开局。但3月份尤其是4月份以来，新一轮疫情和国际局势变化等超预期因素叠加，给恢复势头良好的我国经济带来不小冲击。党中央明确要求，疫情要防住、经济要稳住、发展要安全，并围绕努力实现全年经济社会发展预期目标做出一系列重大部署。此次国务院出台的6方面33项一揽子政策措施中，有24项直接涉及财政职能，涵盖税收、专项债券、政府采购、支出政策、民生社保等。

一是进一步加大增值税留抵退税政策力度。将更多行业纳入按月全额退还留抵税额政策范围，预计新增留抵退税1 420亿元，2022年出台的新增退税总额达到约1.64万亿元，雪中送炭帮助企业渡过难关。

二是加快财政支出进度。中央财政将督促尽快下达各项转移支付，同时要求各地强化预算执行管理，切实把支出进度提上来。加紧推进已纳入年度计划的重大工程建设，加大存量资金盘活力度，尽早发挥资金和政策效益。

三是加快地方政府专项债券发行使用并扩大支持范围。确保2022年新增专项债券6月底前基本发行完毕，力争8月底前基本使用完毕，将新基建、新能源项目纳入专项债券重点支持范围，更好发挥稳增长、稳投资的积极作用。

四是全力以赴稳住市场主体。统筹运用政府性融资担保、政府采购、社保费缓缴、援企稳岗等政策，为中小企业注血纾困，支持它们健康发展。

五是积极扩大投资和消费。配合相关部门加快下达基建投资、水利发展等预算，推动尽早形成实物工作量；阶段性减半征收车辆购置税，进一步提振汽车消费，释放内需潜力。

六是支持保障粮食能源安全。在前期已发放200亿元农资补贴基础上，已再次下达100亿元农资补贴，适当提高稻谷、小麦最低收购价，提高粮食安全保障能力。支持建立健全煤炭产量激励约束政策机制，推动煤炭等能源资源增产增储。

七是支持保产业链供应链稳定。加大对民航等受疫情影响较大行业企业的纾困支持力度，推动降低市场主体房屋租金、用水用电用网等成本，统筹加大对物流枢纽和物流企业的支持力度，畅通经济循环。

八是切实保障基本民生。实施住房公积金阶段性支持政策，对受疫情影响的企业可按规定申请缓缴住房公积金。完善农业转移人口支持政策，加大对新增落户人口、随迁子女义务教育奖励力度。完善对困难群众的生活保障，兜牢兜实基本民生底线。

（资料来源：国家财政部网站，http://www.gov.cn/xinwen/2022-06/02/content_5693659.htm.）

3.1.2 财政支出的分类

对财政支出进行科学分类的目的是便于政府管理和分析财政支出的规模、结构和特点，也便于公民全面了解和监督财政资金的去向，从而有利于政府合理、高效地分配和使用资金。财政支出通常有以下几种分类方式：

1. 按经济性质分类

财政支出按照经济性质，即按照财政支出是否能直接得到等价的补偿，可以分为购买性支出和转移性支出。

（1）购买性支出。购买性支出也称消耗性支出，是指政府在市场上遵循等价交换的原则，购买商品和服务的活动，包括购买进行日常政务活动所需的或用于国家投资所需的商品和服务支出。购买性支出由社会消费性支出和财政投资支出组成，它是政府的市场性再分配活动，对社会生产和就业的直接影响较大，执行资源配置的能力较强。其特点是财政付出资金，并相应地获得了商品和服务并运用这些商品和服务实现政府的职能。在这些支出安排中，政府同其他经济主体一样，在从事等价交换的活动。

（2）转移性支出。转移性支出是指政府按照一定方式，将一部分财政资金无偿地、单方面转移给居民和其他受益者，主要由社会保障支出和财政补贴组成。它是政府的非市场性再分配活动，对收入分配的直接影响较大，执行收入分配的职能较强。其特点是财政付出了资金，却无任何所得，不存在交换问题，接受者可以自由地做出他们将消费什么或将如何组织生产的决策。

2. 按最终用途分类

财政支出按最终用途，可以分为补偿性支出、积累性支出和消费性支出。

（1）补偿性支出。补偿性支出主要是指对在生产过程中固定资产的耗费部分进行弥补的支出，如挖潜改造资金。

（2）积累性支出。积累性支出指最终用于社会扩大再生产和增加社会储备的支出，如基本建设支出、工业交通部门基金支出、企业挖潜发行支出等，这部分支出是社会扩大再生产的保证。

（3）消费性支出。消费性支出即用于社会共同消费方面的支出，主要包括文教科学卫生支出、抚恤和社会福利救济支出、行政管理支出、国防支出等项，这部分支出对提高整个社会的物质文化生活水平起着重大的作用。

3. 按支出功能分类

财政支出按支出功能，即按政府主要职能活动，可以分为经济建设费支出、社会文教费支出、行政管理费支出和其他支出。

（1）经济建设费支出。经济建设费支出包括基本建设支出、流动资金支出、地质勘探支出、国家物资储备支出、工业交通部门基金支出、商贸部门基金支出等。

（2）社会文教费支出。社会文教费支出包括科学事业费和卫生事业费支出等。

（3）行政管理费支出。行政管理费支出包括公检法支出、武警部队支出等。

（4）其他支出。其他支出包括国防支出、债务支出、政策性补贴支出等。

4. 按产生效益的时间分类

财政支出按产生效益的时间，可以分为经常性支出和资本性支出。

（1）经常性支出。经常性支出是指维持公共部门正常运转或保障人们基本生活所必需的支出，主要包括人员经费、公用经费和社会保障支出。比如，行政管理费包含工资、办公费、差旅费等，这些费用的消耗就会形成当期服务的公共物品——行政管理、社会秩序、社会治安、经济信息等。其特点是它的消耗会使社会直接受益或当期受益，直接构成了当期公共物品的成本。按照公平原则中当期公共物品受益与当期公共物品成本相对应的原则，经常性支出的弥补方式是税收。

（2）资本性支出。资本性支出是用于购买或生产使用年限在一年以上的耐久品所需的支出，其中有用于建筑厂房、购买机械设备、修建铁路和公路等生产性支出，也有用于建筑办公楼和购买汽车、复印机等办公用品等非生产性支出。其特点是，它耗费的结果将形成供一年以上长期使用的固定资产。资本性支出的补偿方式有两种：一是税收；二是国债。

延伸阅读

深化财税改革激发科创活力

党的二十大报告提出，提升科技投入效能，深化财政科技经费分配使用机制改革，激发创新活力。可见，如何通过财税政策精准施策促进高水平科技自立自强，具有重要的意义。

财税与科技的有机融合，意味着政府与市场合力激励科技创新的效应。在这一过程中，政府主要发挥战略引导、弥补市场失灵以及营造有利于科技型中小微企业成长的良好环境等作用，而市场强化企业科技创新的主体地位，通过市场的经济效率驱动机制及要素优化配置规律，发挥出科技型骨干企业的引领支撑作用，并带动各种规模、各种类型市场主体的科技研发积极性，进而形成企业提升价值创造、国家实现科技自立自强的双赢局面。在运用财税政策方面，重点在于通过深化财政科技经费分配使用机制改革提升科技投入效能。

例如，在政府投资及科技投资方面，根据国家战略发展的需要弥补市场的短板，既不挤占市场资源，又可及时纠正初次配置的缺陷，保障核心科学技术能够有足够的资金投入及产生良好的自主科技成果产出。又如，市场主体在特定突出企业的技术创新主体地位方面，科技部、财政部发布的《企业技术创新能力提升行动方案（2022—2023年）》提出，要制定国家鼓励企业研发的重点领域指导目录，未来可根据上述目录中规定的重点领域，加大税收优惠支持力度，以攻关"关键核心技术"为目标导向，引导资源流向重点领域，集中力量办大事，夯实我国科技强国建设的根基。

短期的财税优惠政策可以使创新主体享受及时的优惠，有利于快速集中资金增加企业研发投入，保障科技资金的投入。但科技创新需要经年累月的投入和积淀，因此需要构建促进企业创新的财税政策长效机制，形成长期稳定发展预期，鼓励企业成为建设创新型国家和世界科技强国的生力军。

例如，财税部门颁布的相关财税政策规定，对企业出资科研机构等基础研究支出，允许税前全额扣除；对现行按75%税前加计扣除研发费用的，统一提高到100%，鼓励改造和更新设备。这些根据基础研究、研发投入、高新技术创新三个不同的研发阶段而制定的针对性政策，将发挥财税政策"四两拨千斤"的作用，以促进建立长效的科技创新激励机制。

下一步，还应重点研究不同科技创新阶段的政策衔接性问题，使科技成果从萌芽、孵化到形成及转化阶段各项政策紧密结合，促使自主创新成果源源不断产出，形成全社会的科技创新动能。

此外，要从科技创新的源头人力资本形成阶段发挥财税政策的激励效应。加强财税政策的引导效应，推动加快建设世界重要人才中心和创新高地，是高水平科技自立自强的根本保障。具体而言，可以结合个人所得税的改革和完善，发挥个人所得税吸引人才、鼓励人才创新的作用；根据人才自由流动的特点，完善和落实现行对于人才实施的个人所得税优惠政策，打造新时代人才强国雁阵格局。

（资料来源：李旭红，北京国家会计学院学术委员会主任、教授，深化财税改革激发科创活力，https://m.gmw.cn/baijia/2022-11/15/36160491.html，2022年11月15日，有删改）

3.1.3 财政支出的规模效益分析

财政支出规模是指在一定时期内（预算年度）政府通过财政渠道安排和使用财政资金的绝对数量及相对比率，即财政支出的绝对量和相对量，它反映了政府参与分配的状况，体现了政府的职能和政府的活动范围，是研究和确定财政分配规模的重要指标。

1. 财政支出规模的衡量指标

（1）绝对指标。

1）绝对指标的含义。以一国货币单位表示的财政年度内政府实际安排和使用的财政资金的数额。

2）绝对指标的作用。

① 绝对指标是计算相对指标的基础。

② 对绝对指标从时间序列加以对比可以看出财政支出规模发展变化的趋势。

（2）相对指标。

1）相对指标的含义。绝对指标与有关指标的比率。

2）相对指标的作用。

① 相对指标本身可以反映政府公共经济部门在社会资源配置过程中的地位。

② 通过指标的横向对比，可以反映不同国家或地区的政府在社会经济生活中地位的差异。

③ 通过指标的纵向比较，可以看出政府在社会经济生活中的地位和作用变化发展的趋势。

一般来讲，绝对量指标在对一国财政支出变化进行纵向比较时有实际意义，而相对量指标对一国财政支出与他国财政支出进行横向比较及对本国财政支出变化进行纵向比较时有极大的参考意义。我国习惯上采用财政支出占国内生产总值的比重来说明财政支出的规模及其变化。

> **延伸阅读**

我国2016—2021年财政支出在教育支出、科学技术支出、文化旅游体育与传媒支出、社会保障和就业支出、卫生健康支出、农林水支出方面的发展变化，见表3-1。

表3-1　2016—2021年中国财政支出项目总额　　　　（单位：亿元）

项　　目	2016年	2017年	2018年	2019年	2020年	2021年
教育支出	28 072.78	30 153.18	32 169.47	34 796.94	36 359.94	37 621
科学技术支出	6 563.96	7 266.98	8 326.65	9 470.79	9 018.34	9 677
文化旅游体育与传媒支出	3 163.08	3 391.93	3 537.86	4 086.31	4 245.58	3 986
社会保障和就业支出	21 591.45	14 611.68	27 012.09	29 379.08	32 568.51	33 867
卫生健康支出	13 158.77	14 450.63	15 623.55	16 665.34	19 216.19	19 205
农林水支出	18 587.35	19 088.99	21 085.59	22 862.80	23 948.46	22 146

（资料来源：2016—2021年《中国统计年鉴》的数据统计）

2. 财政支出效益的评价

效益是财政支出中的核心问题。所谓效益，就是人们在有目的的实践活动中"所得"与"所费"的关系。所得，就是有目的的实践活动所取得的有用成果；所费，就是活劳动和物化劳动的消耗和占用。就是常说的"少花钱，多办事"。财政支出的内容十分复杂，而且在支出性质上存在较大的差别，因此采用的评价方法不完全相同。

（1）成本 - 效益分析法。所谓成本 - 效益分析法就是针对政府确定的建设目标，提出若干实现建设目标的方案，详列各种方案的全部预期成本和全部预期效益，通过分析比较，选择出最优的政府投资项目。

该方法在世界各国得到了相当广泛的运用，一般适用于一些效益是经济的、有形的，可以用货币计量的支出项目，如电站投资之类。在政府的经济支出上，运用这一分析方法可以获得较好的效果。但是，由于相当多的财政支出的成本与效益都难以准确衡量，有的甚至根本无法衡量，因而适用范围受到局限。

（2）最低费用选择法。最低费用选择法是指对每个备选的财政支出方案进行经济分析时，只计算备选方案的有形成本，而不用货币计算备选方案支出的社会效益，并以成本最低为择优的标准。换句话说，就是选择那些使用最少的费用就可以达到财政支出目的的方案。

该方法只计算项目的有形成本，是在效益既定的条件下，分析其成本费用的高低，以成本最低为原则来确定安排财政资金的一种决策分析方法。该方法适用于那些成本易于计算而效益不易计量的支出项目，如社会保障支出项目，以及文化教育、行政、国防等支出项目。但是许多财政支出项目都含有政治因素、社会因素等，如果只是用费用高低来决定方案的取舍，而不考虑其他因素也是不妥当的，这就需要在综合分析、全面比较的基础上，进行择优选择。

（3）公共劳务收费法。公共劳务收费法是指政府通过制定和调整公共劳务项目的价格或收费标准，来改进公共劳务的使用状况，借以提高财政支出使用效益的一种分析方法。

这种方法的核心在于制定合理的价格和收费标准，以适当约束和限制社会对公共劳务的消费量，从而达到防止浪费，节约财政开支，提高财政资金使用效益的目的。该方法多适用于政府为行使其职能而进行的各种工作，包括国防建设、行政工作、道路的建设与维护、城市供水与排水工作、住宅供应与公园的建设与维护等。国家向社会提供这些公共服务供社会成员所享用，社会成员需要付出相应的费用。通常，国家对公共劳务的定价，可分为免费或低价、平价和高价三种不同的价格政策。

免费或低价政策一般适用于那些从国家和公众的利益出发，在全国范围内免费或低价使用的项目，如强制义务教育、强制计划免疫等。但免费或低价政策，在一定程度上也可能出现对公共劳务的浪费。

平价政策一般适用于从国家和公众的利益出发，无须特别鼓励使用，也不必特别加以限制使用的公共劳务，如公园、公路、铁路、医疗、邮电等。

高价政策一般适用于从国家和公众的利益出发，必须限制使用的公共劳务，高价政策不仅能有效限制公共劳务的使用，同时也能为国家财政提供额外的收入。

3.2 购买性支出

案例引入

2021年，江西开展"服务怎样我体验、发现问题我整改"专项活动，深入整治"指尖上的形式主义"。

2021年1月23日，北京市第十五届人民代表大会第四次会议开幕。北京市市长在政府工作报告中指出，"十三五"时期，北京全面落实首都城市战略定位，城市转型发展取得新突破。坚决贯彻新发展理念，地区生产总值从2.5万亿元提升至3.6万亿元；人均地区生产总值约2.4万美元，达到发达经济体中等水平，但是5年来北京市切实增强过"紧日子"意识，全面开展全成本预算绩效管理，绩效节支261.4亿元，压减一般性支出159亿元，"三公"经费减少39.8%。力戒形式主义、官僚主义。

请思考：什么是"三公"经费？它属于什么性质的支出？什么是购买性支出？

知识解读

3.2.1 购买性支出的含义和内容

1. 购买性支出的含义

购买性支出又称为消耗性支出，指政府用于在市场上购买所需商品

购买性支出

与劳务的支出。这类公共支出形成的货币流,直接对市场提出购买要求,形成相应的购买商品或劳务的活动。购买性支出包括政府购买日常政务活动所需商品与劳务的支出,如行政管理费、国防费、社会文教费、各项事业费等,也包括购买用于兴办投资事业所需商品与劳务的支出,如基本建设拨款等。

2. 购买性支出的内容

购买性支出可分为社会消费性支出和政府投资性支出两部分。

(1) 社会消费性支出。

1) 行政管理支出。行政管理支出,是国家财政用于国家各级权力机关、行政管理机关和外事机构,行使其职能所需要的费用支出。行政管理支出主要用于社会集中性消费,属于非生产性支出。虽然这项支出不创造任何财富,但作为财政支出的基本内容,它保证了国家机器的正常运转,行政管理支出的内容决定于国家行政管理机关的结构及其职能。我国行政管理支出包括:

① 行政支出,包括政府机关经费、人大经费。
② 党派团体补助支出,包括驻外机构经费、出国费、招待费及其他外事经费等。
③ 武装警察部队支出,包括中央预算对内卫部队、边防部队和消防部队的经费支出。
④ 公检支出,主要包括:

A. 公安安全支出,包括公安、安全机关经费,公安、安全业务费,居民身份证费,看守所、拘留所经费,收容审查所经费,干部培训费,其他经费等。

B. 司法支出,包括司法机关经费、司法业务经费、干部培训费、其他经费等。

C. 法院支出,包括机关经费支出、外事经费支出和业务费支出。其中,机关经费支出分人员经费和日常公用经费两部分。

D. 检察院支出,包括机关经费、业务费、干部培训费等。

E. 公检法办案费用补助等。

2) 国防支出。国防支出是指一国政府为维护国家主权与保证领土完整所必需的费用支出,包括军事工程、科研经费,各军兵种经常性开支、后备部队经常性开支以及战时的作战费用。国防支出属于社会消费性支出,也是非生产性支出。

由于服务于不同国家和不同时期的防务需要,因而国防支出的具体内容经常变化。按类别划分,我国的国防支出包括国防费、民兵建设费、国防科研事业费和防空经费等。按支出项目划分,我国的国防支出包括人员生活费,主要用于军官、士兵、文职干部和职工的工资、伙食、服装等;活动维持费,主要用于部队训练、工程设施建设及维护和日常消耗性支出;装备费,主要用于武器装备的科研、试验、采购、维修、运输和储存等。

行政管理支出和国防支出是履行国家或政府基本职能,尤其是实现国家的政治职能所必需的财力保证。从非排他性与非竞争性角度来看,这两项支出具有典型的纯粹公共产品特征。因为对于社会中任何一个从这两项国家提供的服务中受益的成员而言,多增加一些社会成员并不会使原有社会成员的受益减少，同时也无法将社会中的任何一个成员从行政管理支出和国防支出所提供的服务范围排除。

3）文教科卫支出。文教科卫支出是指国家财政用于文化、教育、科学、卫生等事业的经费支出。从广义上说，科学、教育、文化、卫生不属于纯粹的公共产品，而属于混合型公共产品。文教科卫支出属于社会消费性支出，从内容上看，文教科卫支出仅指财政用于文教科卫等部门的经常性支出，不包括财政向这些部门拨付的基本建设支出、科技三项费用（新产品试制费、中间试验费、重要科学研究补助费）等投资性支出。另外，文教科卫支出绝大部分用于支付这些单位工作人员的工资和公用经费，所以，具有社会消费性，政府之所以对文化、教育、科学、卫生事业给予支持，主要是因为这些事业具有外部性，有利于整个社会成员的素质提高，从而对经济的繁荣与发展具有决定性作用。

文教科卫支出内容多、范围广。文教科卫支出按部门划分，主要包括文化事业费、教育事业费、科学事业费、卫生事业费、体育事业费、通信事业费、广播电视事业费等。此外，文教科卫事业费还包括出版、文物、档案、地震、海洋、计划生育等各项事业的事业费支出；文教科卫支出按用途不同，可以分为人员经费支出和公用经费支出。

（2）政府投资性支出。政府投资性支出，也称为财政投资或公共投资，是以政府为主体，将其从社会产品或国民收入中筹集起来的财政资金用于国民经济各部门的一种集中性、政策性投资。它是财政支出中的重要部分。

1）政府投资性支出的特点。政府投资性支出是社会总投资的一个特殊组成部分，它具有以下特点。

① 政府投资的主体是政府，一般其投资能力和承担风险的能力都较强。

② 政府投资目的的社会效益性。政府居于宏观调控的主体地位，政府投资一般不单纯从经济效益角度来安排投资，政府投资可以是微利甚至是无利的，但建成后的项目可以极大地提高国民经济的整体效益。

③ 政府投资的宏观调控性。政府投资是政府调控经济运行的重要手段，它可以配合国家调控经济运行，可以满足确保国民经济协调、稳定发展的需要。

④ 政府投资项目的大型化和长远性。政府财力雄厚，且资金来源大多数是无偿的，可以投资于大型项目和长期项目，这是非政府部门的投资力所不能及的。

2）政府投资的范围。我国社会主义市场经济改革的方向是使市场机制在资源配置中起决定性作用和更好地发挥政府作用。政府投资作为一种非市场的投资行为，虽然可以弥补市场缺陷，促进资源有效配置，但不可过分夸大政府投资的作用，否则会造成政府对市场的过度干预，甚至会窒息市场活力。

① 社会基础设施和公用基础设施投资领域。社会基础设施是一国在科学技术研究和开发方面，以及教育和公共卫生等社会发展方面的基础设施。政府在此方面投资可以提高社会成员的整体素质，保证经济增长的质量和效率，促进社会的全面进步。

公用基础设施是一国经济发展的外部环境所必需的基础设施，如道路、供水、供电、通信等。政府对公用基础设施进行投资对于促进经济增长，提高人民生活水平必不可少。发展中国家普遍存在基础设施发展滞后的问题。

② 经济基础产业投资领域。经济基础产业大都是关系国计民生的重要产业，是经济增长必不可少的因素，如能源、基本原材料、交通等。这类产业具有资本密集程度高、投资大、建设周期长、投资回收慢等特点，因此非政府投资主体一般不愿意主动进行投资。若没有公共投资支出的支持，经济基础产业很难迅速发展，这必然会影响整个社会经济的稳定增长。所以，政府应介入此产业的投资，同时运用政策鼓励和吸引其他社会资金共同投资。

③ 高新技术产业投资以及重要能源和稀缺资源的开发领域。投资是经济发展的动力，是经济增长的主要因素。但公共投资的范围要多大才算合理，显然没有绝对的答案，就是同一个国家在不同历史发展阶段也是不一样的。一般而言，实行市场经济体制的国家与实行计划经济体制的国家相比，政府投资在全社会投资总额中所占比重要小些，一般不进入具有市场竞争性的行业。经济发达的国家，政府投资在全社会投资总额中所占比重也会小些。发展中国家由于市场存在更多的缺陷和不足，因而政府投资的范围比发达国家要宽些。

3）政府采购。

① 政府采购与政府采购制度。政府采购又称公共采购，从产生以来已有200多年的历史，是市场经济国家管理政府公共支出的一种基本手段，最早的法律规范可追溯到18世纪末美国的《联邦采购法》。政府采购是指各级政府及其所属机构为了开展日常政务活动的需要，或为了给公众提供服务的需要，以法定的方法、方式和程序，从国内外市场上，为政府部门及所属事业单位、社会团体购买商品和劳务的行为。其实质是市场竞争机制与财政支出管理的有机结合，具有政策性、公平性、守法性和社会责任性等一般特点。

政府采购制度是在长期的政府采购实践中形成的旨在管理政府采购行为的一系列规则和惯例，其表现形式是一个国家管理政府采购活动的法律和惯例。政府采购制度具有公开、公平、竞争性的特征。公开竞争是政府采购制度的基石，它既体现了公平的原则，通过竞争，政府能买到价格和性能更佳的物品和劳务，节约财政资金，使公民缴纳的税金产生最大的效益；又体现了效率原则，从制度上杜绝了腐败行为的产生。政府采购制度包括采购法规、采购政策、采购程序、采购管理等内容。

② 我国建立政府采购制度的意义。

A. 建立政府采购制度是建立和完善社会主义市场经济体制的必然要求，有利于促进市场经济的公平竞争，促进全国统一大市场的形成，可以更好地弥补市场缺陷。

B. 有利于加强财政监督，提高财政资金使用效率。政府采购制度能够有效地节约资金，主要是因为引入了竞争机制，它一般通过公平招标制度选择供货商，以获得价廉物美的产品和劳务。

C. 有利于加强财政宏观调控的功能。根据社会经济运行状况，采用灵活而有弹性的政府采购制度，实现社会总供求的平衡。当经济过热、需求过旺时，政府推迟采购或压缩采购规模，减少总需求，实现供求平衡；相反，当经济过冷、需求不足时，政府提前采购或扩大采购规模，增加总需求，实现供求平衡。

3.2.2 购买性支出的作用及影响

1. 购买性支出的作用

购买性支出基本上反映了社会资源和要素中由政府直接配置与消耗的份额，因而是公共财政履行效率、公平和稳定三大职能的直接体现。

（1）购买性支出直接形成社会资源和要素的配置，因而其规模和结构等大致体现了政府直接介入资源配置的范围和力度，是公共财政对于效率职能的直接履行。这样，购买性支出能否符合市场效率准则的根本要求，是公共财政活动是否具有效率性的直接标志。

（2）购买性支出中的投资性支出，将对社会福利分布状态产生直接影响，因而是公共财政履行公平职能的一个重要内容。

（3）购买性支出直接引起市场供需对比状态的变化，直接影响经济周期的运行状况，因而是政府财政政策的相机抉择运作的基本手段之一，是公共财政履行稳定职能的直接表现。为此，必须正确把握财政的购买性支出对市场均衡状态的影响，以确保政府正确实施财政政策。

2. 购买性支出的影响

（1）购买性支出对经济的影响。在一般情况下，政府购买的价格由市场供求关系决定。当购买性支出增加时，政府对社会产品的需求增长，从而导致市场价格水平上升和企业利润率提高；企业因利润率提高而扩大生产规模，所需生产资料和劳动力也随之增多。所需生产资料增多，可能刺激生产这类生产资料的企业扩大生产；所需劳动力增多，会扩张对消费资料的社会需求，进而导致生产消费资料的企业扩大生产规模。在广泛存在社会分工条件下，由政府购买性支出的增加所引发的上述过程，将会在全社会范围内产生一系列互相刺激和互相推动的作用，从而导致社会总需求的连锁性膨胀。这既有可能形成经济繁荣局面，又有可能形成供给过度情况。

相反，如果政府减少购买性支出，随着政府需求的减少，全社会的投资和就业都会减少，从而导致连锁性的社会需求萎缩。这既可能形成需求不足，又可能对过度的总需求起到一定的抑制作用。西方学者认为，这种由政府购买性支出的变化所引起的社会投资、就业和生产规模的变化，往往数倍于政府支出变化的规模，故被称为政府支出的乘数作用。凯恩斯主义者正是以此为依据，主张政府通过财政活动干预经济。

（2）购买性支出对收入分配的影响。购买性支出对国民收入的分配有间接影响。当购买性支出增加时，由于生产增长，国民收入会随之增加，企业收入和劳动者的收入总量均会增加。但是，由于各种原因，在新增国民收入中，由利润占有的和由工资占有的部分不可能均等，从而在国民收入初次分配中，利润和工资各自所占份额将发生变化。此外，由于各种经济活动受政府购买支出变动影响的程度不尽相同，不同的部门和企业，以及在不同的部门和企业中就业的劳动者之间所增加的收入也不尽一致。这些因素，都可能导致国民收入分配结构发生变化。

正是由于购买支出对生产和分配有上述影响，凯恩斯主义者主张通过财政政策干预经济活动，一些国家政府也多将其作为调节社会经济活动的重要手段之一加以运用。当社会总需求小于社会总供给时，政府增加购买支出，一方面直接增加社会总需求，一方面透过支出乘数作用，间接增加社会总需求；当社会总需求小于社会总供给时，政府减少其购买支出，直接和间接地减少社会总需求。

3.3 转移性支出

案例引入

2022年5月26日，财政部网站发布《财政部民航局关于阶段性实施国内客运航班运行财政补贴的通知》（财建〔2022〕142号）。

"今年以来，针对新冠疫情对民航业的影响，财政部、民航局等有关部门按照党中央、国务院的决策部署，出台了多项财税政策，支持民航业安全稳定和纾困发展，在一定程度上缓解了民航企业的经营压力，但受疫情反复、油价攀升等因素影响，民航企业仍面临一些实际困难。为夯实民航安全基础，以保最低运行航班量和保安全飞行为目标，现对国内运输航空公司经营的国内客运航班实施阶段性财政补贴。

据该通知，原则上当每周内日均国内客运航班量低于或等于4500班（保持安全运行最低飞行航班数）时，启动财政补贴。"

补贴对象和范围如下：

国内运输航空公司执飞同时符合下列条件的国内客运航班，纳入资金支持范围。

（1）国内客运航班，不含港澳台航班、承担重大紧急运输任务的航班、调机、公务机等。

（2）实际运行的每周内日均国内客运航班量未超过保持安全运行最低飞行航班数。经停航班按每条航段起飞港分别核算。

（3）每周每条航段平均客座率未超过75%。多家运输航空公司共飞同一航段，按各公司该航段周平均客座率计算。

（4）航班实际收入无法覆盖变动成本。

补贴标准和期限如下：

（1）对国内客运航班实际收入扣减变动成本后的亏损额给予补贴。设定最高亏损额补贴标准上限为每小时2.4万元。

（2）政策实施期限为2022年5月21日至2022年7月20日。

资金渠道和支付方式：

补贴资金由中央和地方财政共同承担。其中，中央财政对东部、中部、西部地区分别补助65%、70%、80%，东部、中部、西部地区地方财政分别承担35%、30%、20%。

补贴资金由航班起飞港所在地（直辖市、计划单列市或地级以上城市）财政部门拨付。中央财政补贴资金列入转移支付下拨相关省级财政部门（航班起飞港所在地为计划单列市的，省级财政部门指计划单列市财政部门），采取先预拨后清算的方式。在政策实施后，分两批预拨中央财政补贴资金上限的70%；剩余30%待补贴政策到期后，根据实际情况按规定标准进行清算，多退少补。

请思考： 财政补贴有何意义？你还知道哪些补贴？这些补贴与购买性支出有何区别？

> 知识解读

3.3.1 转移性支出的含义和内容

1. 转移性支出的含义

转移性支出是指政府为实现特定的目标对相关社会成员或特定的社会集团所给予的部分财政资金的无偿转移，是政府按照一定方式，把一部分财政资金无偿地、单方面转移给居民和其他受益者的支出。转移性支出通常包括各种社会保障支出、各项财政补贴支出、捐赠支出和债务利息支出等。

2. 转移性支出的内容

（1）社会保障支出。社会保障是指国家依据一定的法律和法规，在劳动者或全体社会成员因年老、疾病、伤残丧失劳动能力或丧失就业机会以及遇到其他事故而面临生活困难时，向其提供必不可少的基本生活保障和社会服务。

转移性支出

1) 社会保障支出的主要内容。

① 社会保险。社会保险是现代社会保障的核心内容，是一国居民的基本保障，即保障劳动者在失去劳动能力、失去工资收入之后仍然能够享有基本的生活保障。社会保险的项目在不同国家有所不同，在我国社会保险的主要项目有基本养老保险、基本医疗保险、失业保险、工伤保险、生育保险等；实施社会保险的主要目的，一是防止个人在现在与将来的安排上因选择不当而造成贫困，如退休养老问题；二是防范某些不可预见的风险，如事故、疾病等；三是减少由于市场经济的不确定性而产生的风险和困难，如失业等。

② 社会救助。社会救助是对贫困者和遭受不可抗拒的"自然"风险（如自然灾害、丧失劳动能力而又无人抚养、战争等）的不幸者所提供的无偿的物质援助，主要包括贫困救

济、灾害救济和特殊救济等。社会救济一般以保障救助对象的最低生活为标准。

③ 社会福利。社会福利是国家和社会通过各种福利事业、福利设施、福利服务为社会成员提供基本生活保障，并使其基本生活状况不断得到改善的社会政策和制度的总称。它是社会保障的高级阶段。

④ 社会优抚安置。社会优抚安置是指国家对从事特殊工作者及其家属，如军人及其亲属予以优待、抚恤、安置的一项社会保障制度。在我国，优抚安置的对象主要是烈军属、复员退伍军人、残疾军人及其家属；优抚安置的内容主要包括提供抚恤金、优待金、补助金，举办军人疗养院、光荣院，安置复员退伍军人等。

2）社会保障基金的来源。世界各国社会保障基金的来源并不完全相同，大多数国家的社会保障基金由国家、企业和个人三方负担。

国家财政负担，即国家在财政预算中安排一部分资金，用于社会保障事业方面的开支，这是社会保障基金中重要的、稳定的来源。由于国家财政负担来自一般税收，一些国家还征收社会保障税，从而使国家财政负担与税收关系更直接，体现了人人负担的特点。作为政府的社会义务，国家财政负担社会保障资金是政府职能的重要体现，对稳定社会保障给付和弥补赤字等，其作用是明显的。

企业（雇主）缴纳社会保障费，是社会保障基金的又一重要来源。劳动者为某一企业提供了劳动力，创造了相当的社会财富，为供职企业也提供了相应的成果，企业有义务为劳动者缴纳社会保障费，这些费用可以列入企业经营成本。

个人负担一部分社会保障（特别是社会保险）费是必要的。它有助于缩小个人收入之间的差距，收入高的多交一些，收入低的少交一些，发挥了社会保障的调节作用。个人负担也可以促使人们关心社会保障事业，减轻国家和企业的负担。

（2）财政补贴。财政补贴是指国家为了实现特定的政治经济目标，由财政安排专项基金向企业、事业单位或个人提供的一种特定事项的补贴。我国现行财政补贴主要有价格补贴、亏损补贴、职工生活补贴和利息补贴等。补贴的对象为企业、职工和城镇居民。补贴的范围包括工业、农业、商业、交通运输、建筑、外贸等国民经济各部门和生产、流通、消费各环节及居民生活各方面。财政补贴的主体分为中央财政和地方财政。

1）财政补贴的分类。财政补贴是在特定的条件下，为了发展社会主义经济和保障劳动者的福利而采取的一项财政措施。依据不同的标准，可分为以下几类。

① 按经济性质确定的财政补贴。财政补贴以经济性质为标准，可分为价格补贴、财政贴息和企业亏损补贴等。其中，价格补贴是指政府为了稳定人民生活，由财政向企业或居民支付的、与人民生活必需品和农业生产资料的市场价格政策有关的补贴。以产品类别为标准，价格补贴可分为粮油价格补贴、平抑物价补贴和其他价格补贴等。

财政贴息是指政府财政对使用某些规定用途的银行贷款的企业，就其支付的贷款利息提供的补贴，即财政代企业向银行支付一部分利息。

企业亏损补贴是指政府为使国有企业能按政府政策或计划生产经营一些社会需要的，

但因客观原因导致产品亏损而拨付给企业的财政补贴。导致企业政策性亏损的原因，主要是产品计划价格水平偏低，不足以抵补产品的生产成本。此外，企业的技术设备落后和供销条件不利等因素，也是造成企业亏损的重要原因。以企业经营性质为标准，企业亏损补贴可分为国内经营企业亏损补贴和外贸企业亏损补贴。

② 按再生产环节确定的财政补贴。以再生产环节为标准，财政补贴可分为生产补贴、流通补贴和消费补贴。

生产补贴，又称生产性补贴，是指对社会再生产的生产环节进行的补贴。其补贴的项目主要有粮、棉、油加价款补贴，农用生产资料价格补贴和工业生产企业亏损补贴等。

流通补贴，又称商业经营性补贴，是指对社会再生产的流通环节进行的补贴。其补贴项目主要有粮、棉、油价差补贴，平抑市场肉食、蔬菜价差补贴，民用煤销售价差补贴以及国家储备粮、棉、油等利息费用补贴。

消费补贴，又称消费性补贴，是指对社会再生产的消费环节进行的补贴。其补贴项目主要有房租补贴、副食品价格补贴、水电煤补贴和职工交通补贴等。

③ 按其他标准确定的财政补贴。

A. 按透明程度确定的财政补贴。财政补贴以透明程度为标准分为明补和暗补。其中，明补是指将财政补贴作为预算的支出项目按照正常的支出程序直接支付给受补者。其优点是收支分明，受补贴单位应上缴财政的依法上缴，应获得的补贴由财政直接拨付。暗补是指财政补贴不构成预算支出项目，受补者也不直接获得补贴收入，只是从减少上缴和节约支出上受益。其优点是手续简便，工作量少，具有隐蔽性，实际上是一种坐支，但缺点是权责利关系不明确。

B. 按存续时间确定的财政补贴。财政补贴以存续时间为标准分为经常性补贴和临时性补贴。其中，经常性补贴是指因政策性原因在较长时间内给予的补贴，该补贴往往有自我增长的特点。临时性补贴是指因某些临时性原因，一般给予一次性补贴。

经常性补贴和临时性补贴只是相对而言的，如对国家规定的政策性亏损给予的补贴即为经常性补贴，在国家规定扭亏计划限期内给予的亏损补贴即为临时性补贴。

C. 按隶属关系确定的财政补贴。财政补贴以隶属关系为标准分为中央财政补贴和地方财政补贴。其中，中央财政补贴是指在整个国家财政补贴项目和金额中，中央财政所承担的补贴项目和数额。地方财政补贴是指在整个国家财政补贴项目和金额中，地方财政所承担的补贴项目和数额。

由于对生产、流通环节的补贴，在一定程度上掩盖了价格与价值背离的关系，消费者往往看不见、摸不着，故称之为"暗补"；而对于消费环节的补贴，消费者看得见、摸得着，故称之为"明补"。

2）财政补贴的特征。

① 政策性。财政补贴的依据是政府在一定时期的政治、经济和社会等政策目标，并随着国家政治、经济形势的发展变化而进行修正、调整和更新，因而具有很强的政策性。

② 可控性。财政补贴具体补给谁、补贴多少、在哪个环节补贴、何时取消补贴等内容是由财政部门根据政策需要决定的，是政府可直接控制的经济杠杆，具有一定的可控性。

③ 灵活性。财政补贴杠杆作用的对象、范围、效果和要达到的目标，由财政部门根据政策的要求适时地确定和调整，因此财政补贴在直接调节经济和协调各方面经济关系时，比价格、税收等经济杠杆的作用更为灵活、直接和迅速。

④ 时效性。财政补贴是为实现国家政策目标服务的，当某项政策发生变化时，财政补贴也将做相应调整；当某项政策实施完结、失去效力时，某项特定的财政补贴也将随之中止。

⑤ 专项性。财政补贴只对政府政策规定和指定的项目或事项进行补贴，其他以外的项目均不给予补贴。

3）财政补贴的作用。

财政补贴是一种转移性支出。从政府角度看，支付是无偿的；从领取补贴者角度看，意味着实际收入的增加，经济状况较之前有所改善。它是国家财政通过对分配的干预，调节国民经济和社会生活的一种手段，在一定时期内适当运用有益于协调政治、经济和社会中出现的利益矛盾，起到稳定物价、保护生产经营者和消费者的利益、维护社会安定、促进计划商品经济发展的积极作用，主要表现在：

① 有效调节社会供求平衡，财政补贴会对社会需求总量和结构产生影响，最终会间接地反映在社会供给总量与结构的变化上，在一定程度上可以维护宏观经济稳定。

② 促进社会资源的优化配置，在市场经济条件下，市场机制在社会资源配置中的基础与主导作用是通过价值规律自发调节实现的。而政府通过对具有正外部效应的活动给予一定的财政补贴，可以有效地弥补其效益损失，鼓励更多的生产者从事这些经济活动，从而达到优化全社会资源配置的目标。

③ 配合自然垄断领域的管制价格，提供社会福利。在自然垄断存在的领域，如城市公用事业（供水、供气、公共交通等），其生产的产品和提供的劳务与社会生产和人民活动密切相关，但是这些产品却无法通过市场价格进行公平有效的配置。因此，政府对这类生产企业通常都要采取价格管制手段，通过低价政策，对整个社会提供产品和服务，特别是向社会的中低阶层提供社会福利。而为了避免因低价政策给企业带来亏损，政府必须向该企业提供财政补贴，以维持此类企业的生存和发展。

④ 促进产业结构调整，加快经济发展。政府可以直接利用财政补贴直接或间接地引导社会资金投向相关产业。如，政府可以通过税收上的投资抵免、加速折旧等方式对某些产业部门进行投资补贴，这将会降低被补贴投资活动的相对成本或提高被补贴投资活动的相对受益，从而达到引导资金更多地投入到被补贴的投资领域，进而引导产业结构的变化，实现经济协调快速的发展。

但是，财政补贴也有其局限性，主要是：

① 政府财政对一些经济活动长期提供大量补贴，将使价格与价值的背离长期化、合法

化，从而削弱价格的经济调控功能。

② 妨碍正确核算成本和效益，掩盖企业的经营性亏损，不利于促使企业改善经营管理，真实地反映企业的经营业绩。

③ 加剧了财政收支的矛盾，如果补贴数额过大，超越国家财力所能，就会成为国家财政的沉重负担，影响经济建设规模，阻滞经济发展速度。

（3）其他转移性支出。转移性支出中除了社会保障支出和财政补贴支出这两大部分外，还有其他一些支出项目，主要有援外支出、债务利息支出和其他支出。虽然它们所占的比例并不大，但也有其特殊的作用。

1）援外支出。援外支出是指财政用于援助其他国家、地区或国际组织的各种支出。它在不直接形成国内商品和劳务的需求时，具有转移性支出的性质。在当今世界，国与国之间的政治经济联系日益密切，对外交流日益增加，援外支出对于加快本国经济发展、维护世界和平都具有重要意义。如同接受外援一样，国家很自然地要对外提供或大或小的援助。

2）债务利息支出。债务利息支出是指政府财政用于偿还国内外借款的利息支出。国家债务的利息支出，并不对国内资源和要素（商品和劳务）形成直接的需求压力，从这个意义上说，财政的债务利息支出具有转移性支出的性质。

3.3.2 转移性支出的作用及影响

1. 转移性支出的作用

转移性支出体现了公共财政履行稳定币值、调节收入和促进经济增长三大职能。

（1）转移性支出引起了货币收入的流动，在间接的意义上仍然配置了资源和要素。

（2）政府通过转移性支出，增加了支出受惠者的货币收入，在私人和企业间进行了收入再分配，从而成为政府实施社会公平政策的重要手段。

（3）政府的转移性支出增加了有关私人和企业的可支配收入，间接增加了社会购买力，影响了宏观经济的运行态势。特别是其中的济贫支出和社会保险支出等，能够自动地随着宏观经济运行状态而逆向变动，从而成为宏观经济运行的自动稳定器，是政府最重要的宏观经济政策运作手段之一。

2. 转移性支出的影响

转移性支出是政府将财政资金无偿地、单方面地进行转移，政府不能从中获得相应的产品或劳务，只相当于中介人，政府使财政资金在私人和部门之间进行资源的再分配。

转移性支出对收入分配的影响较大，执行国民收入分配的功能较强。因为转移性支出的直接分配功能使得它对调节分配能够产生直接的影响，它使得财政资金直接流向受益单位或部门，甚至流向直接的受益个人。但由于资金的受益人在使用资金的时间上存在着先后的差异，并不会立即形成当地的社会购买力，所以，转移性支出对资源配置的影响是间接的。

模块小结

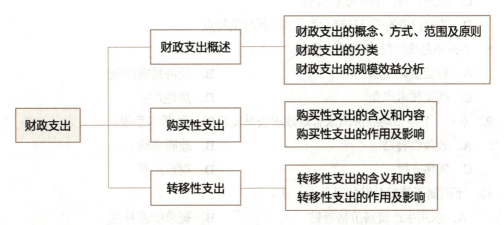

复习思考题

一、单项选择题

1. （　　）是政府为履行职能、取得所需商品和劳务而进行的财政资金支付。
   A. 财政预算　　　　　　　　B. 财政收入
   C. 财政支出　　　　　　　　D. 财政分配

2. （　　）是财政分配活动的第二阶段。
   A. 财政支出　　　　　　　　B. 财政收入
   C. 财政预算　　　　　　　　D. 税收

3. （　　）是指政府按照一定方式，将一部分财政资金无偿地、单方面转移给居民和其他受益者。
   A. 购买性支出　　　　　　　B. 转移性支出
   C. 补偿性支出　　　　　　　D. 经常性支出

4. 维持公共部门正常运转或保障人们基本生活所必需的支出是（　　）。
   A. 购买性支出　　　　　　　B. 转移性支出
   C. 补偿性支出　　　　　　　D. 经常性支出

5. 针对政府确定的建设目标，提出若干实现建设目标的方案，详列各种方案的全部预期成本和全部预期效益，通过分析比较，选择出最优政府投资项目的方法是（　　）。
   A. 最低费用选择法　　　　　B. 成本－效益分析法
   C. 公共劳务收费法　　　　　D. 公开招标法

6. （　　）是经常性支出。
   A. 公务员的工资　　　　　　B. 修建铁路
   C. 修建公路　　　　　　　　D. 建筑办公楼

7. 下列说法错误的是（　　）。
   A. 政府投资的主体是政府

B. 政府投资的目的是追求效益最大化

C. 政府投资具有宏观调控性

D. 政府投资的项目具有大型化和长远性的特点

8. 下列不是政府投资范围的是（　　）。

  A. 社会基础设施   B. 经济基础产业

  C. 高新技术产业   D. 房地产业

9. （　　）是市场经济国家管理政府公共支出的一种基本手段。

  A. 政策性补贴   B. 政府采购

  C. 转移支付   D. 财政贴息

10. 下列属于消费补贴的是（　　）。

  A. 农用生产资料价格补贴 B. 蔬菜价差补贴

  C. 民用煤销售价差补贴   D. 副食品价格补贴

二、多项选择题

1. 财政支出的方式有（　　）。

  A. 转移支付   B. 无偿拨款

  C. 财政贴息   D. 有偿使用

2. 下列属于财政支出原则的有（　　）。

  A. 量入为出   B. 统筹兼顾

  C. 效益优先   D. 收支相等

3. 下列属于购买性支出的有（　　）。

  A. 政府机关经费   B. 国防支出

  C. 文化事业费   D. 司法业务经费

  E. 武器装备的科研

4. 政府采购制度具有（　　）的特征。

  A. 公正 B. 公开 C. 公平 D. 竞争性

  E. 差异性

5. 下列属于社会保障支出的有（　　）。

  A. 社会保险   B. 社会救助

  C. 社会福利   D. 社会优抚安置

三、问答题

1. 简述财政支出的原则。

2. 财政支出按经济性质如何分类？

3. 购买性支出对经济有何影响？

四、案例分析

2022年8月30日，财政部公布的《2022年上半年中国财政政策执行情况报告》显示，

2022年中央财政就业补助资金安排617.58亿元，增加51.68亿元，支持各地落实就业创业扶持政策，援企稳岗政策发力显效。延续实施阶段性降低失业保险费率、工伤保险费率政策至2023年4月30日。延续实施失业保险稳岗返还政策，将大型企业返还比例从2021年的30%提至50%，中小微企业返还比例从60%最高提至90%。2022年出现中高风险疫情地区的市县，可对因疫情严重影响暂时无法正常生产经营的所有参保企业，按每名参加失业保险的职工不超过500元的标准发放一次性留工补助，政策执行至2022年年底。

此外，重点群体就业工作扎实开展。对企业招用毕业年度高校毕业生，签订劳动合同并参加失业保险的，按每人不超过1 500元的标准，发放一次性扩岗补助；对招用毕业年度高校毕业生并签订1年以上劳动合同的中小微企业，给予一次性吸纳就业补贴。一次性扩岗补助与一次性吸纳就业补贴政策不重复享受，两项政策实施至2022年年底。新设"中央专项彩票公益金支持大学生创新创业教育项目"并安排资金1亿元，推动大学生创新创业教育发展。出台国家助学贷款免息及本金延期偿还政策，免除2022年及以前年度毕业贷款学生2022年内应偿还的国家助学贷款利息，免息资金由财政承担；本金可延期1年偿还，不计罚息，预计可惠及400多万高校毕业生。

问题：什么是转移性支出？转移性支出的内容有哪些？它有哪些作用及影响？

技能实训

推进惠农补贴"一卡通"

2020年11月，财政部、农业农村部、审计署等七部委联合印发《关于进一步加强惠民惠农财政补贴资金"一卡通"管理的指导意见》，明确到2023年，所有直接兑付到人到户的惠民惠农财政补贴资金原则上均实现通过"一卡通"方式发放。

1. 全面了解当地"一卡通"的推广情况。
2. 下载"一卡通"App，通过亲朋好友了解惠农补贴发放管理方式。
3. 分组小组讨论惠农补贴的意义。

模块 4

全面翔实的国家账本
——国家预算

学习目标

知识目标
- 掌握国家预算的概念。
- 熟悉国家预算的原则。
- 掌握国家预算管理体制内容。
- 理解分税制的含义。

能力目标
- 能够读懂国家预算数据。
- 能够分析国家预算报告的深层次含义。

素质目标
- 形成正确的价值观,树立艰苦奋斗的思想作风。
- 培养学生的集体主义精神。
- 全面贯彻新发展理念,讲求效益,踔厉奋发,致力于推动人的全面发展、社会全面进步。

模块引例

调动一切可以调动的资源，全力维护人民生命健康安全

2022年8月25日，在第十五届上海市人民代表大会常务委员会第四十三次会议上，上海市审计局局长受托报告2021年度市级预算执行和其他财政收支的审计情况。2021年全年主要目标任务较好完成，"十四五"实现良好开局。

坚持过紧日子，部门一般性支出进一步压减10%。加强绩效目标管理，实现预算金额1 000万元以上项目绩效目标公开全覆盖。

一、财政管理审计情况

市审计局对一般公共预算、政府性基金预算、国有资本经营预算、社会保险基金预算的执行情况开展了审计，同时抽查了8个部门及其所属17家单位。结果表明，市财政局等部门认真履行职责，深入推进预算管理改革，促进积极的财政政策提质增效，预算执行总体平稳有序。但审计也发现一些问题：

（1）预决算编制不够准确。国有资本经营收入预算编制时，未综合考虑当年企业运营和利润变化等因素，实际收入超预算收入60.33亿元。社会保险基金支出预决算编制时，1.38亿元失业保险基金补贴明细归类错误，影响了失业保险基金支出预决算的准确性。

（2）部分资金未纳入转移支付管理。根据财政预算管理要求，拨付各区的资金，原则上应通过财力结算下达区财政，但部分城市基础设施配套费仍通过部门预算拨付至区级单位使用，未纳入市对区的转移支付管理，不利于财政部门统一监管，涉及金额3.56亿元。

（3）绩效评价制度不够完善。本市绩效管理制度未考虑到跨年度结转项目的特殊情况，16家单位的19个结转项目在自评价时，未能反映项目整体绩效情况，涉及预算金额1.24亿元。

二、重大项目和重点民生资金审计情况

市审计局对市本级困难群众救助补助资金及相关政策落实情况开展了专项审计。结果表明，本市认真贯彻落实中央关于困难群众救助工作的相关政策要求，着力改善困难群众生活，提升救助保障水平。但审计也发现一些问题：

（1）应享未享救助待遇。因政策宣传不到位等原因，1 475名应全额参保的困难群众未参加城乡居民基本医疗保险，11名医疗救助对象未获救助资金。

（2）违规享受救助待遇。因部门间信息共享不到位、审核把关不严等原因，55人违规享受困难群众救助，112名已就业或已领取养老金的救助对象，仍违规享受重残无业人员生活补助，导致多支出专项资金405万元。

（3）多拨付医疗救助资金。计算救助资金基数时未扣除居民大病保险、职工互助保障的理赔金额，且未进行清算，导致895名救助对象多获得医疗救助资金301万元。

（资料来源：上海市人民政府网站，https://www.shanghai.gov.cn/nw23085/20220923/8be2f7461d3447b4a7a8fc89d36a2130.html。）

4.1 国家预算概述

案例引入

2022年中央和地方预算草案的报告

总体来看，2022年财政收支形势依然严峻，必须加强财政资源统筹，有保有压、突出重点、尽力而为、量力而行，科学合理编制好预算，切实保障党中央、国务院决策部署落实。我们既要正视困难，又要坚定信心，我国经济韧性强，长期向好的基本面没有改变，宏观政策有空间有手段，完全有基础有条件推动经济社会持续健康发展。

（一）2022年一般公共预算收入预计和支出安排

1. 中央一般公共预算

中央一般公共预算收入94 880亿元，比2021年执行数增长3.8%。加上从中央预算稳定调节基金调入2 765亿元，从中央政府性基金预算、中央国有资本经营预算调入9 900亿元，收入总量为107 545亿元。中央一般公共预算支出134 045亿元，增长14.3%。收支总量相抵，中央财政赤字26 500亿元，比2021年减少1 000亿元。

（1）中央本级支出35 570亿元，增长3.9%。落实过紧日子要求，扣除中央国防武警支出、国债发行付息支出、储备支出后，中央部门支出下降2.1%。在连续多年严控中央部门支出基础上，继续压减非刚性非重点项目支出，同时，全力保障部门履职需要，教育、科技不纳入压减范围。

（2）对地方转移支付89 975亿元，增长8.4%。

（3）中央预备费500亿元，与2021年预算持平。

2. 地方一般公共预算

地方一般公共预算本级收入115 260亿元，增长3.7%。加上中央对地方转移支付收入97 975亿元、地方财政调入资金及使用结转结余10 620亿元，收入总量为223 855亿元。地方一般公共预算支出231 055亿元，增长8.9%。地方财政赤字7 200亿元，通过发行地方政府一般债券弥补，比2021年减少1 000亿元。

3. 全国一般公共预算

汇总中央和地方预算，全国一般公共预算收入210 140亿元，增长3.8%。加上调入资金及使用结转结余23 285亿元，收入总量为233 425亿元。全国一般公共预算支出267 125亿元（含中央预备费500亿元），增长8.4%。赤字33 700亿元，比2021年减少2 000亿元。

（二）2022年政府性基金预算收入预计和支出安排

中央政府性基金预算收入4 216.67亿元，增长5.3%。加上上年结转收入354.67亿元、特定国有金融机构和专营机构上缴利润16 500亿元，收入总量为21 071.34亿元。中央政府性基金预算支出8 071.34亿元，其中，本级支出7 183.43亿元，对地方转移支付887.91亿元。

调入中央一般公共预算9 000亿元。

地方政府性基金预算本级收入94 420亿元,增长0.4%。加上中央政府性基金预算对地方转移支付收入887.91亿元、地方政府专项债务收入36 500亿元,收入总量为131 807.91亿元。地方政府性基金预算支出131 807.91亿元,增长19.3%。

汇总中央和地方预算,全国政府性基金预算收入98 636.67亿元,增长0.6%。加上上年结转收入354.67亿元、特定国有金融机构和专营机构上缴利润16 500亿元、地方政府专项债务收入36 500亿元,收入总量为151 991.34亿元。全国政府性基金预算支出138 991.34亿元,增长22.3%。调入一般公共预算9 000亿元。

(三) 2022年国有资本经营预算收入预计和支出安排

中央国有资本经营预算收入2 268.08亿元,增长13.5%。加上上年结转收入355.37亿元,收入总量为2 623.45亿元。中央国有资本经营预算支出1 723.45亿元,增长61.8%。

地方国有资本经营预算本级收入2 860亿元,下降10.1%。加上中央国有资本经营预算对地方转移支付收入32.83亿元、上年结转收入308.86亿元,收入总量为3 201.69亿元。地方国有资本经营预算支出1 829.57亿元,增长7.6%。

汇总中央和地方预算,全国国有资本经营预算收入5 128.08亿元,下降1%。加上上年结转收入664.23亿元,收入总量为5 792.31亿元。全国国有资本经营预算支出3 520.19亿元,增长34.1%。

(四) 2022年社会保险基金预算收入预计和支出安排

2022年起,实施企业职工基本养老保险全国统筹制度,通过建立养老保险基本要素中央统一管理机制、地方财政补充养老保险基金投入长效机制、工作考核机制等,实施全国统筹调剂,增强基本养老保险制度的可持续性。与2021年中央调剂制度相比,调剂规模有所增加,上解省份扩大到21个,负担更加均衡合理,各地基金当期缺口全部得到解决。

汇总中央和地方预算,全国社会保险基金预算收入100 273.59亿元,增长5.8%,其中,保险费收入71 280.02亿元,财政补贴收入24 105.66亿元。全国社会保险基金预算支出92 412.78亿元,增长5.2%。本年收支结余7 860.81亿元,年末滚存结余109 255.9亿元。

2022年,中央财政国债余额限额267 008.35亿元;地方政府一般债务余额限额158 289.22亿元、专项债务余额限额218 185.08亿元。

(资料来源:国家财政部网站,http://www.mof.gov.cn/zhengwuxinxi/caizhengxinwen/202203/t20220314_3794760.htm.)

请思考: 什么是国家预算?国家预算编制的原则有哪些?

知识解读

国家预算制度最早起源于英国,17世纪英国政府编制了第一个国家预算,到了21世纪,世界各国政府在每个预算年度里都要编制国家预算以便更好地履行政府的职能。国家预算已经成为各国国家财政的核心内容,预算的内容直接体现政府的政策,是财政实现计划管理的工具。

4.1.1 国家预算的概念和组成

1. 国家预算的概念

国家预算,也可以称为政府预算或公共预算,是指经过法定程序编制、审查、批准的,以收支一览表形式表现的国家年度财政收支计划。国家预算是政府调节经济的重要手段,在为国家筹集分配财力的同时,作为调节和控制社会经济活动过程的重要经济杠杆,保证市场在国家宏观调控下对资源配置起基础性调节作用,促使经济持续、稳定地发展。

从形式上看,国家预算是按一定标准将财政收入和支出分门别类地列入特定的表格,可以反映国家支配的财力规模和来源以及国家财力分配使用的方向和构成。从实际经济内容来看,国家预算反映了政府的方针与政策,从根本上决定着国家活动的范围和方向。通过国家预算可以有计划地组织财政收入和合理地安排财政支出。

理解国家预算的概念还应该注意以下三点:

(1)国家预算是具有法律效力的文件。国家预算是国家和政府意志的体现,经过立法机构批准的国家预算,本质上是法律。国家预算的级次划分、收支内容、管理职权划分等都是以预算法的形式规定的,预算的编制、执行和决算的过程也是在预算法的规范下进行的,国家预算编制之后要经过国家立法机构审查和批准后方能公布生效,从而组织实施。

(2)国家预算是一项可持续的财政经济活动。国家预算不是一次性的,也不是短期的行为。国家预算的制定必须经过熟悉背景、明确目标、方案筛选等多项流程的严格把关。科学、合理地制定国家预算,能够反映出财政的收支平衡和债务情况,有助于财政经济的可持续发展。国家预算是国家施政和进行财政管理的重要工具。

(3)国家预算反映了政府活动的范围和内容。国家预算中的各项收入和支出,都反映着政府的每一项活动。国家预算不仅反映财政资金的来龙去脉,还能反映出当下政府政策预期目标、政府建设重点项目。国家预算和决算相结合更有助于人民群众了解建设进度,对政府财政行为进行监督。

国家预算的概念

2. 国家预算的组成

国家预算就是政府收支预算,一般来说,有一级政府就有一级财政收支活动的主体,也就有一级预算,以使各级政府在履行其职能时,有相应的财权、财力做保证。目前,世界上大多数国家都实行多级预算。

我国国家预算组成体系按照一级政权一级预算的原则建立,根据我国《宪法》规定,国家机构由全国人民代表大会、国务院、地方各级人民代表大会和地方各级人民政府等组成。

与此结构适应，并同时结合我国的行政区域划分，我国《预算法》明确规定，国家实行一级政府一级预算，政府分为中央，省、自治区、直辖市，设区的市、自治州，县、自治县、不设区的市、直辖区，乡、民族乡、镇五级五个级次，国家预算也相应地分为五级。

4.1.2 国家预算的分类

最初的国家预算是十分简单的，政府把财政收支数字按一定程序填入特定的表格，就形成了国家预算，因此，将国家预算称为政府收支一览表。随着社会经济生活和财政活动的发展，各国预算也由最初简单的政府收支一览表，逐步发展为包括多种预算结构和形式的复杂系统。为了正确认识和深入研究国家预算，有必要对国家预算进行科学、合理的分类。

1. 按预算的组织形式可分为单式预算和复式预算

（1）单式预算。单式预算是政府将财政收入和支出汇集编入一个总预算之内，形成一个收支项目安排对照表，而不区分各项收支性质的预算组织形式。

单式预算结构比较简单，可以直接反映国家预算收支全貌，操作起来相对简单易行，但它的缺点是不能明确反映财政收支的性质，无法说明财政收支之间的对应关系，难以反映财政赤字的形成原因，财政收支透明度不高。因此，现在已经有越来越多的国家不再采用单式预算。

（2）复式预算。复式预算是将全部的财政收入与支出按经济性质汇集编入两个或两个以上的收支对照表，从而编成两个或两个以上的预算。复式预算一般由经常性预算和资本预算组成。经常性预算主要反映政府的日常收支，以税收为收入来源，以行政事业项目为支出对象，例如国防、外交、行政管理支出等；资本预算主要编制政府的投资支出和债务收入、经常预算结余或赤字等项目。《中华人民共和国预算法》规定，我国预算采用复式预算，预算由经常性预算和建设性预算组成，并且经常性预算收支不允许列赤字。

复式预算可以克服单式预算的缺点，区分了各项收支的经济性质和用途，便于政府实行科学的宏观决策与控制，但也存在预算完整性不强，预算编制的方法复杂因而工作量较大，经常性预算的结余和赤字都转入资本预算的做法会影响对财政收支关系的正确判断等缺点。

中华人民共和国成立以来，我国的国家预算一直采用单式预算。1994年3月22日，第八届全国人民代表大会第二次会议通过《中华人民共和国预算法》，该法规定，各级国家预算均采取复式预算形式进行编制。

2. 按预算编制方法可分为零基预算和增量预算

（1）零基预算。零基预算是指编制预算时，对预算收支指标的安排根据当年国家预算的政策要求、财力状况和经济与社会事业发展需要重新核定，而不考虑该指标以前年度收支的状况或基数。零基预算强调一切从计划的起点开始，不受以前各期预算执行情况的干扰。零基预算的做法是编制预算不只是对新的扩充部分加以审核，而且要对所有正在进行的和新的计划的所有预算支出申请都重新审核，以提高资金使用效率，从而达到控制政府规模、提高政府工作效率的目的。零基预算是现在发达国家普遍采用的比较先进的预算编制方法。

（2）增量预算。增量预算是指预算年度的财政收支指标的确定，以上年财政收支执行数为基础，在考虑新的年度国家经济发展情况下加以调整确定。增量预算最大的特点是保持了国家预算的连续性，但是随着财政收支规模的不断扩大，这种方法可能会导致当期预算不科学、预算调整过多、约束性差等一系列问题。增量预算曾被世界上大多数国家采用，但长期如此，循环往复执行以后会不可避免地出现预算、计划与实际严重脱节的情况。

目前，我国的预算分为经常性预算和建设性预算，在编制上仍主要采用增量预算。

3. 按预算管理层级可分为中央预算和地方预算

（1）中央预算。中央预算也称为中央政府本级预算，是经法定程序批准的中央政府的预算收支计划，是中央履行职能的基本财力保证，在国家预算管理体系中居于主导地位。它规定中央财政各项收入来源和数量、中央财政支出的各项用途和数量，反映中央的方针政策、中央预算的收支范围。

中央预算支出由中央本级支出和补助地方支出组成，主要包括国防、外交、援外支出、中央级行政管理费、文教卫生事业费、中央统筹的基本建设投资，以及中央本级负担的公检法支出、中央财政对地方的税收返还等。中央预算收入在不同的预算管理体制下有不同的规定。我国的分税制规定，中央预算收入主要由中央固定收入、共享收入的中央收入部分、地方上解收入等组成。

（2）地方预算。地方预算是地方各级政府的年度财政收支计划，国家预算的重要组成部分。地方预算的构成与其政权构成相一致，我国地方预算由省、自治区、直辖市，设区的市、自治州，县、自治县、不设区的市、市辖区，乡、民族乡、镇4级组成。地方预算支出根据地方政府的职能划分。

地方预算主要包括地方行政管理费、公检法支出、地方统筹的基本建设投资、支农支出、地方文教卫生事业费支出、地方上解支出等。地方预算收入主要由地方固定收入，共享收入的地方收入部分，中央对地方的返还收入、补助收入等组成。

4. 按预算的编制程序可分为正式预算、临时预算和追加预算

正式预算是指政府依法就各预算年度的预算收支编成预算草案，并经立法机关审核通过宣告正式成立，取得法律地位的预算。

临时预算是指预算年度开始时，由于某种特殊原因使得政府编制的预算草案未能完成法律程序，因而不能依法成立。在这种情况下，为了保证正式预算成立前政府活动的正常

进行，必须编制临时性的预算。这种临时性的预算不具备法律效力，只是作为政府在正式预算出台前进行必要的财政收支活动的依据。

追加预算或修正预算，是指在正式预算实行过程中，由于情况的变化需要增减正式预算收支时，必须再编制一种作为正式预算补充的预算。把出台后的追加预算或修正预算与正式预算汇总执行，称之为追加（修正）后的预算。

4.1.3 国家预算的原则

国家预算的原则，是指政府选择预算形式和体系时所遵循的指导思想，是国家预算立法、编制及执行所必须遵循的。目前，为世界大多数国家所接受的基本原则主要包括：

1. 公开性原则

国家预算反映政府活动的范围、方向和政策，与全体公民的切身利益息息相关，因此，政府全部的预算收支必须经过立法机关审议并采取一定的形式将预算文件公之于民，以便社会公众了解、审查和监督政府支配公共资金的过程，将预算收支置于人民的监督之下。

2. 完整性原则

国家预算必须包括政府全年的全部预算收支项目，完整地反映政府全部财政收支活动。不允许在国家预算规定范围之外存在任何以政府为主体的资金收支活动。

3. 统一性原则

国家预算由中央预算和地方预算组成，各级政府的收支都要列入各级预算中，下级预算都要包括在上级预算中，各级地方预算都要统一在国家预算中，而且预算应按照统一的口径、程序和方法来测算和编列，以便国家预算统计顺利开展，发挥好调节经济的杠杆作用。

4. 可靠性原则

国家预算的每一个收支项目的数字指标必须准确可靠，按照科学的方法进行计算，不可估定和任意编造，使之脱离现实。

5. 年度性原则

年度性是指国家预算的编制是按年度进行的，要列清全年的财政收支，不允许将不属于本年度财政收支的内容列入本年度的国家预算之中。

预算年度也称为财政年度，即国家预算收支起止的有效期限，通常为一年。预算年度分为历年制和跨年制两种。历年制是指预算年度从每年的1月1日起至12月31日止。世界上大多数国家的预算年度采用历年制，例如，中国、法国、德国、西班牙等。跨年制是指预算年度的起止时间是跨年度的，目前，世界上也有一些国家采用跨年制，如英国、日本等国家的预算年度是从当年的4月1日起至次年的3月31日止；美国、泰国等国家的预算年度是从当年的10月1日起至次年的9月30日止。

> 延伸阅读

健全现代预算制度

党的二十大报告从战略和全局的高度,明确了进一步深化财税体制改革的重点举措,提出"健全现代预算制度",为做好新时代新征程财政预算工作指明了方向、提供了遵循。健全现代预算制度必须坚持以党的创新理论为指导,贯通运用贯穿其中的马克思主义立场观点方法,重点把握以下基本原则。

(1)坚持党中央集中统一领导,确保预算制度改革正确方向。习近平总书记强调,中国共产党领导是中国特色社会主义最本质的特征,是中国特色社会主义制度的最大优势,是党和国家的根本所在、命脉所在。党中央治国理政、当家理财,财政部门做具体服务保障工作,必须不断提高政治判断力、政治领悟力、政治执行力,把党的领导贯彻到健全现代预算制度全过程,确保预算制度安排体现党中央战略意图,更好发挥财政在国家治理中的基础和重要支柱作用。

(2)坚持以人民为中心的发展思想,推动现代化建设成果更多更公平惠及全体人民。习近平总书记强调,我们谋划推进工作,一定要坚持全心全意为人民服务的根本宗旨。预算安排涉及"蛋糕"分配,关系民生福祉,必须把实现好、维护好、发展好最广大人民根本利益作为健全现代预算制度的出发点和落脚点,取之于民、用之于民,健全民生领域投入保障机制,着力解决地区差距、城乡差距、收入分配差距,促进全体人民共同富裕。

(3)坚持艰苦奋斗、勤俭节约,建立可持续的财政保障机制。习近平总书记强调,要提倡艰苦奋斗、勤俭节约,坚决反对铺张浪费,在全社会营造浪费可耻、节约光荣的浓厚氛围。健全现代预算制度,要把艰苦奋斗、勤俭节约作为预算收支安排的基本原则,党政机关坚持过紧日子,勤俭办一切事业。要尽力而为、量力而行,把保障和改善民生建立在经济发展和财力可持续的基础之上,重点加强基础性、普惠性、兜底性民生保障建设。

(4)坚持高质量发展,全面提升预算管理现代化水平。习近平总书记强调,高质量发展是"十四五"乃至更长时期我国经济社会发展的主题,关系我国社会主义现代化建设全局。健全现代预算制度,要按照高质量发展的要求,运用先进的理念方法深化改革创新,着力构建涵盖预算编制、预算执行、预算监督和基础支撑等科学规范的现代预算制度,促进财政支出结构优化、财政政策效能提升。

(5)坚持统筹发展和安全,牢牢守住不发生系统性风险的底线。习近平总书记强调,统筹发展和安全,增强忧患意识,做到居安思危,是我们党治国理政的一个重大原则。健全现代预算制度,要深刻把握我国经济社会发展面临的复杂性艰巨性,牢固树立底线思维,平衡好促发展和防风险的关系,既注重壮大财政实力,为宏观调控提供充足资源保障,也把握好预算支出时度效,增强风险防范化解能力。

(资料来源:刘昆,健全现代预算制度,http://www.mof.gov.cn/zhengwuxinxi/caizhengxinwen/202211/t20221104_3849848.htm,2022年11月4日,有删改。)

4.2 国家预算的编制、审批、执行和决算

> **案例引入**

给力的"国家账本"

赤字率2.8%左右、财政支出26.7万亿元、退税减税2.5万亿元、转移支付近9.8万亿元、地方专项债3.65万亿元……翻开2022年的"国家账本",一个个数字引发全国人大代表、专家学者的感慨:2022年国家预算安排很给力!

预算报告中一项项支出安排的背后,反映出政府资金的投向,传递了政策调控的动向,彰显了积极的财政政策要提升效能,更加注重精准、可持续。

(1)赤字率适当下调,财政支出强度有保障。从近年我国赤字率来看,2020年为3.7%,2021年下降到3.1%,2022年进一步下调至2.8%左右。有专家认为,2022年将赤字率调回至3%以内,释放了我国经济和财政运行稳健的信号,能够提振市场信心。虽然赤字率有所下降,但财政支出规模继续扩大,积极财政政策力度不减。

(2)收入端精准减负,支出端有保有压。教育支出仍是"大头"。中央财政衔接推进乡村振兴补助资金按照只增不减的原则安排1 650亿元、增加84.76亿元,并向巩固拓展脱贫攻坚成果任务重、推进乡村振兴底子薄的地区倾斜。中央财政就业补助资金安排617.58亿元,增加51.68亿元,支持各地落实就业创业扶持政策。在社会保障方面,困难群众救助补助资金安排1 546.83亿元,增加70.62亿元,兜牢困难群众基本生活底线。

(3)减税降费提振企业发展信心,今年退税减税的规模将达历史上最高,约2.5万亿元;政策发力更加精准,制造业等6个行业的退税减税规模将达1万亿元,中小微企业和个体工商户受益受惠规模也将超1万亿元。

(资料来源:国家财政部网站, http://www.mof.gov.cn/zhengwuxinxi/caijingshidian/zgcjb/202203/t20220307_3793074.htm。)

请思考:国家预算编制的目的是什么?国家预算的编制程序是什么样的?

> **知识解读**

4.2.1 国家预算的编制

预算是经法定程序批准的年度国家财政收支计划,预算的基本程序有四个阶段,即编制、审批、执行和决算,编制预算是整个工作的开始,这项工作是由财政部门具体负责的。

1. 国家预算编制的准备工作

为使预算的编制科学、合理、完整、及时、可靠,在正式编制前,

国家预算的编制

往往需要做一系列的准备工作，主要包括：

1）对本年度预算执行情况进行预计和分析。

2）拟定预算年度预算控制指标。

3）颁发编制预算草案的指示和具体规定。

4）修订预算科目和预算表格。

2. 国家预算编制的程序和内容

（1）国家预算编制的程序。考虑到预算工作的严肃性，我国国家预算的编制采用"自上而下、自下而上、上下结合"的编制程序，具体包括以下几个步骤：

1）在着手编制预算草案之前，由财政部制定并下达预算控制指标。

2）根据财政部下达的预算控制指标，各部门和地区根据自身的经济状况，提出预算收支建议数，上报财政部。

3）财政部参照各地区上报的预算收支建议数，并通盘考虑全国预算资金的需要与可能，拟定预算收支指标，报经国务院批准下达到各部门、各地区。

4）各部门和地区根据财政部下达的预算收支指标，依据本地区和部门的具体情况，编制预算草案，逐级汇总上报财政部。

5）财政部认真审核各部门和地区上报的预算草案，然后汇总成国家预算草案，报送国务院审批后成为国家预算。

（2）国家预算编制的内容。

1）中央预算编制的内容有以下几项：①本级预算收入和支出；②上一年度结余用于本年度安排的支出；③返还或者补助地方的支出；④地方上解的收入。中央财政本年度举借的国内外债务和还本付息数额应当在本级预算中单独列示。

2）地方各级国家预算编制的内容有以下几项：①本级预算收入和支出；②上一年度结余用于本年度安排的支出；③上级返还或者补助的收入；④返还或者补助下级的支出；⑤上解上级的支出；⑥下级上解的收入。

4.2.2 国家预算的审批

国家预算的审批是国家预算程序的第二个阶段。预算草案形成后，必须经过法律程序审核批准后，才能成为正式的国家预算。

国家预算的审批权限属于各级权力机构。在西方国家，预算的审批权力属于议会，大部分国家的议会实行两院制，在实行一院制的国家中，国家预算直接由其审批，如瑞典、荷兰、西班牙等就是这种类型。在实行两院制的国家中，大部分国家议会的两院都有审批国家预算的权力。一般来说，两院中的下院在预算审批上拥有比上院更大的权力，往往拥有预算先议权和最后审批权，美国、法国、德国、日本等就属于这种类型。

在我国，由政府部门所编制的国家预算草案必须经全国人民代表大会审议批准方为有效。各级地方预算草案必须经同级人民代表大会审批后才能生效。审批的一般程序是：先由财政部门代表本级政府向人民代表大会做预算报告并提交预算草案，然后由全国人民代表大会财政经济委员会进行具体审查并提出审查报告，提请大会审议表决。各级国家预算草案经人民代表大会审批通过后，即成为正式的具有法律效力的预算，各级政府和各部门、各单位必须遵照执行。

4.2.3 国家预算的执行

国家预算的执行是预算程序的第三个阶段，是整个预算工作程序中最重要的环节，预算一经批准，就进入预算的执行阶段。预算执行是指经法定程序批准的预算的具体实施过程。在我国，国务院和地方各级人民政府为国家预算的执行机构，具体工作由各级财政部门负责，税收、海关、国家金库为参与机构。

1. 预算执行的内容

（1）及时足额地组织预算收入。这是预算执行工作的首要环节，只有完成了收入任务，才能保证支出的需要。这就要求各级政府财政部门要加强预算管理，按国家税法和其他法规的规定，及时、准确、足额地完成国家规定的收入并缴入国库。

（2）及时合理地安排预算支出。根据国家预算的支出项目和金额，按计划、按进度、按指定用途划拨资金，并及时对预算支出情况进行监督、检查和分析，提高预算资金的使用效益。

（3）组织预算执行中的收支平衡。由于预算是在年初编制的收支计划，在执行过程中会受到多方面因素的影响，往往会出现不平衡的现象。若国家预算在执行过程中产生不平衡，就需要对其进行调整。

2. 预算调整

预算调整是预算执行中的一项重要程序。若国家预算在执行过程中产生不平衡，就需要对其进行调整。预算调整，是指经人民代表大会审查批准的各级预算，在执行过程中因特殊原因需要进行增减收支的变更，且这种变更需经同级人民代表大会审查批准。预算调整应当编制预算调整方案，并提交各级人民代表大会常务委员会审查和批准，未经批准不得调整预算。

在预算调整过程中，经常采用的方式主要有两种：

（1）全面调整。国家预算在执行过程中，如遇特大自然灾害、战争等特殊情况，或遇国民经济发展过于高涨或过于低落以及对原有国民经济和社会发展计划进行较大调整时，就有必要对国家预算进行全面调整。但这种情况并非是经常发生的，只有在出现上述情况时才会进行全面调整。

（2）局部调整。

1）动用预备费。各级政府的预备费是为了解决某些临时性急需和事先难以预料到的开支而设置的后备资金。在预算执行过程中，如果发生较大的自然灾害和经济上的重大变革以及国家预算没有列入而当前又必须解决的临时性开支等情况，可以动用预备费。一般情况下，各级财政可以按照本级预算支出额的1%～3%设置预备费，其中，民族地区的预备费可按5%设置，用于当年预算执行中的自然灾害开支及其他临时急需的资金开支，预备费的动用应控制在下半年。

2）预算的追加追减。它是指在原核定预算的基础上增加收入或增加支出数额的过程。减少收入或减少支出数额的过程称为追减预算。由于追加预算和追减预算会引起预算收支总额的调整和平衡，因此，在正常情况下，追加支出，必须有相应的资金来源。追减收入，必须相应地追减支出。

3）经费流用，也称"科目流用"。它是指在不变动预算支出总额的条件下，局部地改变资金的用途，通过预算支出科目之间经费的相互调剂来进行。在预算执行过程中，各预算支出科目之间往往发生有的资金多余，有的资金不足的情况。为充分发挥资金的使用效果，在不超过原定预算支出总额的前提下，可按规定在一些预算收支科目之间进行必要的调整，但必须遵守国家规定的流用范围，并经过一定的批准程序。

4）预算划转。它是指由于行政区划或企业、事业单位隶属关系的改变，必须相应改变其预算的隶属关系，及时地将其全部预算划归新的主管部门或接管单位。

4.2.4 国家决算

国家决算是整个预算工作程序的终结，也是国家预算执行情况的总结，是国家预算执行的结果，它反映了某一财政年度政府财政收支的实际情况，是一国经济活动在财政上的集中反映。国家决算草案由各级政府、各部门、各单位在每一预算年度终了后按照国务院规定的时间编制，具体事项由国务院财政部门部署。决算草案的上报和审批与预算草案的上报和审批程序相同。各级地方决算草案逐级审批上报后，由财政部汇编形成国家决算。通过编制国家决算，可以看出年度预算的执行情况，对这些情况进行分析研究，可以积累预算统计资料，总结预算工作经验，提高预算管理水平，从而使下年度预算建立在更加可靠的基础上。

4.3 国家预算管理体制

案例引入

完善分税制财政体制，加快健全地方税体系

分税制改革后，地方政府事权与财力不匹配是导致企业减税降费获得感较弱的重要原因之一。解决这个问题首先进行事权与财力划分的改革，调整中央与地方政府的财力分配，最终实现事权与财力的均衡。《中共中央关于全面深化改革若干重大问题的决定》明确提出要"建立事权和支出责任相适应的制度",该决定指明了未来财政体制改革将围绕事权与支出责任划分展开。因此,理顺央地政府的事权与财力关系是第一步,接着要在理顺关系的基础上进行分税制财政体制的改革,避免地方政府对企业伸出"攫取之手"。

健全的地方税体系是地方政府拥有持续、稳定收入来源的基础,财政压力得到缓解后政府通过非税收入弥补财政缺口,将压力转嫁给企业的问题会主动得到缓解。因此,健全地方税体系是确保减税降费政策红利有效落地的关键,具体来看,地方税税种需要满足税基宽广、税源稳定、税源简单、地域性特征明显这四个特征。从我国实际情况出发,征收房地产税较为适宜。我国目前间接税比重较高,直接税比重较低。需进一步优化现有税制结构,提高个人所得税等直接税的比重,充分发挥其收入分配效应。同时还需降低具有累退性的间接税比重,避免其带来的负面影响。

(资料来源:詹新宇,我国减税降费的模式演进与改革方向,《国家治理》周刊,2022年9月30日,http://www.rmlt.com.cn/2022/0930/657302.shtml,有删改。)

请思考: 预算收支范围如何划分?什么是分税制?

知识解读

国家预算管理是指各级人民代表大会、人民政府、财政部门、预算单位依据法律、法规对预算资金的分配、使用所进行的管理活动,是财政管理的核心组成部分,也是政府实施宏观调控的重要手段。

4.3.1 国家预算管理体制的含义和内容

1. 国家预算管理体制的含义

国家预算管理体制是在中央与地方政府以及地方各级政府之间规定预算收支范围(财力)和预算管理权限(财权)的一项根本制度,它是国家财政管理体制的重要组成部分。它的实质就是各级政府之间预算资金分配和管理上的集权与分权、集中与分散的关系。

现代国家一般不可能只有一级政府,往往是在中央政府之外再设一级或几级地方政府。下级政府作为上级政府的派出机构,在当地履行职责。由于各级政府都要履行一定的职责,所以每一级政府相应地要有自己的财权和财力。担负多大的职责,就应有多大的财力,即所谓财权和事权要统一。建立国家预算管理体制就是要通过科学地划分各级政府的预算收支范围和规定管理权限,使国家财力在各级政府之间合理分配,保障各级政府行使职能的资金需要,促进国民经济和各项社会事业的健康发展。

2. 国家预算管理体制的内容

(1)确定预算管理的主体和级次。国家预算管理级次的确定与一国的政权结构和行政区划存在密切联系。一般是一级政权构成一级预算管理主体。相应地,预算管理主体也分为中央预算、省级预算、

国家预算体系

地市级预算、县市级预算、乡镇级预算五级。中央预算是指中央财政预算,由国务院负责编制中央预算。省级预算一般指从省、自治区、直辖市级到乡、民族乡、镇级所建立起的预算,由本级各部门(含直属单位)的预算组成。地市级预算是指一个地级市的预算,包括已经设区的市以及自治州。县市级预算是指县、自治县、不设区的市以及市辖区的预算,一般由各级当地部门主管。乡镇级预算通常是指各乡镇的预算。

(2)预算收支范围的划分。预算收支范围的划分是指明确国家财力在中央政府与地方政府及地方各级政府之间如何分配,这是预算管理体制的核心内容。在财力总规模一定的前提下,如何划分收支范围直接决定了一级财政拥有财力的多少。为提高资源配置效率,调动中央和地方两个积极性,收支范围划分往往按照"统筹兼顾,全面安排""事权与财政相统一""收支挂钩,权责结合"等原则来确定。

(3)预算管理权限的划分。预算管理权限的划分是指确定各级人民代表大会、各级人大常委会和各级政府在预算的编制、审批、执行、监督等方面拥有的权限和应负的责任。根据《预算法》的规定,预算管理相关职权的具体划分如下:

1)各级人民代表大会主要负责审查本级总预算草案及本级总预算执行情况的报告;批准本级预算和本级预算执行情况的报告;改变或者撤销本级人民代表大会常务委员会关于预算、决算的不恰当的决议。

2)各级人民代表大会常务委员会主要负责监督本级总预算草案的执行;审查和批准本级预算的调整方案和本级决算;撤销本级人民政府和下一级人民代表大会及其常务委员会关于预算、决算的不恰当的决定、命令和决议。

3)各级政府主要负责编制本级预算、决算草案,向本级人民代表大会做本级总预算草案的报告;汇总下一级政府报送的预算并报本级人民代表大会常务委员会备案,组织本级总预算的执行,决定本级预算预备费的动用;编制本级预算的调整方案;监督本级各部门和下级政府的预算执行;改变或者撤销本级各部门和下一级人民政府关于预算、决算的不恰当的命令、决定;向本级人民代表大会、本级人民代表大会常务委员会报告本级总预算的执行情况。

4)各级财政部门主要负责具体编制本级预算、决算草案;具体组织本级总预算的执行;提出本级预备费动用方案;具体编制本级预算的调整方案;定期向本级政府及上一级政府的财政部门报告本级总预算的执行情况。

5)各部门根据国家预算法律、法规,制定本部门预算具体执行办法;编制本部门预算草案;组织和监督本部门预算的执行;定期向本级政府财政部门报告预算的执行情况。

6)各单位负责编制本单位的预算、决算草案;按照国家规定上缴预算收入,安排预算支出,并接受国家有关部门的监督。

(4)预算调整制度和办法。在预算执行过程中,由于社会各因素相互影响,往往出现不可估计的状况,此时,必须对已经批准的预算进行必要调整。为确保预算开展的科学性和可靠性,一般由财政部门提出并编制预算调整方案,经过同级人民代表大会常务委员会审批后方可执行，并报上一级政府备案。

4.3.2 国家预算管理体制的改革发展

中华人民共和国成立以来，我国的预算管理体制经历了多次变动，由高度集中的管理体制逐步过渡到实行各种形式的在中央统一领导下的分级管理体制，都是为了适应政治经济形势的需要，处理财权的集中与分散，调整中央与地方之间的预算收支范围以及财力分配等关系。

1. 1980—1984年："划分收支，分级包干"体制

"划分收支，分级包干"体制也称为"分灶吃饭"体制，其主要内容是：

（1）按照经济体制规定的隶属关系，明确划分中央和地方的收支范围。在收入方面，分为固定收入、固定比例分成收入和调剂收入。属于中央的固定收入包括：中央所属企事业单位的收入、关税收入和中央的其他收入。属于地方的固定收入包括：地方所属企事业单位的收入、盐税、农业税、工商所得税、地方税和地方的其他收入。工商所得税作为中央和地方的调剂收入。

在支出方面，属于中央的支出包括：中央级的基本建设投资拨款，中央企业的流动资金，挖潜改造资金和新产品试制费，地质勘探，国防战备费，对外援助支出，国家物资储备支出，中央级的文教科学卫生事业费，农林、水利、气象等事业费，行政管理费，国外借款和国库券的还本付息支出以及中央级的其他支出。属于地方的支出包括：地方的基本建设投资拨款，地方企业的流动资金，挖潜改造资金和新产品试制费，支援农村人民公社支出，农林、水利、气象等部门的事业费，工业、交通、商业部门的事业费，城市维护费，文教科学卫生事业费，抚恤和社会救济费，行政管理费以及地方的其他支出。少数专项支出，如特大自然灾害救济费，特大抗旱防汛补助费，支援经济不发达地区的发展资金等，由中央专案拨款，不列入地方包干范围。

（2）地方预算收支的包干基数，按照上述划分收支的范围，以1979年预算收支执行数为基础，经过适当调整后计算确定。基数确定以后，地方的预算支出，首先用地方的固定收入和固定比例分成收入抵补，如有多余，上交中央，如有不足，则用调剂收入弥补。如果固定收入、固定比例分成收入、调剂收入全部留给地方，仍不足弥补地方支出的，则由中央按差额给予定额补助。

（3）地方的上缴比例、调剂收入分成比例和定额补助数额核定以后，原则上五年不变。地方在划定的收支范围内，多收多支，少收少支，自求收支平衡。

（4）地方预算支出的安排，均由地方根据国民经济计划的要求和自己的财力情况统筹安排，中央各部门不再下达支出指标。

2. 1985—1987年："划分税种，核定收支，分级包干"体制

"划分税种，核定收支，分级包干"体制是在总结"划分收支，分级包干"体制经验的

基础上，适应经济发展和经济体制改革的需要以及第二步"利改税"的新变化而制定的。其主要内容是：

（1）收入划分，原则上按税种划分各级预算收入。收入分为三大类：中央预算固定收入、地方预算固定收入、中央和地方预算共享收入。在固定收入中，石油部、电力部、石化总公司、有色金属总公司所属企业的产品税、营业税、增值税，以其70%作为中央预算固定收入，30%作为地方预算固定收入。

（2）支出划分，仍按企事业单位隶属关系划分中央与地方的预算支出，包括的范围和"划分收支，分级包干"体制的范围基本相同，只做个别调整。

（3）各省、自治区、直辖市在按照规定划分收支范围以后，凡地方固定收入大于地方支出的，定额上解中央；地方固定收入小于地方支出的，从中央、地方共享收入中确定一个分成比例，留给地方；地方固定收入和中央、地方共享收入全部留给地方，还不足以抵补其支出的，由中央定额补助。收入的分成比例或上解、补助的数额确定以后，一定五年不变。地方多收入可以多支出，少收入就要少支出，自求收支平衡。

（4）考虑到经济体制改革中变化因素较多，为了更好地处理中央与地方之间的财政分配关系，1985—1986年，暂时实行"总额分成"的过渡办法，即除了中央的固定收入不参加分成之外，把地方的固定收入和中央地方共享收入加在一起，同地方预算支出挂钩，确定一个分成比例，实行总额分成。

（5）广东、福建两省继续实行大包干办法，民族自治区和视同民族自治区待遇的省，仍实行原体制。

3. 1988—1993年：包干财政体制

为调动地方组织收入特别是收入上解地区的积极性，解决部分地区收入下滑的问题，更好地处理中央与地方之间的关系，国务院于1988年对地方实行财政包干的办法进行了改进，规定全国39个省、自治区、直辖市和计划单列市，除广州、西安两市财政关系仍分别与广东、陕西两省联系外，对其余37个地区分别实行不同形式的包干办法，包括收入递增包干、总额分成、总额分成加增长分成、上解额递增包干、定额上解、定额补助等。

4. 1994年至今：分税制预算管理体制

为了进一步理顺中央与地方的财政关系，更好地发挥国家财政的职能，增强中央的宏观调控能力，国务院于1993年12月25日颁布了《关于实行分税制财政管理体制的决定》，对省、自治区、直辖市以及计划单列市实行分税制预算管理体制。

4.3.3 分税制预算管理体制

1. 分税制的含义

分税制是分级分税预算管理体制的简称，它是指在合理划分中央与地方事权的基础上，确定中央与地方政府的财政支出的范围，并将国家的全部税种在中央政府和地方政府之间进行划分，以此确定中央财政和地方财政的收入范围。它是西方国家实行分级财政体制中所普遍采用的预算管理体制。分税制具有"分事、分税、分管"三层含义。

（1）分事，是按照一定时期政治体制和经济体制的要求，在各级政府间划分社会管理和经济管理权，并以此为依据确定各级政府的预算支出范围。

（2）分税，是在划分事权和支出范围的基础上，按照财权与事权相统一的原则，在中央与地方之间划分税种，即将税种划分为中央税、地方税和中央地方共享税，以划定中央和地方的收入来源。

（3）分管，是指各级政府有独立的预算权，中央预算与地方预算彻底分开，分别编制，自求平衡。中央预算通过转移支付制度实行对地方预算的调剂和控制。

实行分税制不仅有利于中央集中较多的财力，保持宏观调控能力，也可以较好地体现财权与事权相结合的原则。还可以调动中央与地方发展经济、组织财政收入的积极性，加强中央财政与地方财政在相对独立的基础上相互制约的关系。

2. 我国分税制的主要内容

（1）中央与地方支出的划分。根据中央政府与地方政府事权的划分，中央财政主要承担国家安全、外交和中央国家机关运转所需经费，调整国民经济结构、协调地区发展、实施宏观调控所必需的支出以及由中央直接管理的事业发展支出。地方财政主要承担本地区政权机关运转所需支出以及本地区经济、事业发展所需支出。

1）中央财政支出包括：国防、武警经费，外交支出，中央级行政管理费，中央统管基本建设投资，中央直属企业的技术改造和新产品试制费，地质勘探费，中央财政安排的支农支出，中央负担的国内外债务的还本付息支出，以及中央本级负担的公检法支出和文化、教育、卫生、科学等各项事业费支出。

2）地方财政支出包括：地方行政管理费，公检法经费，民兵事业费，地方统筹安排的基本建设投资，地方企业的技术改造和新产品试制费，地方安排的支农支出，城市维护和建设经费，地方文化、教育、卫生等各项事业费，价格补贴支出以及其他支出。

（2）中央与地方收入的划分。根据事权与财权相结合的原则，按税种划分为中央与地方的收入。全部税收划分为中央税、地方税和中央与地方共享税。将维护国家权益、实施宏观调控所必需的税种划分为中央税；将适合地方征管的税种划分为地方税，并充实地方税税种，增加地方税收入；将与经济发展密切相关的主要税种划分为中央与地方共享税。具体划分情况如下：

1）中央固定收入。中央固定收入包括消费税（含进口环节海关代征的部分）、车辆购置税、关税、船舶吨税、海关代征的进口环节增值税等。

2）地方固定收入。地方固定收入包括城镇土地使用税、耕地占用税、土地增值税、房产税、车船税、契税、烟叶税、环境保护税、水资源税。

3）中央与地方共享收入。中央与地方共享收入包括：①增值税：国内增值税中央政府分享50%，地方政府分享50%。进口环节由海关代征的增值税和铁路建设基金营业税改征增值税为中央收入。②企业所得税：国有邮政企业（包括中国邮政集团公司及其控股公司和直属单位）、中国工商银行股份有限公司、中国农业银行股份有限公司、中国银行股份有限公司、国家开发银行股份有限公司、中国农业发展银行、中国进出口银行、中国投资有限责任公司、中国建设银行股份有限公司、中国建银投资有限责任公司、中国信达资产管理股份有限公司、中国石油天然气股份有限公司、中国石油化工股份有限公司、海洋石油天然气企业（包括中国海洋石油总公司、中海石油（中国）有限公司、中海油田服务股份有限公司、海洋石油工程股份有限公司）、中国长江电力股份有限公司等企业缴纳的企业所得税（包括滞纳金、罚款）为中央收入，其余部分中央政府分享60%，地方政府分享40%。③个人所得税：中央政府分享60%，地方政府分享40%。④资源税：海洋石油企业缴纳的部分为中央收入，其余部分为地方收入。⑤城市维护建设税：各银行总行、各保险总公司集中缴纳的部分为中央收入，其余部分为地方收入。⑥印花税：证券交易印花税收入为中央收入，其他印花税收入为地方收入。

（3）中央财政对地方的税收返还。税收返还指地方因收入划分调整而减少的收入，由中央按照调整基期年水平以税收返还方式给予地方的一种补助形式。现行中央对地方税收返还包括增值税和消费税返还、所得税基数返还以及成品油价格和税费改革税收返还。

① 增值税、消费税返还。1994年分税制改革，实行按税种划分收入的办法后，原属地方支柱财源的"两税"收入（增值税收入的75%和消费税的100%）划为中央收入，由中央给予税收返还。2016年12月15日，国务院发布《国务院关于实行中央对地方增值税定额返还的通知》。为进一步完善分税制财政体制，落实全面推开营改增试点后调整中央与地方增值税收入划分过渡方案，国务院决定，从2016年起，调整中央对地方原体制增值税返还办法，由1994年实行分税制财政体制改革时确定的增值税返还，改为以2015年为基数实行定额返还，对增值税增长或下降地区不再实行增量返还或扣减。返还基数的具体数额，由财政部核定。

② 所得税基数返还。以2001年为基期，为保证地方既得利益，如果按改革方案确定的分享范围和比例计算出的地方分享的所得税收入小于地方实际所得税收入，差额部分由中央作为基数返还地方。

③ 成品油价格和税费改革税收返还。这是指实施成品油价格和税费改革后，中央因改革形成的财政收入，扣除中央本级安排的替代航道养护费等支出，对种粮农民、部分困难群体、公益性行业的补贴，以及用于逐步有序取消政府还贷二级公路收费补助支出以后的部分。转移支付资金分配采取"基数加因素"的办法，分为替代性返还和增长性补助两部分。其中，替代性返还指替代地方原有的公路养路费等"六费"收入基数给予的返还；增长性补助指当年转移支付总额中扣除替代性返还后的增量资金分配，选取燃油消耗量、当量公路（航道）里程、路网密度、路况指数等客观因素进行公式化分配。具体额度以2007年的养路费等六费收入为基础，考虑地方实际情况按一定的增长率确定。

（4）原体制中央补助、地方上解以及有关结算事项的处理。为顺利推行分税制改革，1994年实行分税制后，原体制分配格局暂时不变，过渡一段时间再逐步规范化。2002年国家对所得税划分进行了调整，自2003年起，所得税不再按归属划分，而改由中央和地方按一定比例分成。

讨论与提升

从收支数据读懂中国特色大国账本

2021年全国一般公共预算收入202 539亿元，同比增长10.7%。其中，中央一般公共预算收入91 462亿元，同比增长10.5%；地方一般公共预算本级收入111 077亿元，同比增长10.9%。全国税收收入172 731亿元，同比增长11.9%；非税收入29 808亿元，同比增长4.2%。

全国一般公共预算支出246 322亿元，同比增长0.3%。其中，中央一般公共预算本级支出35 050亿元，同比下降0.1%；地方一般公共预算支出211 272亿元，同比增长0.3%。

主要支出科目情况如下：

（1）教育支出37 621亿元，同比增长3.5%。

（2）科学技术支出9 677亿元，同比增长7.2%。

（3）文化旅游体育与传媒支出3 986亿元，同比下降6.1%。

（4）社会保障和就业支出33 867亿元，同比增长3.4%。

（5）卫生健康支出19 205亿元，同比下降0.1%。

（6）节能环保支出5 536亿元，同比下降12.6%。

（7）城乡社区支出19 450亿元，同比下降2.5%。

（8）农林水支出22 146亿元，同比下降7.5%。

（9）交通运输支出11 445亿元，同比下降6.2%。

（10）债务付息支出10 456亿元，同比增长6.6%。

2015—2020年全国一般公共预算收入支出情况见表4-1。

表4-1　2015—2020年全国一般公共预算收入支出情况

年份	一般公共预算收入		一般公共预算支出	
	规模（亿元）	增长速度（%）	规模（亿元）	增长速度（%）
2015	152 269.23	5.8	175 877.77	13.2
2016	159 604.97	4.5	187 755.21	6.3
2017	172 592.77	7.4	203 085.49	7.6
2018	183 359.84	6.2	220 904.13	8.7
2019	190 390.08	3.8	238 858.49	8.1
2020	182 913.88	-3.9	245 679.03	2.9

（资料来源：中国统计年鉴，http://www.stats.gov.cn/tjsj/ndsj/；国家财政部网站，2021年财政收支情况，http://gks.mof.gov.cn/tongjishuju/202201/t20220128_3785692.htm，2022年1月29日。）

问题讨论

从公共预算数据分析我国政府如何用实际行动支持中国经济平稳增长。

总结与提高

国家预算是具有法律效力的文件,是一项可持续的财政经济活动,它反映了政府活动的范围和内容。国家账本聚焦基层一线,着眼经济民生痛点、难点,为百姓排忧,为企业解难,一串串精打细算的数字彰显政策力度与温度。

模块小结

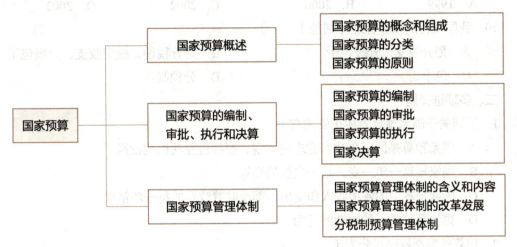

复习思考题

一、单项选择题

1. 国家预算制度最早起源于（　　）。
   A. 英国　　　　B. 美国　　　　C. 德国　　　　D. 意大利

2. 我国国家预算组成体系按照一级政权一级预算的原则建立,分（　　）个级次。
   A. 三　　　　　B. 四　　　　　C. 五　　　　　D. 一

3. 将全部的财政收入与支出按经济性质汇集编入两个或两个以上的收支对照表,从而编成两个或两个以上的预算称为（　　）。
   A. 单式预算　　B. 复式预算　　C. 中央预算　　D. 地方预算

4. （　　）指预算年度的财政收支指标的确定,以上年财政收支执行数为基础,在考虑新的年度国家经济发展情况下加以调整确定。
   A. 单式预算　　　　　　　　　　B. 复式预算
   C. 零基预算　　　　　　　　　　D. 增量预算

5. 政府部门所编制的国家预算草案必须经（　　）审议批准方为有效。
   A. 上级人民政府　　　　　　　　B. 全国人民代表大会
   C. 本级人民政府　　　　　　　　D. 上级财政部门

6. （　　）是预算程序的第三个阶段。

  A. 国家预算的编制   B. 国家预算的执行

  C. 国家预算的审批   D. 决算

7. 世界上大多数国家的预算年度采用（　　）来编制预算。

  A. 跨年制   B. 历年制   C. 半年制   D. 不定制

8. 下列属于中央与地方共享收入的是（　　）。

  A. 增值税   B. 消费税   C. 房产税   D. 契税

9. 自（　　）年起，所得税不再按归属划分，而改由中央和地方按一定比例分成。

  A. 1999   B. 2000   C. 2002   D. 2003

10. 我国现行的预算管理体制是（　　）。

  A. 划分收支，分级包干   B. 划分税种，核定收支，分级包干

  C. 包干制   D. 分税制

二、多项选择题

1. 下列关于国家预算表述正确的有（　　）。

  A. 国家预算是国家和政府意志的体现，要经过立法机构批准

  B. 国家预算一年一变，是一次性的预算

  C. 国家预算中的各项收入和支出，都反映着政府的每一项活动

  D. 国家预算是一种短期的行为

2. 预算按编制程序可分为（　　）。

  A. 正式预算   B. 临时预算   C. 追加预算   D. 修正预算

3. 国家预算的原则有（　　）。

  A. 公开性原则   B. 完整性原则   C. 统一性原则   D. 可靠性原则

  E. 年度性原则

4. 中央预算编制的内容包含（　　）。

  A. 本级预算收入和支出

  B. 上一年度结余用于本年度安排的支出

  C. 返还或者补助地方的支出

  D. 地方上解的收入

5. 分税制具有（　　）三层含义。

  A. 分层   B. 分事   C. 分税   D. 分管

三、问答题

1. 国家预算的含义是什么？
2. 国家预算编制的程序包含哪些步骤？
3. 国家预算管理体制的基本内容是什么？
4. 分税制预算管理体制的主要内容有哪些？

四、案例分析

分析2022年中央对地方一般性转移支付预算表（见表4-2），谈谈你对转移支付的认识。该预算表折射出了哪些政策的信号？

表4-2 2022年中央对地方一般性转移支付预算表（部分）（金额单位：亿元）

项　　目	2021年执行数	2022年预算数	预算数为上年执行数的（%）
一、一般性转移支付	75 530.69	82 138.92	108.7
资源枯竭城市转移支付	222.90	232.90	104.5
老少边穷地区转移支付	3 037.70	3 288.20	108.2
城乡义务教育补助经费	1 776.60	1 881.70	105.9
学生资助补助经费	653.74	688.47	105.3
支持学前教育发展资金	200.00	230.00	115.0
义务教育薄弱环节改善与能力提升补助资金	300.00	300.00	100.0
改善普通高中学校办学条件补助资金	65.00	70.00	107.7
中小学幼儿园教师国家级培训计划资金	22.00	22.00	100.0
现代职业教育质量提升计划资金	277.57	302.57	109.0
特殊教育补助资金	5.00	5.00	100.0
支持地方高校改革发展资金	378.87	393.87	104.0
中央引导地方科技发展资金	26.00	45.00	173.1
中央支持地方公共文化服务体系建设补助资金	152.90	154.90	101.3
国家文物保护资金	63.58	63.83	100.4
非物质文化遗产保护资金	7.76	8.26	106.4
就业补助资金	565.90	617.58	109.1
基本养老金转移支付	9 104.83	10 155.76	111.5
困难群众救助补助资金	1 476.21	1 546.83	104.8
中央自然灾害救灾资金	113.87	150.00	131.7
残疾人事业发展补助资金	14.92	15.36	102.9
优抚对象补助经费	594.18	631.39	106.3
退役安置补助经费	597.87	625.34	104.6
军队转业干部补助经费	399.51	459.77	115.1
城乡居民基本医疗保险补助	3 593.87	3 824.14	106.4
医疗救助补助资金	284.64	297.15	104.4
基本公共卫生服务补助资金	656.35	697.91	106.3
基本药物制度补助资金	91.15	91.15	100.0

（续）

项　　目	2021年执行数	2022年预算数	预算数为上年执行数的（%）
计划生育转移支付资金	132.61	154.76	116.7
医疗服务与保障能力提升补助资金	306.83	351.87	114.7
优抚对象医疗保障经费	23.80	23.80	100.0
节能减排补助资金	651.89	592.30	90.9
林业草原生态保护恢复资金	489.24	494.74	101.1
农业生产和水利救灾资金	73.66	90.10	122.3
林业改革发展资金	540.54	553.15	102.3
农业保险保费补贴	318.27	416.39	130.8
农业生产发展资金	2 084.49	2 211.84	106.1
目标价格补贴	796.78	615.89	77.3
水利发展资金	579.94	603.21	104.0
动物防疫等补助经费	68.79	68.79	100.0
农田建设补助资金	782.80	864.98	110.5
农业资源及生态保护补助资金	370.29	447.29	120.8
大中型水库移民后期扶持资金	78.40	78.40	100.0
粮食风险基金	179.81	179.81	100.0
渔业发展补助资金	71.31	71.35	100.1
成品油税费改革转移支付	693.04	693.04	100.0
电信普遍服务补助资金	20.00	20.00	100.0
海洋生态保护修复资金	40.00	40.46	101.2
中央财政城镇保障性安居工程补助资金	707.80	708.00	100.0
农村危房改造补助资金	99.46	62.80	63.1

 技能实训

深入了解分税制

调查了解分税制的内容：

1. 我国预算管理体制与日本、美国、韩国的预算管理体制有何区别？
2. 我国分税制的主要内容有哪些？

模块 5

评价物品价值的标尺
——金融与货币

学习目标

知识目标
- 了解金融的含义与分类。
- 了解货币产生和发展的历史,理解货币的本质。
- 了解货币形式的演变过程,认识各种货币形式的特点,重点掌握现代货币形式。
- 掌握货币在现代经济中的基本功能,理解货币的职能。
- 掌握货币制度的基本内容,了解货币制度的演变,掌握我国人民币制度的有关内容。

能力目标
- 能够区分不同形式的金融活动。
- 能够正确认识和分析现实经济中的货币现象。
- 能够运用所学的货币原理处理简单的经济事务。

素质目标
- 树立正确的金钱观,弘扬勤俭节约精神。
- 树立文化自信,传承中华优秀传统文化。
- 自觉维护人民币制度。
- 理解数字人民币的研发对实施"科教兴国战略""健全国家安全体系"的意义。

> **模块引例**
>
> 树立正确的金钱观
>
> 随着经济的发展，社会物质资源愈加丰富，个人财富拥有量也在不断提升，推动了人民群众在生活需要层面标准的提升，人们对于金钱的关注更为热切。与此同时，社会中也出现了消费主义、拜金主义、享乐主义等不良现象，严重影响着人们对金钱的正确认知。金钱并不是万能的，人世间还有很多比金钱更宝贵的东西。金钱和崇高的理想、真挚的情感、伟大的信仰、坚定的初心相比，是能够被放弃和割舍的。透过金钱的迷雾，我们可以看到金钱只不过是一种用于交换的货币财富。如果对于金钱的运用不正确，就会严重影响人们的日常生活。既不可以忽视金钱的作用，也不能过于重视金钱，而是要对金钱始终抱有正确的认知，透过金钱现象看到本质。

5.1 资金的融通

案例引入

假如某人有一笔20万元的现金，如果没有金融市场，也没有金融中介，那么这20万元就很可能存放在家中。一年、两年甚至更长时间后，这20万元还是当初的20万元，如果算上通货膨胀，当初的20万元可能就相当于现在的10万元了。再如，资金短缺的公司缺乏营运资金，但又没有地方筹集资金，怎么办？没有办法，只能缩小生产规模，甚至停业。有了金融市场和金融中介，一切就变了。这个人可以把手中的20万元存入银行，或投资到金融市场，从而获得利息或投资利润回报。资金短缺的公司可以去银行借款，或到金融市场上发行股票、债券等，这样就可以获得资金，从而可以扩大公司的生产规模。此时，双方之间也实现了共赢，即这个人可以使自己的钱生钱了，而资金短缺的公司因拿到了资金扩大了生产规模，获得了更高的经营收益。

请思考： 如何理解资金融通？如何理解金融？现代金融有哪些种类？金融这个词是怎么来的？

知识解读

人类社会的经济活动已有数千年历史了，人们与货币、银行、金融市场的关系越来越密切，可以说，人们在生活中，几乎处处都会与货币、银行或金融市场打交道。然而，人们对这些范畴还知之甚少。对金融的范畴及其作用进行深入研究是非常有必要的，因为金融是现代经济的核心。

5.1.1 金融的含义及分类

1. 金融的含义

金融是货币流通、信用活动以及与之相联系的经济活动的总称。广义的金融泛指一切与信用货币的发行、保管、兑换、结算、融通有关的经济活动，甚至包括黄金的买卖；狭义的金融专指信用货币的融通。

金融的内容可概括为货币的发行与回笼，存款的吸收与付出，贷款的发放与回收，黄金、外汇的买卖，有价证券的发行与转让，保险、信托、国内和国际货币结算等。

从事金融活动的机构主要有银行、信托投资公司、保险公司、证券公司、投资基金，此外，还有信用合作社、财务公司、金融资产管理公司、邮政储蓄机构、金融租赁公司以及证券、金银、外汇交易所等。

延伸阅读

"金融"一词的由来

"金融"这个词并非古已有之。古代文字中有"金"，有"融"，但在《康熙字典》以及它之前的工具书中，都没有出现"金融"这个词。最早列入"金融"条目的工具书是1908年开始编纂的《辞源》和1905年酝酿编纂的《辞海》。《辞源》（1937年版）金融条的释文是"今谓金钱之融通状态曰金融，旧称银根。各种银行、票号、钱庄，曰金融机构……"。《辞海》（1936年版）金融条的释文是"谓资金融通之形态也，旧称银根"。出现在20世纪初编纂的工具书中，说明"金融"一词在当时人们的经济活动中已经开始使用，并已相当成型。

2. 金融的分类

（1）按金融活动的方式划分。按金融活动的方式划分，金融可分为直接金融和间接金融。金融活动既可以在融资双方当事人之间直接进行，也可以是融资双方通过中介机构间接进行。间接金融是指金融活动是以银行等金融机构为媒介，通过发行银行券、存款单、银行票据和保险单等作为金融工具的交易方式进行的；如果金融活动不通过媒介，而是以非金融机构（企业、政府或个人）所签署的商业票据、公债、企业债券、股票以及抵押契约等作为信用工具的交易方式进行，就称为直接金融。

金融分类

（2）按金融活动的目的划分。按金融活动的目的划分，金融可分为政策性金融、商业性金融和合作性金融。政策性金融是指政府为实施一定的社会经济政策或意图，设立专门的金融机构，在特定的领域内直接或间接从事的政策性融资活动，它不以营利为目的。商业性金融是指金融企业按照市场经济原则，以商业利益为经营目标的金融活动，它以利润最大化为目的。商业银行、保险公司、证券公司和信托投资公司等的融资活动都是商业性金融。合作性金融是指互助合作组织在成员之间进行的金融活动，它不以营利为目的，主要是为了解决成员的融资需求。

（3）按金融活动的性质和功能划分。按金融活动的性质和功能划分，金融可分为银行业、证券业、保险业、信托业和租赁业等。银行业是最早从事金融业务活动的行业，是现代金融体系的主体。商业银行和其他专业银行通过吸收存款、发放贷款、办理结算等业务来提供金融专业服务。证券业是通过债券或股票的发行和流通实现资金在不同社会经济部门之间进行重新配置的行业。证券业务机构专门为证券交易提供金融专业服务。在现代市场经济高度发达的条件下，金融活动呈现出证券化的趋势。保险业是保险业务机构以集中起来的保险费建立保险基金，对被保险人因自然灾害或意外事故所造成的经济损失或人身伤亡提供补偿的金融服务行业。在现代经济中，保险已渗透到社会经济的各个领域，成为社会的"稳定器"。信托业是信托业务机构接受委托，代为管理、经营和处理经济事务的金融服务行业。信托是一项古老的业务，现代信托业还从事投资业务。租赁业是租赁业务机构通过融物实现融资的金融服务行业，它是现代企业的重要融资方式之一。

（4）按金融活动是否接受政府监管划分。按金融活动是否接受政府监管划分，金融可分为官方金融和民间金融。官方金融又称正式金融，是指由政府批准并进行监管的金融活动。民间金融又称非正式金融，是指个体、家庭和企业之间，通过绕开官方正式的金融体系而直接进行金融交易活动的行为，其运作模式包括民间借贷、民间互助会、私人钱庄和地下投资公司等。因为这些民间金融行为往往是非法存在的，所以常被称为"地下金融"。民间金融种类繁多，按其活动性质又可以分为灰色金融和黑色金融。灰色金融一般是指合理不合法，但对社会有益的金融活动，如民间高息借贷、企业互相融资等。黑色金融则是既不合理也不合法，是对社会有害的金融活动，如非法集资进行金融诈骗、洗钱、地下钱庄、资金外逃等。

（5）按金融活动的运行机制划分。按金融活动的运行机制划分，金融可分为微观金融和宏观金融。微观金融是指金融市场主体（工商企业、政府、金融中介机构和个人）的投融资行为及其金融市场价格的决定等微观层次的金融活动。宏观金融是金融系统各构成部分作为整体的行为和相互影响，以及金融与经济的相互作用，包括货币供求、物价变动、货币财政政策和国际收支等。

（6）按金融活动的地理范围划分。按金融活动的地理范围划分，金融可分为国内金融和国际金融。国内金融是由一国的资金供求双方直接或间接进行的融资活动，其参与者都是本国的政府、金融机构、企业和个人，运作的对象是本国货币。国际金融是跨越国界的货币流通和资金融通活动，其参与者是属于不同国家的政府、金融机构、企业、个人和国际金融机构。

延伸阅读

金融如何支持"一带一路"建设

2013年9月和10月，习近平主席出访中亚和东南亚国家期间，先后提出共建"丝绸之路经济带"和"21世纪海上丝绸之路"（以下简称"一带一路"）的倡议。《推动共建丝绸之路经济带和21世纪海上丝绸之路的愿景与行动》（以下简称《愿景与行动》）提出了包括政策沟通、设施联通、贸易畅通、资金融通、民心相通等五通合作重点。资金融通是"一带一路"建设的重要支撑，在资金融通当中，不仅要深化金融合作，而且要推进亚洲货币稳定体系、投融资体系和信用体系建设。如果把"一带一路"比作经济腾飞的翅膀，资金融通就是助力腾飞翅膀的血脉经络。

为补充基础设施资金需求，提供基础设施等公共物品，我国在提出"一带一路"倡议之后，积极推进投融资体系建设，不仅出资400亿美元设立了丝路基金，倡导成立1 000亿美元的亚洲基础设施投资银行，而且共同推进金砖国家开发银行及应急储备机制的筹建，并就建立上海合作组织融资机构开展磋商。同时深化中国—东盟银行联合体、上合组织银行联合体务实合作，以银团贷款、银行授信等方式开展多边金融合作。习近平主席在博鳌亚洲论坛上提出，要积极推动构建地区金融合作体系，探讨搭建亚洲金融机构交流合作平台，推动亚洲基础设施投资银行同亚洲开发银行、世界银行等多边金融机构互补共进、协调发展。

《愿景与行动》将资金融通和贸易畅通作为合作重点，有金融支持，沿线各国和衷共济，一定能够谱写"一带一路"新篇章，让沿线各国人民共享"一带一路"共建成果。

5.1.2 金融和经济的辩证关系

我们可以从以下两个方面来把握金融和经济的辩证关系：

1. 金融是经济发展的结果

金融是商品货币关系发展的必然产物。人类社会由以实物交换为特征的自然经济发展到以货币交换为特征的商品经济，再由简单的商品经济发展到以大工业和银行为基础的货币经济，经历了几千年的时间。目前，人类社会又处于传统的货币经济向金融经济转化的过程之中。其间，每一步转化都是由经济的发展、经济活动方式的变化而决定的：从物物交换到一部分商品从中脱离出来充当一般等价物的形式，用于解决物物交换的供求不一致、交换双方在时间上要求不一致以及交换双方在空间上要求不一致的矛盾，促进了商品交换；从货币兑换业务中派生出货币保管业务，从货币保管业务的发展中又产生了银行，以解决商品经济活动中对资金供求不一致的矛盾；随着资金融通规模不断扩大，资金融通方式日益多样化，金融机构的种类与数量不断增加，金融市场不断完善，金融经济的轮廓也不断清晰和完整。

2. 金融促进经济发展

在金融经济发展过程中，每一次演进都对经济的发展起着重要的促进和推动作用。最早的金融活动就是货币充当交换媒介，充当一般等价物，促进商品经济的发展。在封建社会后期，由于商品生产和商品流通规模扩大，借贷、兑换和汇兑业务相继大发展，金融活动范围随之扩大，从而促进了资本主义生产方式的诞生。在自由资本主义时期，以信用为中心的金融活动迅速发展，以银行为主体的金融机构广泛建立，从而加速了资本积累和生产集中，使资本主义从自由竞争时代进入垄断阶段。在垄断资本主义阶段，随着银行垄断资本与工业垄断资本的相互渗透、密切结合，形成了金融资本；金融资本控制了资本主义经济的命脉，成为资本主义经济活动的中心。随着国与国之间的经济贸易往来扩大，特别是随着资本输出规模扩大及跨国公司大量增加，国际金融市场和国际金融体系日臻完善。

国际金融的发展又使各国经济活动更加紧密地联系在一起，对世界经济的格局产生了极其重要的影响，极大地推动了各国经济的发展。

金融发展水平和金融深化程度已经成为一国经济发展水平的重要标志，金融在促进经济发展过程中起着越来越重要和不可替代的作用。

5.2 货币

案例引入

钱的别称之一是"阿堵物"，来源于西晋王衍的故事。王衍出身名门，擅长玄理，据说他从不提"钱"字。他的妻子想试探虚实，趁其熟睡之时，叫仆人在床的四周铺上铜钱。王衍早晨醒来见到床边的铜钱，便叫来仆人说"举却阿堵物"，意思是"把这些东西搬走"。后世遂将"阿堵物"作为钱的代称。

"孔方兄"则是钱的又一个别称。西晋初年，社会经济得到一定恢复发展，统治阶级的贪腐之风也日渐增长。晋武帝为了敛财则大肆卖官鬻爵。眼看着天下纲纪败坏，鲁褒写了一篇讽刺世风的文章，叫《钱神论》。文中称铜钱的形状外圆内方，是世上的神奇之宝，世人"亲爱如兄，字曰孔方"。

请思考：货币在现代社会中扮演着什么角色？

知识解读

货币在现代社会中扮演着非常重要的角色，可以说无处不在。人们的衣食住行、商品交易、收入支出等处处离不开货币。社会经济的运行、各经济组织的正常运转及其职能作用的发挥也必须依靠货币。货币的存在保证了商品流通的顺利进行，解决了经济生活中的各种难题，货币以其特有的渗透力影响着人们的日常生活和社会经济的方方面面。

5.2.1 货币的产生及其本质

马克思从商品和商品交换入手，用完整的劳动价值理论论证了货币产生的客观必然性。货币是价值形态与交换发展的必然产物。从历史的角度看，交换发展的过程可以浓缩为价值形态的演化过程。当商品的价值形态发展到货币形态之后，货币便成了表现（其他）一切商品价值的价值尺度。商品的价值形态的发展经历了以下四个阶段：

货币的产生

1）简单的价值形态。一种商品的价值个别地、偶然地表现在另一种商品上。

2）扩大的价值形态。一种商品的价值表现在其他一系列商品上。

3）一般价值形态。一切商品的价值共同表现在从商品中分离出来、充当一般等价物的商品上。

4）货币价值形态。货币成为表现其他一切商品价值的固定的一般等价物。

从价值形态的演化过程中可以看出：

1）货币是一个历史的经济范畴，它并不是从人类社会一开始就存在的，而是在人类社会发展到一定阶段，伴随着商品和商品交换的产生和发展而产生的，所以货币的根源在于商品本身。

2）货币是商品经济自然发展的产物，它是在商品交换长期发展过程中，为了适应交换的客观需要而自发地从一般等价物中分离出来的。

3）货币是交换发展的必然产物，是社会劳动与私人劳动矛盾发展的产物。

4）货币是价值形态发展的必然结果，而价值形态的发展又取决于交换的发展，交换的发展又要受商品经济的内在矛盾——社会劳动与私人劳动这一矛盾的发展的制约。因为存在这一矛盾，只有通过交换才能实现商品生产者之间的联系。而直接的物物交换本身就存在着一定的局限性，限制了商品交换的进一步发展，妨碍着商品生产者之间的进一步经济联系。货币就是为了解决这一矛盾而在交换发展的过程中自发地产生的。经济学从货币的职能出发给货币下定义，认为货币是从商品世界中分离出来的固定地充当一般等价物的特殊商品，它反映着商品生产者之间的关系。

> **延伸阅读**

货 币

我们在日常生活中经常使用"货币"一词，它的含义似乎很明显。为了避免混淆，我们必须澄清货币的经济学定义与人们日常生活中的习惯用法之间的区别。

（1）货币与现金。"你带钱了吗"，这句话里的钱显然指的就是现金。把货币仅仅定义为现金，对于经济分析而言过于狭窄了。因为可开列支票的存款在流通领域中与现金一样，都可用以支付所购买的商品与劳务。如果把货币定义为现金，就难以把货币与人们所进行的全部购买活动联系起来。事实上，正是因为货币与购买相关联，才使货币问题引起人们极大的兴趣。因此，在现代经济学中必须把可开列支票的存款与现金一起包括在货币的定义之中。

（2）货币与财富。"他很有钱"，这句话意味着"他"不仅有一大笔现金和存款，还有债券、股票、珠宝、字画、房子、汽车等。把货币定义为财富，从而把货币与股票、债券、不动产等相混同，在经济分析中就无法界定货币的基本特性。事实上，货币作为一般等价物，是社会财富的一般性代表，但货币并不等同于社会财富本身，它只是社会财富的一部分。

（3）货币与收入。"他的工作很好，能赚很多钱"，这句话中的钱就是指收入。收入是一定期限内的流量，而货币是某一时点上的存量，若把货币定义为收入，那么货币量将无法计量。

5.2.2 货币形式的演变

货币形式又称货币形态，是指以什么材料来充当货币。在货币产生的几千年中，随着商品交换和信用制度的发展，货币的形式也在不断地发展演进，不同货币形态适应了不同社会生产阶段和历史阶段的需要。从历史上看，货币形式从具体的商品逐渐演变成抽象的符号，经历了由低级到高级不断演变的过程。

1. 实物货币

实物货币是指以自然界存在的某种物品或人们生产的某种物品来充当货币。它是人类历史上最古老的货币，是货币形态发展的最原始形式。中外历史上很多实物充当过货币，如牛羊、盐、可可、海贝、农具、布帛等。实物货币是货币发展史上不可逾越的阶段。实物货币是以货币商品本身的价值为基础的实物商品，其特点是作为非货币用途的价值和作为货币用途的价值相等，是足值的货币。

随着商品生产和商品交换的发展，实物货币不易分割、不易保管、携带不便的特点越来越难以适应日益增加的商品交换对货币的需求。于是，伴随着商品交换的发展，金属替代了实物商品来充当货币，货币形态进入了金属货币时代。

延伸阅读

贝 币

在我国古代，以贝壳作为货币有着较长的历史。司马迁写道："农工商交易之路通，而龟贝金钱刀布之币兴焉。所从来久远，自高辛氏之前尚矣，靡得而记云。"贝币可以说是我国使用时间最早而且延续时间最长的一种实物货币。贝壳成为货币的条件有以下几个：第一是本身具有实用功能（如其装饰用途）；第二是具有天然的单位；第三是坚固耐用；第四是便于携带。尤其是其天然的单位，在熔解金属技术尚不发达的古代，贝壳具有独到的天然优势。古人使用贝币，多用绳索将它们穿成一串，所以一串也是一单位。贝币最早的货币单位为"朋"，即十枚成一串，两串为一朋。在我国古代的甲骨文中，贝朋二字常连在一起，贝字的意义和现在的"财"字差不多。我国的文字中，许多与货币意义有关的字，如财、贵、贫、贱、贷等，都是以贝字作为偏旁。

2. 金属货币

金属货币是以金、银、铜、铁等金属作为币材的货币。严格地说，金属货币也是一种实物货币。金属冶炼技术的出现与发展是金属货币广泛使用的前提。金属货币具有价值含量高且稳定、易于计量、便于储藏和携带等优点，这些自然属性使其比一般商品更适宜充当货币材料，所以世界上几乎所有的国家都采用过金属作为货币。金属货币经历了从贱金属到贵金属、从金属称量到金属铸币制的发展过程。

金属货币最初是贱金属铜和铁，多数国家和地区采用的是铜，铁由于冶炼技术发展而价值较低，用于交易过于笨重，且易生锈、腐蚀不便保存，因此流通范围有限。随着经济的发展和财富的增加，需要用价值量大的贵重金属充当货币，币材向金、银过渡。19世纪上半叶，金、银代替了贱金属成为主要币材。

金属称量制是直接以金属的自然形状流通，并以重量单位为流通计价单位的货币制度。例如，流通中的金锭、银锭、金元宝、银元宝等均以两、钱等重量单位为流通标准。最早的金属货币采用金属条块的形式，每次交易时都要鉴定成色、称量和分割，这非常麻烦。随着商品交换的发展，金属货币由条块形式发展成铸币形式。

金属铸币制是指将金属货币铸成一定形状，具有一定重量、一定成色的铸造货币，并标明计量单位的货币制度。铸币的出现是货币形式发展的一大进步，奠定了近代货币制度的基础。

金属货币和实物货币一样是足值的货币，其作为金属商品的自身价值与其作为货币的价值是相等的，这样就可以保证其价值的稳定性，从而为商品的生产和交换提供一个稳定的货币环境，有利于商品生产和交换。

但金属货币也存在自身难以克服的缺点，即其数量的多少受制于金属的储藏量和开采量，无法随着商品数量的增长而同步增长。因此随着生产力的提高，金属货币的数量越来越难以满足大量商品交换对交易媒介的需求，加之大宗交易时，金属货币过于沉重，不便携带，于是渐渐出现了代用货币。

3. 代用货币

代用货币是贵金属流通制度下，由政府或银行发行的代替金属货币流通的纸币符号。早期的铸币面值与其实际价值是基本一致的，铸币使用频繁，容易磨损而成为不足值货币，但人们只关心铸币上标明的购买力而并不关注其实际重量，仍按足值货币去使用，从而使铸币有了可用其他材料制成的符号或象征来替代的可能性。后来，货币发行机构就发行了不具有实际价值的纸质货币来替代金属货币，即代用货币。代用货币作为金属货币的替代物在市场上流通，充当商品交换的媒介，不但有足值的金属货币作为准备，而且可以与所代表的金属货币自由兑换，因而被人们普遍所接受。代用货币节省了金银等贵金属的使用，携带方便，易于保管和计量，成本低廉，因而在近代货币史上存在很长时间。但由于代用货币的发行必须以足量的金银作为保证，其发行量受到贵金属准备的限制，不能满足社会经济发展的需要。代用货币逐渐退出货币的历史舞台，被信用货币所取代。

讨论与提升

世界上最早的纸币

交子是我国最早的纸币，也是世界上最早使用的纸币。北宋初年，四川地区的经济和贸易发达，但市场上行用的却是体重值小的铁钱。商人为了携持方便，把铁钱存入成都的商户之处，由商户给存款人开出存款凭证，存款人可随时到商户处取出现钱，"交子"即为交券取钱之意。所以交子最初时只是一种存单，不是货币，更不是强制流通的纸币，并不在商品交易过程中起媒介的作用。但是交子出现以后，人们很快就"私以交子为市"，即人们自发地用手中的交子参与市场流通，替代铁钱行使货币的职能。所以交子的这一货币属性，最初是民间自发赋予的，它经历了由偶然替代铁钱行用到人们普遍使用交子交易,并视交子为铁钱的过程。交子一旦介入了市场,替代铁钱行使了货币职能,其纸币轻便的优越性和铁钱沉重难用的弊端便更加显现出来。交子最终收归官办,由地方政府设置专门的机构——交子务来印制、发行和管理,最终实现货币化。

问题讨论

交子是如何产生的?

总结与提高

两宋时期繁荣的商品经济发展将民生推动到顶峰,并创造出了最早的流通纸币——交子,大大推动了商品经济的发展,便利了民众生活。交子的出现,突出显示了中华文化光辉灿烂,源远流长。作为中华民族的一分子,我们要坚定文化自信,代代传承,使光辉灿烂的文化永远熠熠生辉。

4. 信用货币

信用货币是以信用作为保证,通过一定信用程序发行和流通的货币。它是代用货币进一步发展的产物,其形态与代用货币一样也是纸质货币。信用货币自身没有价值,不代表任何贵金属,是一种纯粹的价值符号,其购买力远远大于货币币材的价值。信用货币就是一种由国家政权强制提供的购买力信用。它作为一般的交换媒介须有两个条件:一是货币发行的立法保障;二是人们对此货币抱有信心。目前世界上几乎所有国家采用这种货币形态。信用货币是通过银行信贷方式投入流通的,其主要形式是现金和存款货币。现金由中央银行经国家授权发行,是中央银行的负债。存款货币是指能够发挥货币作用的银行存款。信用货币在现代经济中发挥着十分重要的作用,已经成为现代经济主体中主要的货币形式。信用货币完全摆脱了黄金准备的限制,中央银行掌握了发行货币的权力,可控制货币发行量的规模。

5. 电子货币

以计算机技术为核心的信息技术的发展,引起了人们的生产和生活方式的巨大变革,也又一次推动了货币形态的发展。方兴未艾的电子商务,开发出了种种的电子支付手段和工具,人们称之为电子货币。电子货币是当代信用货币的一种,是当代科学技术发展过程中出现的电子化、信息化的支付工具。广义的电子货币所含范围极广,如信用卡、储蓄卡、借记卡、IC卡、消费卡、电话卡、煤气卡、电子支票、网络货币、智能卡等,几乎包括了所有与资金有关的电子化的支付工具和支付方式。

延伸阅读

数 字 货 币

数字货币是指通过结合密码、计算机、大数据、网络以及编程等技术手段发行的具有类似传统法定货币职能和价值的虚拟货币。从数字货币的信用背书和发行方等特点看,数字货币可以分为有国家主权信用背书的法定数字货币和私人发行的非法定数字货币两种。

法定数字货币又称央行数字货币（Central Bank Digital Currencies，CBDC），是以国家信用背书，由中央银行发行的数字化形态的法定货币。2015年，英国央行最先提出法定数字货币的概念。2019年6月，美国Facebook公司发布Libra 1.0虚拟加密货币后，更多国家央行开启并积极推进法定数字货币的研发计划。

数字人民币，字母缩写按照国际使用惯例暂定为"e-CNY"，是由中国人民银行发行的数字形式的法定货币，由指定运营机构参与运营并向公众兑换，以广义账户体系为基础，支持银行账户松耦合功能，与纸钞、硬币等价，具有价值特征和法偿性，支持可控匿名。数字人民币的概念有两个重点，一个是数字人民币是数字形式的法定货币；另外一个是和纸钞和硬币等价，数字人民币主要定位于M0，也就是流通中的现钞和硬币，将与实物人民币长期并存，主要用于满足公众对数字形态现金的需求，助力普惠金融。2022年12月16日，据央行《金融时报》消息，数字人民币试点再次扩大范围，在原有试点地区的基础上，由此前的深圳、苏州、雄安、成都扩展至广东、江苏、河北、四川全省，并增加山东省济南市，广西壮族自治区南宁市、防城港市和云南省昆明市、西双版纳傣族自治州作为试点地区。2022年12月24日，数字人民币（试点版）iOS/安卓版App迎来了1.0.16版本更新，新增专属头像功能和个人红包功能，可以用数字人民币发红包。党的二十大报告中明确提出，要"加快发展数字经济，促进数字经济和实体经济深度融合，打造具有国际竞争力的数字产业集群。优化基础设施布局、结构、功能和系统集成，构建现代化基础设施体系。"同时，党的二十大报告还提出"要加强和完善现代金融监管，强化金融稳定保障体系，依法将各类金融活动全部纳入监管，守住不发生系统性风险底线。"从多样化价值属性来看，数字人民币可以有效改善我国跨境支付条件，增强经济金融独立性；通过降低货币运营成本，便利货币政策传导，提高我国金融稳定性，增强经济体应对突发状况能力；通过畅通信息数据链条，降低金融服务门槛，起到提升反洗钱效率等作用。

5.2.3 货币的职能

货币在商品经济中执行以下五种职能：价值尺度、流通手段、支付手段、储藏手段和世界货币。前两个是货币的基本职能，也是货币本质最基本的体现；后三个是在基本职能基础上派生的职能。

货币职能

1. 价值尺度

价值尺度又叫作价值标准。货币作为价值尺度，就是以货币作为尺度来表现和衡量其他一切商品价值的大小。货币之所以能够执行价值尺度的职能，是因为货币本身也有价值。

商品的价值表现在货币上，就是商品的价格。价格是价值的货币表现。货币执行价值尺度的职能，实际就是把商品的价值表现为一定的价格。

> **延伸阅读**

观念上的货币

有人会问，为什么在商店里表明商品价值的大小只要摆放一个小小的商品价格标签即可，而不用摆放与该商品等值的货币？

这是因为，货币执行价值尺度职能时，只是观念上的货币，并不需要现实的货币。例如，一双皮鞋的价格为500元，一件衬衣的价格为150元等。只要人们在观念上知道某商品的价格是多少就可以了。即只是表明某一商品值多少钱，而不是真正用商品与货币相交换。正如马克思所说："货币在它的价值尺度功能上，本来也只是作为观念的或想象的货币。"

2. 流通手段

货币作为流通手段，也就是货币充当商品交换的媒介。我们平常从商品买卖过程中所看到的货币的作用，就属于这一种，所以，这种职能又叫作购买手段。作为流通手段的货币，不能是观念上的货币，而必须是实实在在的货币。任何一个商品所有者都不会允许有人凭空话拿走其商品。

在货币执行流通手段这一作用的情况下，商品与商品不再是互相直接交换，而是以货币为媒介来进行交换。商品所有者先把自己的商品换成货币，然后再用货币去交换其他的商品。这种以货币为媒介的商品交换，叫作商品流通。

作为流通手段的货币，起初是贵金属条、块，以后发展成铸币，最后出现了纸币。纸币是从货币作为流通手段的职能中产生的。因为在流通过程中，货币只是交换的手段，人们关心的不是货币本身是否有内在价值，而是关心他手中的货币能否稳定地换到自己所需要的商品。在现实生活中，磨损的不足值的货币照样流通。只要有权威机构保证，币值稳定，充当流通手段的货币也不一定要有内在价值的货币实体来充当，而可以用不足值的或本身没有价值的货币符号来代替。流通手段的这一特点就决定了纸币的产生。

3. 支付手段

当货币不是作为交换媒介，而是作为价值的独立运动形式进行单方面转移时就是货币的支付手段职能。支付手段是由赊销引起的，在赊销中，因为商品的让渡和货币的收入并不是同时进行的，在货币用于偿还赊销款时，已不是流通手段职能，货币付出的同时并没有相应价值商品的流入。没有商品在同时、同地与之相向运动，这是货币支付手段职能的特征。

在现代商品经济中，货币作为支付手段发挥的作用越来越普遍，不仅用于偿还债务，还被用于支付租金、利息、工资和赋税等。比如，财政的收支、银行吸收存款和发放贷款，都是货币作为独立的价值形态而进行的单方面转移；在工资和各种劳动报酬支付中，货币也同样发挥着支付手段职能。

4. 储藏手段

货币的储藏手段是指货币作为社会财富的一般代表退出流通领域被储藏起来。即商品生产者卖出商品以后不随之买进商品，而是将所获得的货币储藏起一部分，以备不时之需。

从本质上讲，发挥储藏手段职能的货币必须既是实在的货币，又是足值的货币。典型的代表如：金银铸币、金银条块等。在金属货币流通的条件下，由于贵金属货币可以自由铸造和熔化，货币作为储藏手段起着货币流通中的蓄水池作用：当流通中所需要的货币量减少时，多余的金属货币便会被熔化成金属，退出流通成为储藏价值的手段；反之，当流通中所需要的货币量增多时，一部分储藏货币又会重新进入流通成为流通手段。由于储藏货币具有这种作用，所以在足价的金属货币流通的条件下，便不会产生流通中货币量过多的现象，不会发生通货膨胀。

延伸阅读

存在银行的货币

按照货币的基本理论，货币在发挥储藏手段职能时，必须是真实的、足值的货币；那么，为什么今天人们还常常在家里存放小额度的人民币，甚至将大量的人民币储存在银行不用于流通呢？

从本质上讲，纸币没有储藏价值的功能，它只是一张被赋予了法定购买力的纸，具有对商品的要求权。虽然无内在价值，但有国家信誉作保证，因此在纸币价值稳定的前提下，对于个人和单位来说，具有推迟购买力、储藏价值的意义；对于国家和社会来讲，纸币的储藏和储蓄，仅仅是通过银行信用动员社会闲置资金用于社会扩大再生产的一种方式，没有价值储藏的实际意义。

货币作为价值储藏手段并非独一无二的；任何资产，无论是货币、股票、债券、土地、房屋、艺术品，还是珠宝，都可以用来储藏财富。在价值储藏方面，许多这类资产甚至比货币更具优势：所有者可以获取比货币更高的利息，或者可以享受升值的好处，或者可以享受到住宿之类的服务。既然这些资产是更有利的价值储藏手段，为什么人们还愿意持有货币呢？

这个问题的答案涉及一个十分重要的经济学概念——流动性，即某一资产转化为交易媒介的便利程度和速度。流动性是十分有用的。由于货币本身就是交易媒介，因此货币是流动性最高的资产，它无须转化为他物就可以直接用于购买行为。其他资产在转化为货币的过程中都要支付交易成本。例如：如果你想出售房屋，首先你可能需要先找到房产中介；如果你急需现金支付即将到期的账单，你很可能为了尽快将房屋出手而不得不接受较低的价格。由于货币是最具流动性的资产，虽然它并不是一个十分有利的价值储藏手段，但人们仍然愿意持有它。

5. 世界货币

马克思对贵金属在国际经济中所起的作用做了论述，认为国与国之间的债权、债务关系的产生和清偿导致了货币在世界市场上充当一般等价物的职能。这一作用主要表现在：①作为一般的购买手段，用来购买外国的商品。②作为一般的支付手段，用来平衡国际收支差额。③作为社会财富的代表，由一国转移到另一国。随着贵金属货币退出流通领域，黄金在世界范围内的非货币化，当今世界，国际上部分发达国家的货币充当了世界货币的职能，如美元、欧元、日元、英镑。国际货币基金组织又创设了"特别提款权"这一记账单位（又称为纸黄金）作为国际支付手段。

5.3 货币制度

案例引入

今天，人们已经不再用金元宝、银锭或铜板买东西了，而是用一种特殊的货币——纸币。我们现在见到的钱，基本上是纸币，只有少量硬币。从金融学角度看，这些纸币和硬币并不是真正的钱，因为它们并不是足值货币。

提到牛顿，相信多数人对他在数学、物理学以及天文学上做出的贡献耳熟能详，但是他在铸币史上的贡献却很少有人提及。1717年，著名的物理学家艾萨克·牛顿在担任英国铸币局局长期间将每盎司黄金的价格固定在3英镑17先令10.5便士。1797年，英国宣布铸币条例，发行金币，规定了含金量，银币处于辅币地位。1816年，英国通过了《金本位制度法案》，以法律的形式承认了黄金作为货币的本位来发行纸币。1819年英国又颁布条例，要求英格兰银行的银行券在1821年能兑换金条，在1823年能兑换金币，并取消对金币熔化及金条输出的限制。从此英国实行了真正的金币本位制，在金币本位制下发行纸币属于代用货币。

今天，大家使用的纸币，如中国的人民币、美国的美元等，是一个国家的法定货币，由这个国家的中央银行统一发行、强制流通，以国家信用作保障，私人不能印制、发行货币。纸币本身没有金属货币那种内在价值，纸币本身的价值也比国家确定的货币价值要小得多，它只是一种货币价值的符号。

因此，货币用什么材料来制作？比如，货币是用贝壳还是铜铁？是用金银还是纸张？货币用什么单位来计量？货币分为几种？货币由谁发行？怎么发行？货币发行的依据是什么？这些都要求国家以法律的形式规定下来，这就是货币制度。

请思考：历史上出现过哪些货币制度？这些货币制度是如何演进的？

知识解读

货币的产生，解决了商品交换的困难，但是货币产生以后，如何统一其价值、确定其重量和成色，以及如何有效地组织货币流通并充分发挥货币流通的作用，又成了新的矛盾与问题。这就迫切要求国家制定相关的法律、法规及条例，形成完整的货币制度，来解决上述矛盾与问题。因此，货币产生以后，货币制度也就随之产生了。

5.3.1 货币制度及其基本内容

货币制度又称为"币制"，是指一个国家或地区以法律的形式确立的货币流通结构及其组织形式。其宗旨是加强对货币发行和流通的管理，维持货币币值的稳定，管理国家的经济金融秩序，促进经济稳定、健康发展。货币制度是一个不断完善的过程，也是现代经济条件下经济金融活动赖以存在的基础。

货币制度大体涉及这样一些方面的问题：确定货币材料；规定货币单位和价格标准；规定货币种类、偿付能力，货币铸造、发行和流通程序；规定准备制度。

1. 确定货币材料

货币材料的确定是整个货币制度的基础，也是一种货币制度区别于另一种货币制度的依据。比如，用银、金银并用或用金，还是用纸来作为货币材料，就分别构成了银本位制、金银复本位制、金本位制及纸币本位制。货币材料的确定并不是由各国政府任意选择的，恰恰相反，它是由客观经济发展的进程所决定的。

2. 规定货币单位和价格标准

货币材料确定之后，就要规定货币单位的名称及其所含货币金属的重量，也叫作价格标准。在金属货币流通条件下，价格标准是铸造单位货币的法定含金量。如英国的货币单位定名为"英镑"，根据1816年5月通过的《金本位制度法案》规定，1英镑含成色11/12的黄金123.274 47格令（合7.97g）。美国的货币单位定名为"美元"，根据1934年1月颁布的《黄金储备法令》，美元的含金量为13.714格令（合0.888 671g）。中国在1914年颁布的《国币条例》（教令第十九号）中规定货币单位的名称为"圆"，并规定每圆含纯银六钱四分八厘（合23.977 950g）。

在纸币本位制度下，货币不再规定含金量，货币单位与价格标准融为一体，货币的价格标准即是货币单位及其划分的等份，如元、角、分。世界各国的货币单位均有不同的名称。如美国的货币单位是美元，英国的货币单位是英镑，欧盟成员方的货币单位是欧元。

3. 规定货币种类、偿付能力及其铸造、发行和流通程序

一国流通中的货币可以分为本位币和辅币。它们有不同的铸造、发行和流通的程序。

本位币又称主币，是一个国家的基本通货和法定的计价、结算货币。在金属货币流通条件下，本位币是用贵金属按照国家规定的货币单位所铸成的铸币。在现代信用货币流通条件下，一个货币单位以上的现钞也被称为主币，由此可见，主币最小的规格是一个货币单位，如1元人民币、1美元、1英镑。

在金属货币流通的条件下，本位币可以自由铸造。所谓自由铸造，是指每个公民都有权把货币金属送到国家造币厂请求免费铸成本位币；本位币具有无限的法定支付能力。法律规定，在各种经济交易中，不论每次支付的金额有多大，如用本位币支付，出卖者或债权人均不能拒绝接受。为了保证本位币的名义价值和实际价值一致，防止磨损过大而实际价值减少的货币充斥流通领域，国家规定了当本位币流通一段时间后允许磨损的最大限度，超过这一限度，公民可以持币向政府换取新的铸币。

辅币是本位币以下的小额通货，供日常零星交易与找零用的货币。辅币的面额小，且流通频繁，易磨损，因此通常用贱金属铸造。辅币不能实行自由铸造，而必须由国家用

属于国库的金属来制造。因为辅币是不足值的，如果可以自由铸造，就会充塞流通领域，排挤足值的本位币。有的国家对辅币规定了有限的支付能力，也就是说，在一次支付行为中，在一定的金额内可以用辅币支付，如超过一定金额，卖方或债权人可以拒绝接受。辅币的实际价值虽然低于名义价值，但法律规定，辅币可以按固定比例与本位币自由兑换，这样就保证了辅币可以按名义价值流通。

在纸币制度下，本位币的自由铸造被取消了，本位币的磨损公差规定在许多国家都改为规定纸币的流通年限。本位币的无限法偿规定被保留下来，依然有效，而关于辅币的规定依然可行。

4. 规定准备制度

发行保证制度也称发行准备制度，通常以货币金属作为发行信用货币的保证。在金属货币流通的条件下，国家规定货币金属必须集中于中央银行或国库。金属准备的用途有三种：①作为世界货币的准备金；②作为国内货币流通的准备金；③作为支付手段和兑换银行券的准备金。

1973年以后，各国都取消了货币发行保证制度。目前，世界各国准备金的第二、第三个用途已不复存在，黄金只用于作为世界货币的准备金。

5.3.2 货币制度的发展与演变

从历史上看，货币制度经历了从金属货币制度到不兑现的信用货币制度的演变过程。其中金属货币制度包括银本位制、金银复本位制和金本位制。

1. 金属货币制度

（1）银本位制。银本位制是指以白银为本位货币币材的一种货币制度。在货币本位制度的演变过程中，银本位是最早的货币制度。

银本位制的基本内容是：规定以一定重量与成色的白银为本位币；银币可以无限制自由铸造，政府与金融机构可以固定价格无限制购买白银；公众可以自由无限制地熔化银币；银币与其他货币可以平价自由兑换；白银及银币可以自由输出及输入，银币为无限法偿货币，具有强制流通能力。

银本位制的最大缺点是银价不稳定，易受产银国白银政策的影响而剧烈波动，银价猛升猛跌，都会严重影响经济的稳定。当国际白银价格上涨时，白银大量外流，引起物价下跌和通货紧缩，造成经济萧条；当国际白银价格下跌时，白银大量流入，造成通货膨胀，经济又会出现过度繁荣，不利于经济稳定。

西方国家随着经济的发展与交易额的增大，白银的数量渐渐不能满足交易的需要，从19世纪起，各国都先后放弃了银本位，改为金银复本位制。

（2）金银复本位制。金银复本位制是指金银两种金属同时被法律承认为货币金属，即金币和银币同时作为本位币，都可以自由铸造，都具有无限法偿能力。它于1663年由英国开始实行，随后欧洲各主要国家纷纷采用。这种本位制度在其历史发展过程中有三种不同的形态：

1）平行本位制。平行本位制是指金银两种货币按其所含金属的实际价值流通，国家对这两种货币的交换比率不加规定。在这一体制里，金银比价随市场供求关系变化而经常发生变动，给大量的延期支付及债务清偿带来了混乱。另外，当各国市场上金银比价发生差异时，由于金银自由输出和输入，将使黄金流入金价较高的国家，使该国演变为金本位制；而白银将流入银价较高的国家，也使该国货币制度退变为银本位制。这使得平行本位制极不稳定。

2）双本位制。双本位制是指金银两种货币由政府规定固定的比价，按法定比价流通。双本位制在19世纪曾被广泛采用，旨在克服平行本位制下金银比价频繁变动的缺陷。然而，事与愿违的是：在双本位制下，金银供求形势不断变化，但国家官方比价不能快速依照金银实际价值比进行调整，使得金银市场比价与法定比价差别较大，导致市场上往往只有一种货币流通而非两种货币同时流通。例如，金币和银币的法定比价为1：15，而黄金和白银的市场比价则为1：16，此时黄金的市价较高，这时，金币的持有者就会将金币熔化成黄金，到市场上兑换白银，铸成银币，这样市场上持有金币的人越来越少，而银币的流通越来越多，金币会退出流通领域。反过来，若市场金银的市场比价为1：15，而金币和银币法定比价为1：16，白银市价高于法定比价，市场上的银币会退出流通领域。这种现象被称为"劣币驱逐良币"。

所谓"劣币驱逐良币"规律，就是在两种实际价值不同而名义价值相同的货币同时流通的情况下，实际价值较高的货币（所谓良币）必然会被人们熔化、收藏而退出流通领域；而实际价值较低的货币（所谓劣币）反而充斥市场。这一规律是16世纪英国财政家托马斯·格雷欣（Thomas Gresham）首先提出来，故又称为"格雷欣法则"。

3）跛行本位制。跛行本位制是指国家规定，金币可以自由铸造而银币不允许自由铸造，并且金币与银币可以固定的比例兑换。实际上，银币已经降为附属于金币的地位，起着辅币的作用。跛行本位制只是复本位制向金本位制过渡的一种中间形式而已。

（3）金本位制。金本位制是以黄金为本位币的相对稳定的一种货币制度，其内在特征保证了货币价值对内和对外的稳定，从而促进了商品生产的发展和商品流通的扩大。它在金属货币制度中占有重要地位。金本位有金币本位制、金块本位制、金汇兑本位制三种形式，金币本位制是典型的形式。

1）金币本位制。19世纪中叶到第一次世界大战前，主要资本主义国家均采用金币本位制。其特点是：

① 金币可以自由铸造、自由熔化，具有无限法偿能力。其他金属铸币则限制铸造。金币的自由铸造、自由熔化能够自发调节流通中的货币量，保证金币的币值与其所含黄金的价值一致，使金币币值与实际价值相符。

② 流通中的辅币与银行券等可以自由兑换金币。

③ 黄金可以自由地输出和输入国境，黄金的自由输出和输入可保持外汇行市的相对稳

定，有利于国际贸易的顺利开展。

2）金块本位制。金块本位制又称"生金本位制"，是指没有金币的铸造和流通，而由中央银行发行以金块为准备的纸币流通的货币制度。它与金币本位制的区别有：

① 金块本位制是以纸币或银行券作为流通货币，不再铸造、流通金币，但金币仍为本位货币，货币单位仍规定含金量。

② 金块本位制不再像金币本位制那样实行辅币和价值符号同黄金的自由兑换，而是规定黄金由政府集中储存，居民只有用一定数额以上的银行券或纸币才能兑换金块。例如，英国1925年规定至少需要1 700英镑的银行券才允许兑换一次金块，这样高的限额对于大多数人来说是达不到的。英国、法国、比利时、荷兰等国在1924—1928年就是实行这种金块本位制。

3）金汇兑本位制。金汇兑本位制也称"虚金本位制"，是指以银行券作为流通货币，通过外汇间接兑换黄金的货币制度。实行这种货币制度的国家，货币不再与黄金直接发生关系，但选择一个关系密切的金本位国家，将本国货币与金本位国家的货币确定固定的比价，同时将黄金与外汇存于该金本位国家，作为汇兑基金，并随时按固定价格买卖外汇，以此维持汇率的稳定。本国居民不能用银行券直接兑换黄金，只能通过兑换外汇，从而间接兑换黄金。采用这种币制，必然使本国货币依附于与之相联系的国家的货币，本质上是一种附属的货币制度。

2. 不兑现的信用货币制度

不兑现的信用货币制度又称纸币本位制，是指以政府或中央银行发行的不兑换黄金的信用货币作为法定货币。金本位制崩溃后，流通中的银行券丧失了直接或间接地与黄金兑换的条件，被不兑现的纸币所代替。纸币的流通是以国家信用为后盾，靠国家法律强制流通的无限法偿货币，一般由中央银行发行。

不兑现的信用货币制度的优点有：①货币供应不受金银数量的限制，具有较大的伸缩性，它可以根据经济发展需要做出调节，对于稳定经济发展具有重大意义。②纸币与贵金属脱钩，纸币对外汇率也不受国际贵金属价格的影响，通过调节本国货币供应量，可以对国内经济发展和国际收支进行调节。③纸币的制作成本低，便于流通和携带。

不兑现的信用货币制度也存在明显的缺点：①由于纸币供应不受黄金准备限制，供给弹性大。有些国家为了弥补赤字，往往超量发行纸币，导致纸币贬值甚至通货膨胀，危及社会经济的安全与稳定。②各国纸币与贵金属脱钩，这使得各国货币对外汇率变化波动较大，从而影响国际贸易发展与国际资本的流动。③纸币本位制的管理操作依赖于政府有效的管理控制，成功与否与管理者的知识经验与判断决策能力直接相关，过多的人为因素往往使纸币本位制产生不稳定的因素。

5.3.3 我国的人民币制度

我国现行的人民币制度是一种不兑现的信用货币制度，人民币是我国的法定货币，人民币既不与金银挂钩，也不依附于任何一种外国的货币。我国人民币制度是独立自主的、统一的、稳定的货币制度。其内容主要包括人民币的单位、发行、流通、黄金外汇储备、汇率以及保护国家货币的规定等。

人民币制度有以下几个基本特点：

（1）人民币是集中统一的货币。中华人民共和国的法定货币是人民币。中国人民银行以国家信用作保证发行人民币。中国人民银行根据国家授权统一掌管人民币，负责集中统一印制和发行人民币，管理人民币流通。法律保护人民币，任何损害人民币的行为，都将受到法律的制裁。

（2）人民币是相对稳定的货币。人民币是一种不兑现的信用货币，没有法定的含金量，依靠充分的物资保证和不断增加的金融储备作为币值稳定的坚强后盾。但是，人民币是受纸币流通规律所制约的，在一定情况下也会出现通货膨胀的危险，所以，人民币的稳定是相对的，这就要求将"稳定币值"突出地放在货币政策目标的首位。

（3）人民币采取主辅币流通结构。人民币主币的"元"是我国经济生活中法定计价、结算的货币单位，具有无限法偿能力，无论每次支付数额多大，任何单位、个人都不得拒绝。辅币是有限法偿货币，供日常零星使用。在流通中，两者的比例应根据商品流通的客观需要，以满足金额大小不同的购买支付需要。

讨论与提升

人民币的发行

1948年12月1日，中国人民银行发行第一套人民币，共12种券别，62种版别。

1955年3月1日中国人民银行发行第二套人民币，主币有1元、2元、3元、5元、10元5种，辅币有1分、2分、5分、1角、2角、5角6种，共计11种券别。为便于流通，国务院于1957年12月1日起发行了1分、2分、5分3种金属分币，自此我国进入了纸、金属币混合流通阶段。

第三套人民币于1962年4月20日起陆续发行，共有1角、2角、5角、1元、2元、5元、10元7种券别，13种版别；1980年4月15日起，增加发行了1角、2角、5角和1元4种金属币。

从1987年4月27日起陆续发行的第四套人民币，共有主币1元、2元、5元、10元、50元、100元6种券别，辅币1角、2角、5角3种券别。从1992年6月1日起发行了新版1角、5角、1元金属币。

从1999年10月1日起陆续发行的第五套人民币，包括100元、50元、20元、10元、5元、1元、5角、1角8种面额，适应了改革开放以来我国经济飞速发展对货币流通的要求，是我国货币制度建设的一件大事，是对我国货币制度的进一步完善和发展。

2005年8月，为提升防伪技术和印制质量，中国人民银行发行了2005年版第五套人民币。2005年版第五套人民币100元纸币发行十年后，自动售货设备和现金自动处理对人民币的机读性能提出了更高要求。为此，中国人民银行决定发行2015年版第五套人民币100元纸币，在保持规格、主图案、主色调等与2005年版第五套人民币100元纸币不变的前提下，对票面图案、防伪特征及其布局进行了调整，提高了机读性能，同时还采用了先进的公众防伪技术。

问题讨论

你知道如何正确使用人民币吗？

总结与提高

中华人民共和国的法定货币是人民币。以人民币支付中华人民共和国境内的一切公共的和私人的债务，任何单位和个人不得拒收。任何单位和个人都应当爱护人民币。禁止损害人民币和妨碍人民币流通；禁止故意毁损人民币；禁止制作、仿制、买卖人民币图样；禁止未经中国人民银行批准，在宣传品、出版物或者其他商品上使用人民币图样；禁止在祭祀用品、生活用品、票券上使用人民币图样；禁止伪造、变造人民币。

模块小结

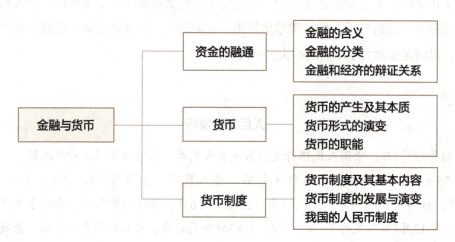

复习思考题

一、单项选择题

1. 与货币的出现紧密相连的是（　　）。
   A. 金银的稀缺性　　B. 商品交换的产生与发展
   C. 国家的强制力　　D. 先哲的智慧
2. 商品价值形式最终演变的结果是（　　）。
   A. 简单价值形式　　B. 扩大价值形式
   C. 一般价值形式　　D. 货币价值形式
3. 当今世界各国普遍采用的货币形态是（　　）。
   A. 实物货币　　B. 金属货币　　C. 代用货币　　D. 信用货币
4. 在下列货币制度中，"劣币驱逐良币"的规律出现在（　　）。

A. 金本位制 B. 银本位制
   C. 金银复本位制 D. 金汇兑本位制

5. 代用货币与信用货币的区别在于（　　）。
   A. 货币的材质是否是纸质 B. 是否可以铸造
   C. 是否有十足的贵金属准备 D. 自身价值和货币面值是否一致

6. 在金属货币流通的条件下，单位货币的法定含金量被作为（　　）。
   A. 货币的价格标准 B. 货币单位
   C. 货币名称 D. 货币材料

7. 典型的金本位制是（　　）。
   A. 金块本位制 B. 金汇兑本位制
   C. 虚金本位制 D. 金币本位制

8. 在偿还债务中发挥作用的主要货币职能是（　　）。
   A. 价值尺度 B. 流通手段 C. 支付手段 D. 储藏手段

9. 货币执行（　　）职能时可以采用观念上的货币，而不必采用现实的货币。
   A. 价值尺度 B. 流通手段
   C. 支付手段 D. 储藏手段

10. 马克思认为货币的本质特征是充当（　　）。
    A. 特殊等价物 B. 一般等价物
    C. 普通商品 D. 特殊商品

二、多项选择题

1. 一般而言，要求作为货币的商品具有（　　）的特征。
   A. 价值比较高 B. 金属的一种
   C. 易于分割 D. 易于保存
   E. 便于携带

2. 最早出现的实物货币形态包括（　　）。
   A. 贝壳 B. 黄金 C. 白银 D. 铜铁
   E. 牲畜

3. 信用货币制度的特点有（　　）。
   A. 黄金作为货币发行的准备 B. 贵金属非货币化
   C. 国家强制力保证货币的流通 D. 金银储备保证货币的可兑换性
   E. 货币发行通过信用渠道

4. 货币支付手段职能发挥作用的情形有（　　）。
   A. 赋税 B. 各种劳动报酬
   C. 国家财政 D. 银行信用
   E. 房租

5. 下列对本位币的理解，正确的有（　　）。
   A. 本位币是一国的基本通货　　B. 本位币具有有限法偿性
   C. 本位币具有无限法偿性　　　D. 本位币的最小规格是一个货币单位
   E. 货币本位制度的名称取决于本位币币材的名称

三、问答题

1. 金融活动有哪些类型？
2. 货币的本质是什么？货币的形态有哪些？
3. 货币制度包括哪些内容？
4. 不兑现的信用货币制度有哪些优缺点？

四、案例分析

1715年，法王路易十四去世。在他在位时期，频繁的对外战争、庞大的宫廷开支和包税人制度使得法国财政濒于破产。在他死后掌管法国的摄政王奥尔良公爵，为了还清路易十四生前留下的财政窟窿，伤透了脑筋。这时约翰·劳出现了，他说纸币可以带来繁荣，可以轻松地还清债务。奥尔良公爵立刻听从了约翰·劳的建议，授权他组建劳氏银行，开始发行纸币。开业初期，约翰·劳坚守承诺，任何一家劳氏银行发行的纸币都可以立刻兑换相当于面值的金币。老百姓因此相信他的纸币是有价值的，于是争相持有。可是，到了后来，法国政府顶不住增发纸币的诱惑，纸币泛滥成灾。1720年的某天，人们发现纸币的面值已经超过了全国金属硬币总和的一倍还多，纸币崩溃了，不得不全数被折价收回，重新流通金属硬币。无数人遭受巨大损失。约翰·劳逃到了意大利，于1729年死在威尼斯。

问题：请问约翰·劳的这次纸币发行为什么会失败？

 技能实训

货币的产生

通过情景模拟再现，理解货币产生的过程，解释货币产生的原因。

1. 假想不同时期的商品交易环境。
2. 设定多个不同类型的商品交易主体。
3. 模拟不同时期的完整交易过程。
4. 总结各个时期交易得以顺利进行需要的条件。
5. 总结货币产生的过程、货币的职能。
6. 分析人民币的货币职能。
7. 将实训所得结果填写在实训报告上。
8. 组织各小组汇报和讨论。

模块 6

金融的逻辑起点
——信用与利息

学习目标

知识目标

- 理解各种信用形式及其在经济活动中的作用。
- 掌握信用、各种信用形式的含义及信用活动的构成要素。
- 了解利息的来源,掌握利息的本质,熟悉利息的计算方法。
- 掌握利率的种类,利率在经济运行中的作用。
- 理解影响利率水平高低的各种因素。

能力目标

- 能够运用信用的基本知识正确解释现代经济是信用经济。
- 能够依据信用形式的基本理论分析、解释和判断现实社会中的不同信用形式。
- 能够分析利率在经济现象中的影响与作用。

素质目标

- 树立正确消费观,立志做有理想、敢担当、能吃苦、肯奋斗的新时代好青年。
- 增强学生诚信意识。

> **模块引例**

树立正确消费观　信用消费量力而行

近年来，各类信用消费客户群体中80后、90后甚至00后占比日渐增多，客户群的改变也在引发消费观念的转变，年轻一代消费者更容易接受贷款消费观念，更加愿意通过消费借贷将未来的现金流折到当期使用，以提高当前的效用水平。这种消费观念的改变，能够提高各类耐用生活用品信贷的规模，对汽车、家电、手机等行业而言，促进了销售，有利于资金回笼、减轻库存压力，保障行业运行良性循环。对消费者个人而言也可以提高生活层次，改善生活质量。但是，在看到信用消费的有利方面的同时，一定也要警惕消费信用带来的风险。比如汽车销售，品牌繁多、价格高低差别巨大，消费信贷往往金额较高，一旦出现信用违约，不但对放款机构造成损失，对消费者的负面影响更大。诸多案例显示，一些年轻人出于争面子、攀比消费、奢侈享受等原因，超前消费，购买豪车，盲目申请贷款，造成严重信贷风险，扰乱了金融市场秩序，使个人和家庭债台高筑，无力偿还本息，车辆被依法扣押拍卖，个别极端案例甚至引发生命悲剧，这些必须引起足够重视。作为青年学生，尤其要树立正确消费观，量入为出、适度消费、避免盲从、理性消费，各类生活用品的购买，要适合自己的需要，科学进行消费信用的收益与风险分析，养成勤俭节约、艰苦奋斗的优良作风。

6.1 从房屋按揭贷款被拒谈起

> **案例引入**

市民郝小姐在一家银行申请房屋按揭贷款时被拒绝了，银行工作人员说她的信用报告上有不良记录，所以不能发放贷款。郝小姐赶忙来到中国人民银行查了个人信用报告，并没有发现"不良"字样，郝小姐很疑惑为什么银行说她信用不良。

郝小姐向中国人民银行工作人员咨询，工作人员告诉她，个人信用报告是客观记录个人信用活动的文件，并不对信用优劣做评价。中国人民银行征信中心以客观、中立的原则对采集到的信息进行汇总、整合，既不制造信息，也不对个人的信用行为进行评判，所以在信用报告中不会出现"良"或"不良"的字样。比如，某人有一笔贷款逾期几天未还，信用报告中将记载为这笔贷款逾期（主要体现在"当前逾期期数""当前逾期总额""24个月还款状态""逾期31~60天未归还贷款本金"等项目），而不会记载有"此人逾期还款，记录不良"等字样，所以在信用报告中是找不到所谓的"不良记录"的。

在个人申请贷款时，银行的工作人员可能会说"因为你有不良记录，所以不能贷"，这实际上是银行工作人员根据信用报告中的客观历史记录，如"24个月还款状态"栏记载着您曾连续3个月出现逾期还款现象，如"累计逾期次数"栏记载着您曾累计5次逾期还款等，按照该行的信贷政策、审核标准等，对申请人的信用状况做出的判断。各银行的判断标准不尽相同，对同一个人的信用状况可能做出不同的评判。

请思考： 什么是信用？住房按揭是一种什么形式的信用？郝小姐贷款为何被拒？信用形式到底有哪些？

知识解读

信用和货币一样，既是一个古老的经济范畴，又是金融学中一个十分重要的概念，它是商品经济发展到一定阶段的产物，在现代经济生活中，信用关系是极为重要的经济关系，已经渗透到社会生活的各个方面。

6.1.1 信用概述

1. 信用的含义

信用一词源于拉丁文"credo"，意思为信任、相信、声誉等。《辞海》（1979年版）对信用的解释：信用是指遵守诺言，实践成约，从而取得别人的信任。不同的研究角度对信用有不同的解释。在金融学中，信用的含义则不限于此，它包含更深、更广的含义，并有其作为经济范畴的特征。

信用基本知识

这里讨论的是经济意义上的信用，它是指以偿还和付息为条件的商品或货币的借贷行为。这种借贷行为包含价值运动的两个侧面，即以偿还、付息为条件的获得和以收回为条件的出让。

2. 信用的特征

信用作为商品货币经济的范畴，不论其形式如何，都具有以下共同特征：

（1）信用以互相信任为基础。信用作为一种交易行为和交易方式，必须以交易双方互相信任为条件，如果交易双方互相不信任或出现信任危机，信用关系是不可能发生的，即使发生了，也不可能长久持续下去。

（2）信用是有条件的，即偿还本金和支付利息。信用资金的借贷不是无偿的，而是以还本付息为条件的。信用关系一旦确定，债务人将承担按期还本付息的义务，债权人将拥有按期回收本息的权利。利息额的多少与本金额的大小及信用期限的长短紧密相关。一般来讲，本金越大，信用期限越长，需要支付的利息就越多。

（3）信用是价值运动的特殊形式。价值运动的一般形式是通过商品的直接买卖关系来实现的。在买卖过程中，一般卖者让渡商品的所有权和使用权，取得货币的所有权和使用权；而买者刚好相反。信用关系所引起的价值运动是通过一系列借贷、偿还、支付过程来实现的，信用关系存续期间，信用标的的所有权和使用权是分离的。贷出方只暂时转移或让渡商品或货币的使用权，所有权仍掌握在信用提供者手里；相应地，借入者只有暂时使用商品或货币的权利，并不能取得商品或货币的所有权。同时，从当期看，信用是价值单方面的转移，且偿还时是非等额回流，即超值归还。当信用关系结束时，信用标的所有权和使用权才统一在原信用提供者手里。

（4）信用以收益最大化为目标。信用关系赖以存在的借贷行为是借贷双方追求收益最大化或成本最小化的结果。不论是实物借贷还是货币借贷，债权人将闲置资金（实物）借出，都是为了获取闲置资金（实物）的最大收益，避免资金闲置所造成的浪费；债务人借入所需资金或实物同样是为了扩大经营或避免资金不足所造成的经营中断，从而获取最大收益。

6.1.2 信用的构成要素

信用关系主要由下列要素构成：

1. 债权、债务

信用关系要得以确立，至少应有两个当事人，即借入的债务人（也称受信方）和贷出的债权人（也称授信方）。授信者是信用的提供者，拥有到期要求债务人归还本金和利息的权利；而受信者是信用的接受者，应履行到期还款和付息的义务。可见，债权、债务关系构成信用的基本要素。离开了债权、债务关系，就无所谓信用。

2. 时间间隔

信用关系不同于买卖关系。买卖关系是一手交钱，一手交货，钱货两清，价值同时相向运动，不存在时间间隔。而信用是价值运动的特殊形式，这种特殊性的表现之一就是价值在不同时间的相向运动，存在时间间隔即借贷期限，因此，时间间隔是信用的又一要素。

3. 信用工具

信用工具是债权、债务关系的载体。早期信用多用口头约定来确立债权、债务关系，尽管有简便、灵活的特点，但口说无凭，容易引起争执。后来就发展为通过书面签约记载双方的债权、债务关系。这种用来证明债权、债务关系并具有法律效力的书面文件，就是信用工具。信用工具不但可用来确定信用关系，同时也便于信用关系的转移，是现代经济条件下信用的必备要素。

4. 利率

信用作为价值运动的特殊形式，其特殊性还表现在借贷期结束后，流回的价值要高于当初流出的价值，这高出的部分就是授信者得到的回报，即利息。在确定信用关系时一般要同时确定利息与借贷本金的比率，即利率，所以说利率也是信用的重要因素。

> **讨论与提升**
>
> **信用与诚信**
>
> "信用"一方面的含义属于经济范畴，即是一种以到期还本付息为条件的单方面的价值转移。另一方面"信用"一词也是属于社会伦理学的范畴词汇，是诚信，守诺言，不欺诈的意思。通俗地说，就是说话算数，有约必践。人们针对假冒伪劣、坑蒙拐骗等现象所指出的"信用缺失""信用失范"等问题中的"信用"，其实就是这层含义的信用。

"信用"这两方面的含义是紧密联系的。如果行为主体不诚实守信,不守诺言,欺诈成性,那么就很难想象作为以偿还为条件的单方面价值转移形式的信用会广泛存在,逃废债权、赖账不还就是行为主体不诚信、不守诺言的后果,结果造成银行惧贷,企业不敢赊账。现代市场经济配置资源的机制,离不开发达的信用机制的广泛运用。比如上市公司和中介机构造假欺骗投资者,严重挫伤了投资者的积极性,进而影响了资本市场的发展,对经济的健康运行也造成了不良后果,因而上市公司和中介机构的诚信问题得到了广泛的重视。

> **问题讨论**
> 我们如何在工作与生活中提高诚信意识和信用水平,践行诚信建设?

> **总结与提高**
> 对单个主体而言,作为信用体现的"信誉""守信"以及"诚信"等,也是一种能给自己带来价值的无形资产。诚信既是中华优秀传统文化在长期实践中所积累的精神财富,也是社会主义核心价值观的一项基本内容。

6.1.3 信用形式

1. 商业信用

(1)商业信用的含义及其特点。商业信用是指企业之间相互提供的、与商品交易相联系的信用。其具体形式有赊销商品、分期付款、委托代销、预付定金、预付货款等,归纳起来主要有赊销和预付两大类,其中赊销是商业信用的典型形式。

商业信用

商业信用具有以下特点:①商业信用的参与主体是各种类型的企业,即债权人和债务人都是企业。商业信用是以商品形式提供的信用,不仅债务人是从事商品生产或流通的企业,债权人也必须是从事商品生产或流通的企业。②商业信用发生在商品流通过程之中,直接服务于商品生产和流通。商业信用是在企业购销活动中发生的一种信用形式。在当今社会化大生产过程中,各个企业生产经营活动的联系更加紧密,相互依赖的程度更深。对于企业来说,商品销售是重要一环,但购货方常常没有足够的资金从而无力支付货款。在这种情况下,销货方可以采用赊销的方式向购货方提供商业信用实现销售,购货方按双方约定的期限及利息补偿进行还款,结果是双赢,应当说,商业信用润滑加速了商品生产和流通的过程,有利于促进经济增长。③商业信用是买卖行为和借贷行为的统一,是企业之间以商品形态提供的信用,在这一过程中包含着两个同时发生的经济行为——买卖行为和借贷行为。授信企业与受信企业之间既是借贷关系,又是买卖关系,借贷行为是建立在商品买卖基础上的,没有商品买卖,就不存在商业信用。

(2)商业信用的局限。商业信用虽然在促成买卖双方成交,润滑整个生产流通过程,促进经济等方面有明显作用而被广泛应用于商品推销和国际贸易领域,但其局限性也不应忽视。商业信用的局限性主要表现在:①商业信用的规模受到授信企业所拥有的货物与资金数量的限制。②商业信用在授信方向上受到限制。一般情况下，只能是生产企业向商业企业、批发企业向零售企业、上游企业向下游企业等提供信用，而不能相反。③商业信用范围受到限制。商业信用只适用于有经济业务联系的企业之间相互提供，这样就限制了商业信用的适用范围。④商业信用的期限受到限制。商业信用提供的主体是工商企业，工商企业的生产和经营要循环往复地进行下去，其资金就不能长期被他人占用，否则，就有可能使生产中断。因此，商业信用只能解决短期资金通融的需要。⑤增加了政府宏观调控的难度。商业信用是企业间自发分散地进行的，国家难以直接控制和掌握它的规模和发展方向，当货币政策当局估计不足时，易造成过多的货币投放，引起通货膨胀；而当货币政策当局估计过高时，易造成货币投放不足，引起通货紧缩。

延伸阅读

广州十三行

清代的广州十三行是我国最早因商业信用而成功的商行。十三行中以同文行、广利行、怡和行、义成行最为著名，其贸易对象包括外洋、本港和海南三部分内容，经营出海贸易的称为海南行。广州十三行成为有清一代与两淮盐商、山西晋商三强并立的行商集团。

在清代，外商洋行受严格限制，例如：外商与中国官府交涉，必须由十三行作中介，番妇不得来广州，外商不得坐轿，外商不得学汉文等。因官办的商行，诸多舞弊，而十三行价格统一，货不掺假，不欺诈，有良好商业信用，外商要中国商人代办手续，多通过十三行。美国商人亨特在《广州"番鬼"录》中说："由于与被指定同我们做生意的中国人交易的便利，以及他们众所周知的诚实，都使我们形成一种对人身和财产的绝对安全感。"而其中所提及的"众所周知的诚实"即是商业信用最早的定义。

2. 银行信用

（1）银行信用的含义及其特点。银行信用是银行等金融机构以货币形式向其他经济个体（企业、单位、个人）提供的信用。其表现形式主要是银行吸收存款和银行发放贷款。银行信用是在商业信用基础之上发展起来的一种更高层次的信用，它和商业信用共同构成了经济社会信用体系的主体。

银行信用具有以下特点：①银行信用是以货币形式提供的，具有灵活性。银行信用的借贷对象是货币，银行将分散的小额货币以存款等方式聚积成巨额的信贷资金，再以贷款等方式提供给资金短缺的企业、单位和个人，它不受方向、使用范围及数量的限制，具有范围广、规模大、灵活性强的特点。②银行信用具有间接性。银行的主要业务是存贷款业务，银行一方面以债务人的身份从社会上广泛吸收存款，一方面又以债权人的身份通过存款聚集的资金向企业、单位和个人贷放，从而成为社会的信用中介。③银行信用具有广泛的可接受性。银行等金融机构具有很高的社会信用声誉，债务凭证具有广泛的可接受性，因而银行信用对经济发展具有更大的促进作用。④银行信用具有创造货币的功能。任何经济单位都必须先获得商品或货币，然后才能提供信用，唯有银行不仅能从社会上吸收存款，而且还可以派生存款，创造自身的资金来源。

（2）银行信用的地位与作用。银行信用是商业信用发展到一定阶段后产生的，它克服了商业信用的局限性，具有规模大、成本低、风险小的优势；银行作为专门的信用中介机构，具有较强的专业能力来识别与防范风险；银行不仅能提供信用，而且能够创造信用，对商品经济的发展有巨大的推动作用。就我国目前的信用体系而言，银行信用是主体，居于核心地位，其他信用形式都不同程度地依赖银行信用。

延伸阅读

助力实体经济发展"加速度"

金融是实体经济的血脉，为实体经济服务是金融的天职，是金融的宗旨，也是防范金融风险的根本举措。长期以来，某农商银行始终以本土银行的使命感和责任感，在支农支小支微、服务实体经济、助力乡村振兴等方面，不遗余力地发挥金融服务主力军作用，以源源不断的"金融活水"，助力实体经济加速发展。

其主要做法有：

精准惠农，服务乡村振兴。创新推进"农金普惠1+1"活动，做实做细农金普惠服务站建设和农金助理的选聘，搭建好"农金普惠1+1"平台，打造标准化、特色化的农金普惠服务站，进一步夯实农村市场根基。投放涉农贷款占一般贷款比重在94%以上。

助企纾困，支持实体经济。认真落实国家惠企纾困政策，适时推出"金燕连续贷""金燕纾困贷""金燕帮扶贷""金燕承接贷"等10余款助力复工复产产品。截至2021年年末，发放企业复工复产贷款81.27亿元，对980家、8亿元的普惠小微企业贷款，实施延期还本付息政策，有力支持企业的发展和农村经济的繁荣。

支持小微，优化营商环境，不断优化贷款审批流程。在风险可控的基础上，对小微企业信贷业务进一步简化流程、提升效能。将100万元以下的小微企业贷款实行电子征信档案管理。通过推出限时服务承诺、建立评审快速响应机制、开通专门绿色审批通道、制定优化授权方案等措施，提高审批效率。

3. 国家信用

国家信用是指以国家及其附属机构作为债务人或债权人、依据信用原则向社会公众和国外政府举债或向债务国放债的一种形式。

在现代社会中，国家信用主要表现为国家作为债务人的负债行为，若债权人是国内的企业单位、公民，则为国内信用，也称作国家的内债；若债权人是国外政府、企业、公民，则为国际信用，也称作国家的外债；国内信用是其主要的构成部分。

国家信用在现代经济生活中起着积极的作用：国家信用是弥补财政赤字、解决政府困难的较好途径。财政赤字的出现是各国经济运行过程中的常态。解决财政赤字的途径有三种，即增加税收、向中央银行借款和向社会举债。增加税收不仅要经过严格的立法程序，而且容易引起公众不满，抑制投资和消费；向中央银行借款或透支将直接导致货币供给增加，容易引发通货膨胀，况且大多数国家的中央银行法禁止政府从银行透支；政府向社会举债，只是部分社会资金使用权由非政府部门转移到政府部门，有借有还，有经济补偿，一般不会产生副作用。因此，发行国债弥补财政赤字成为当今各国的通行做法。另外，国家信用是政府实施宏观调控的重要手段。一方面，政府可以利用国家信用调节社会总需求，如在经济增长的滞缓阶段，通过增发国债及投资，增加并带动社会投资需求乃至消费需求的扩大，从而拉动经济增长；另一方面，政府可以利用国家信用调节投资方向，如政府将长期国债收入投资于市场不愿配置资源的一些投资大、周期长、利润回报率低、风险大的基础性产业，通过优化投资结构达到优化经济结构的目的。

4. 个人信用

（1）个人信用的含义及其发挥作用的两个支点。个人信用指的是基于信任、通过一定的协议或契约提供给自然人（及其家庭）的信用，使得接受信用的个人不用付现就可以获得商品或服务，它不仅包括用于个人或家庭消费用途的信用交易，也包括用于个人投资、创业以及生产经营的信用。个人信用制度则是关于个人信用交易的规则体系。

个人信用制度要发挥作用需要两个支点：完善的个人信用调查机制和规范的个人资信评估机制。个人信用调查是开展个人信用业务活动的基础。个人资信档案的资料来源于两个方面：一方面是借款人向银行申请贷款时提交的贷款申请表，包括贷款历史、居住状况、收入情况、婚姻状况等方面的信息；另一方面是信用管理的专门机构提供的与借款人信用有关的资料，包括未偿还债务记录、信用卡透支状况、在其他金融机构的贷款记录等。其中居民应用量最大的信用卡资料是极为重要和全面的。

而对个人消费信贷进行评估是个人资信档案的应用和深化，也是消费者获得银行贷款的必经步骤。在国外，银行一般采取主观判断法和信用评分的数量分析法。数量分析法是在一个信用评分的模式上对贷款申请划分等级进行评分。在实际操作中，主观判断法和数量分析法通常相互结合运用，互为补充。其中数量分析法中最重要的是对"支付能力"的评定。"支付能力"指两个方面：一是收入，主要是指稳定的、足够的收入来源，包括专职工作收入、兼职工作收入、投资收入等，这是个人信用评定的基础；二是现金流量，即支出与收入的比率，个人支出包括其他未付账款的月平均额、房租、赡养费、抚养费等，这些月支出的总和与月收入的总和比率在40%以下，则认为借款者有足够的能力偿还贷款。

（2）个人信用形式。个人信用可以表现为个人经营信用和个人消费信用两种形式。个人经营信用是企业信用的人格化和具体化，是企业信用关系在经营者个人身上的集中反映。个人消费信用是指个人以赊账方式向商业企业购买商品，包括金融机构向个人提供的消费信贷。个人消费信用的对象主要是耐用消费品，如房屋、汽车、家具、电器等，甚至包括教育、医疗及各种劳务。

银行提供的消费信用通常采用以下两种形式：一种是直接消费信用，另一种是间接消费信用。直接消费信用即直接贷款给消费者，用于购买商品和支付各种劳务；间接消费信用即向消费者间接提供信用，具体做法是：先由银行同以信用方式出售商品的企业或商店签订贷款合同，然后银行将贷款资金付给企业，以后由消费者分期偿还银行贷款。这种消费信用一般是中期的。此外，银行和其他金融机构贷款给个人用于购买或建造住房也是一种消费信用，属长期消费信用。

消费信用按贷款用途，可以分为分期付款的消费信用和非分期付款的消费信用两大类。

1）分期付款的消费信用。分期付款的消费信用是指消费者所欠的购货款按周、按月或按年偿还的消费信用。最常用的分期付款消费信用是用于购买汽车和住房。分期付款消费信用的契约一般主要包括三个部分，即第一次支付现款的金额、契约的期限和利息费用。其中对消费者来说，最关心的是契约的期限，因为这与消费者每次的付款额直接相关；而对于贷款人来说，最关心的是第一次支付的现款额，因为这关系到贷款的安全。分期付款的消费信用的一般做法是：买者与贷款人签订契约后，先支付一笔现款；然后，根据契约所规定的期限和利率水平，分期偿还贷款，并支付利息。

如果一辆汽车的价格为300 000元，消费者先支付180 000元现金，其余的120 000元属于借款。假如借款期限为12个月，利息费用为4 800元，那么，消费者的借款加上利息共124 800元、分12个月偿还，每月偿还10 400元。如果消费者第一次支付现款的金额更大一些，或者契约的期限不是一年，而是更长一些，那么他每次按月偿还的金额就要小一些；反之，消费者每月偿还的金额就要多一些。除汽车和住房贷款以外，家具和家用电器等耐用消费品也广泛采用分期付款的方法销售。

2）非分期付款的消费信用。非分期付款的消费信用是指一次性整笔偿还所借款项的消费信用。它包括记账和劳务信贷。所谓记账，又称"赊购"。这种方法往往在消费者想要购买某一件商品，但又没有现款支付时采用。这是非分期付款的消费信用中最普通、最主要的方式。劳务信贷是电话、电力和煤气公司等公用事业部门向消费者提供的信用。例如，煤气公司在每月的月底发给用户一次账单，要求用户将本月的费用一次付清。这种劳务信贷对于借贷双方都可提供便利。

（3）我国消费信用的产生与发展。我国的信用消费始于20世纪50年代，随后信用消费一度被取消。银行以住房为突破口开展的信用消费起步于20世纪80年代，但在当时计划经济占主导地位、市场经济尚不发达的情况下，信用消费并不具备充分发展的经济基础和市场条件，因此信用消费品种单一、范围窄、规模小，仅处于萌芽和摸索阶段。20世纪90年代以来，我国经济快速发展，居民生活水平不断提高，在住房、汽车等领域出现了比较旺盛的需求。同时，随着买方市场的形成，消费需求不足成为制约经济增长的主要因素，政府采取多种措施扩大内需，信用消费作为刺激消费需求的有效手段得到重视和推广，各项旨在鼓励个人信用消费的政策、法律、法规相继出台。从提供信用消费的机构看，目前国内所有商业银行及信用合作社都已不同程度地开办了消费信用业务。从信用消费的品种看，经过近几十年的发展，形成了包括个人住房装修、汽车消费与信用卡消费、大额耐用消费品与教育助学、旅游与医疗贷款、个人综合消费与个人短期信用贷款及循环使用额度贷款等十几个大类、上百个品种的信用消费品种体系。

> **延伸阅读**
>
> **完善信用体系在构建高水平社会主义市场经济体制中的重要作用**
>
> 党的二十大报告明确提出，"构建高水平社会主义市场经济体制""完善产权保护、市场准入、公平竞争、社会信用等市场经济基础制度，优化营商环境。"这充分说明社会信用对市场经济体制很重要，是构建高水平社会主义市场经济体制的基础要素。同时，社会信用对构建新发展格局，推进高质量发展具有重要意义。党的十八大以来，我国社会信用体系建设取得了显著成效，社会信用体系架构基本形成，信用信息共享共用的全国枢纽已经贯通，行业信用管理持续推进，守信激励和失信惩戒机制的功能有效发挥，信用服务市场稳步发展，信用社会服务场景广泛开拓，政务、商务、社会和司法等领域的诚信水平明显提升。为深入贯彻落实"构建高水平社会主义市场经济体制"精神，信用制度的建设应以人民为中心的发展思想，出台社会信用法等信用法律法规，强化标准建设，发挥数据要素的基础性作用，形成从信用信息收集、归集、储存、加工、共享、开放到应用的全生命周期管理机制，加强信用信息系统建设，将诚信文化理念寄于制度、教育和信用管理之中，充分体现社会主义核心价值，将信用管理主体的素质、信用服务产业的发展置于重要位置。2022年3月，中共中央办公厅、国务院办公厅出台《关于推进社会信用体系建设高质量发展　促进形成新发展格局的意见》，着力推进信用理念、信用制度、信用手段与国民经济体系各方面各环节的深度融合，体现了社会信用体系对构建以国内大循环为主体、国内国际双循环相互促进新发展格局具有重要意义。

6.2 令人不可小觑的利率

> **案例引入**
>
> 假设某人准备为刚刚出生的孩子买一份人寿保险，保险公司需要投保人缴纳保险费1万元，并且承诺在60年后，也就是在孩子60岁的时候，一次性返还孩子10万元。如果银行存款年利率为5%，那么这份保险值得买吗？经过对比，现在的1万元，如果存在银行的话，60年后的本利和是18.679万元；60年后的10万元现值是5353.6元。这种保险的年利率不到4%。
>
> **请思考：** 利息和利率的本质是什么？利息和利率有什么作用？利息怎么计算呢？

> **知识解读**

前面我们学习了信用，信用不仅具有偿还性，还具有付息性，因此，在信用活动中，必然要涉及利息和利率的问题。利率问题是金融市场最基本、最核心的问题之一，几乎所有的金融现象都与利率有着或多或少的联系。

6.2.1 利息的含义及其本质

1. 利息的含义

利息是与信用密切相连的经济范畴，它是随着借贷行为的产生而产生的。在信用活动中，货币资金的所有者在不改变所有权的前提下，把他所持有的货币资金使用权在一定期限内让渡给需要货币的借入者。到期时，借入者不仅偿还借入的货币，而且还必须给货币资金的所有者一个增加额，这个增加额就是利息。对货币贷出者来说，利息是贷款人让渡货币资金使用权而获得的报酬；对货币借入者来说，利息是借款人取得货币资金使用权而付出的代价。利息成为货币资金使用权转让的必备条件。

2. 利息的本质

利息直接来源于利润。借贷资本家把货币作为资本贷放出去后，由职能资本家使用。职能资本家要么将它作为产业资本从事生产，要么将它作为商业资本从事流通。两种方式运动的结果，都能生产出利润。生产或流通过程结束后，职能资本家归还所借资本，并把利润的一部分支付给借贷资本家，作为使用借贷资本的报酬。

利息只是利润的一部分。利润不过是剩余价值的转化形态，在资本主义商品生产条件下，商品的价值（W）由三部分组成：即生产资料的价值（不变资本）c、用于补偿可变资本的价值v和工人创造的剩余价值m，即W=c+v+m。利润和剩余价值实质上是同一物，所不同的是剩余价值是相对于可变资本而言的，而利润则是相对于全部预付资本而言的。剩余价值是利润的本质，利润则是剩余价值的表现形式。利息对利润的分割也就是对剩余价值的分割。

6.2.2 利息的计量（货币时间价值）

1. 利息的计算制度

（1）单利制。用利息除以贷款额，所得即为单利率，通过这种计息方式利息不再生息，每期利息相等。

（2）复利制。将所得的利息作为新的本金继续计息，利息再生利息，各期利息不相等，这种计息方式是复利计息。

2. 终值和现值

（1）终值，又称将来值，是指现在的一定量资金在未来某一时点上的价值，俗称本利和。用字母 F 表示。

（2）现值，又称本金，是指未来某一时点上的一定量资金折合为现在的价值。用字母 P 表示。应该明确的问题是终值和现值在经济上是等价的。

3. 单利的终值和现值

（1）单利终值的计算。单利终值的计算公式为

$$F=P(1+ni)$$

式中，F 是本利和；P 是本金；n 是计息时期数；i 是利率。

终值和现值

（2）单利现值的计算。单利现值是单利终值的逆运算，其计算公式为

$$P=F/(1+ni)$$

式中，P是本金；F是本利和；n是计息时期数；i是利率。

单利的计算一般只运用于我国银行的计算。

4. 复利的终值和现值

（1）复利终值的计算。复利终值的计算公式为

$$F=P(1+i)^n$$

式中，F是本利和；P是本金；i是利率；n是计息时期数；$(1+i)^n$是复利终值系数，记为$(F/P, i, n)$。

[例4-1] 某人将10 000元投资于一项事业，年报酬率为6%，要求：计算第3年年末的期终金额为多少？

解： $F=10\,000\times(1+6\%)^3=10\,000\times1.191\,0=11\,910$（元）

（2）复利现值的计算。复利现值是复利终值的逆运算，其计算公式为

$$P=F/(1+i)^n=F(1+i)^{-n}$$

式中，P是本金；F是本利和；i是利息；n是计息时期数；$(1+i)^{-n}$是复利现值系数，记为$(P/F, i, n)$。

[例4-2] 某人拟在5年后要取出1 000元，假设银行存款利率为10%，按复利计息，请问：他现在应存入银行的本金为多少元？

解： $P=1\,000\times(1+10\%)^{-5}=1\,000\times0.621=621$（元）

> **延伸阅读**
>
> ## 72法则
>
> 金融学上有所谓的"72法则""71法则""70法则"和"69.3法则"，用于估计将投资倍增或减半所需的时间，反映出的是复利的结果。所谓的"72法则"，就是以1%的复利来计息，经过72年以后，本金会翻倍的规律。这个公式好用的地方在于它能以一推十，例如，利用8%年报酬率的投资工具，经过9年（72/8）本金就变成一倍；利用12%的投资工具，则要6年左右（72/12），就能让1元钱变成2元钱。
>
> 假设最初投资金额为100元，复息年利率为9%，利用"72法则"，将72除以9，得8，即需约8年时间，投资金额滚存至200元，而准确需时为8.043 2年。要估计货币的购买力减半所需时间，可以把与所应用的法则相应的数字，除以通胀率。若通胀率为3%，应用"72法则"，每单位货币的购买力减半的时间约为72/3，即24年。

6.2.3 利率体系

利率也称为利息率，表示一定时期内的利息额与贷出本金的比率。它反映了借贷资本或生息资本的增值程度，也是衡量利息水平高低的尺度。由于受到借贷资本供求的影响和利息

来源的制约，在资本主义信用制度下，借贷资本的运动决定了利息率的高低，它被限定在大于零与小于平均利润率之间，因为利息不能超越贷款人使用借贷资本而获得的利润。

利率的分类方式有很多，这里只介绍几种主要的利率分类方式。

1. 基准利率和非基准利率

根据利率体系的地位和作用，利率可划分为基准利率和非基准利率。基准利率是指在整个利率体系中处于关键地位、起决定作用的利率。它是带动和影响其他利率的利率，是决定利率政策和构成利率体系的中心环节，它的变动可预示利率体系的变动趋势，甚至在某种程度上影响人们的预期，具有告示效应。西方发达国家往往将再贴现率作为基准利率，即央行向其借款银行收取的利率。目前，我国的基准利率是指由中国人民银行对商业银行的再贷款利率。随着货币政策工具的转换，中央银行的再贴现率将逐步成为我国利率体系中的基准利率。非基准利率是指基准利率以外的所有利率。它在利率体系中不处于关键地位、不起决定性作用。当然，在所有非基准利率中，它们各自的地位和作用也是有一定区别的。

2. 年利率、月利率和日利率

根据计息期的不同，利率可划分为年利率、月利率和日利率。年利率（%）是以年为单位计算利息，月利率（‰）是以月为单位计算利息，日利率（‰₀）是以天为单位计算利息。它们三者之间的换算关系如下：

$$年利率 = 12 \times 月利率 = 360 \times 日利率$$

在我国，无论是年利率、月利率还是日利率，都习惯用"厘"做单位，如年息2.25厘是指2.25%，月息3厘是指3‰，日息2厘是指2‰₀。

3. 固定利率和浮动利率

根据借贷期内利率水平是否调整，利率可划分为固定利率和浮动利率。固定利率是指在整个借贷期限内都固定不变，不随市场利率变化而变化的利率。在贷款期限较短和预期市场利率变化不大的情况下，通常采用固定利率。但当贷款期限较长或市场利率变化较大时，很难预测利率变化趋势，借贷双方都可能要承担利率风险，因此，借贷双方通常都不愿意采用固定利率而喜欢采用浮动利率。浮动利率是指在借贷关系存续期内，可随市场变化定期进行调整的利率。采用浮动利率时，借款人在计算借款成本时要复杂一些，利息负担也不确定，但是，借贷双方承担的利率风险较小。

4. 市场利率、法定利率和公定利率

根据利率是否按市场规律自由变动，利率可划分为市场利率、法定利率和公定利率。市场利率是指由借贷资金的供求关系所决定的利率。当资金供大于求时，市场利率下跌；供小于求时，市场利率上升，资金的供求均衡点决定了市场利率。法定利率是指由政府金融管理部门或者中央银行确定的利率。法定利率是货币管理当局根据宏观经济运行状况和国际收支状况等来决定的，是国家调节经济的重要杠杆。公定利率是由金融机构或行业公会、协会（如银行公会、银行业协会等）按协商的办法确定的利率。这种利率只对参加该公会或协会的金融机构有约束作用，而对其他金融机构则没有约束力。但是，公定利率对整个市场利率有重要影响。我国目前的利率基本上是法定利率。

5. 实际利率和名义利率

根据利率与通货膨胀的关系，利率可划分为实际利率和名义利率。实际利率是指在物价不变、货币购买力不变条件下的利率，在通货膨胀情况下就是剔除通货膨胀因素后的利率。名义利率则是没有剔除通货膨胀因素的利率（借贷契约和有价值证券上载明的利率）。在出现通货膨胀时，名义利率提高了，但从实际购买力考察，利率实际上并没有增加或没有名义上增加的那么多。所以要得知实际利率的高低，必须先剔除通货膨胀的影响。

延伸阅读

生活中的负利率现象

所谓负利率，即物价指数（CPI）快速攀升，导致银行存款利率实际为负。银行存款利率还赶不上通货膨胀率就成了负利率。这时居民的银行存款随着时间的推移，购买力逐渐降低，看起来就好像在"缩水"一样，故被形象地称为负利率。在负利率的条件下，相对于储蓄，居民更愿意把自己拥有的财产通过各种其他理财渠道进行保值和增值，如购买股票、基金、外汇、黄金等。

实际利率=名义利率-通货膨胀率

负利率=银行利率-通货膨胀率（就是经常听到的CPI指数）

例如，20××年的3个月定期存款率是2.85%，20××年4月CPI为5.4%。

假设你在20××年年初存入1万元的3个月定期，存款到期后，你获得的银行利息为

$$10\,000 \times 2.85\% \times 90/360 = 285/4 = 71（元）$$

通货膨胀利息为

$$10\,000 \times 5.4\% \times 90/360 = 540/4 = 135（元）$$

71-135=-64（值为负值，即为负利率）。

也就是说，10 000元存在银行3个月，表面上增加了71元，实际上减少了64元。这样，你的10 000元3个月定期存款，实际收益为-64元。

6. 存款利率和贷款利率

根据存贷关系，利率可划分为存款利率和贷款利率。存款利率是指个人和单位在金融机构存款所获得的利息与其存款本金的比率。贷款利率是指金融机构向个人或单位发放贷款所收取的利息与其贷款本金的比率。银行等金融机构对个人和单位的存款要支付利息，对他们的贷款要收取利息。银行利用贷款获得的利息，支付存款的利息及其经营活动的费用，二者之间的差额构成银行的利润。

7. 一般利率与优惠利率

根据是否带有优惠性质，利率可划分为一般利率与优惠利率。优惠利率是指政府通过金融机构或金融机构本身对认为需要扶持或照顾的企业、行业所提供的低于一般利率水平的利率。我国目前的优惠利率主要是对老少边穷地区发展经济的贷款，对重点行业的基本建设贷款，出口贸易贷款等。一般利率则是指不带任何优惠性质的利率。

> **延伸阅读**
>
> **利率种类的交叉**
>
> 各种类型的利率之间是相互交叉的。如果3年期的居民储蓄存款利率为8.6%，则这一利率既是年利率，又是固定利率、长期利率与名义利率。各种利率之间以及内部都相互联系，彼此间保持相对结构，共同构成一个有机整体，从而形成一国的利率体系。

6.2.4 决定利率水平的一般因素

1. 社会平均利润率

利息是利润的一部分，平均利润率是决定利率的基本因素。社会平均利润率是指社会利润总额与社会实体投资总额的比率。在制定利率时，主要考虑企业的中等利润率水平，不能因少数企业利润低而降低利率，也不能按照少数高利润企业的水平而提高利率，而是要根据社会平均利润率制定利率。社会平均利润率越高，利率也就越高，但社会平均利润率是利率的最高量。利率不能高于社会平均利润率，只能低于社会平均利润率，但是无论如何也不能低于零。所以利率总是在社会平均利润率和零之间波动。

2. 资金供求状况

利率是资金使用权的"价格"。在成熟的市场经济条件下，利率水平主要是由资金的供求状况决定的。当资金供不应求时，利率会上升；反之，利率会下降。利率水平的高低反映资金的供求关系，同时也调节资金供求关系，利率政策是调节资金供求的重要手段。

3. 国家经济政策

国民经济是一个宏观运行的整体，无论是在市场经济还是在计划经济的国家里，为了协调全社会的整体利益，对利率水平和利率结构的确定及设计，是政府以利率杠杆调节经济的具体运用。政府要支持什么地区，支持什么产业，可以用低利率政策体现；相反，可以用高利率政策来限制，以贯彻"区别对待，择优扶植"的原则。政府要实行扩张性的经济政策可适当调低利率；反之，可以提高利率。

影响利率因素

4. 物价水平

银行存款利率低于物价上涨率，实际利率就会出现负值，人们在银行存款不但不会增值，还会使本金遭受损失，从而引起人们提取存款。所以，银行存款利率必须高于物价上涨率。物价上涨对银行贷款利率的影响也是显而易见的。如果贷款利率低于物价上涨率，则银行的实际收益将不断减少，甚至造成银行实际自有资本金减少，不利于银行正常的经营活动及经济核算；而贷款企业却可因此减轻债务负担，在物价不断上涨中获得额外收益，使企业产生贷款扩张的冲动，对缓解资金供求紧张的矛盾是十分不利的。所以，银行贷款利率也应高于物价上涨率。

5. 国际利率水平

在经济与金融全球化的今天，一个国家的利率水平必然受到国际利率水平的影响。当国内利率水平高于国际利率水平时，国外资本就会向国内流动，导致国内金融市场上资金供给增加，从而国内利率水平会下降，最终趋向于国际利率水平；反之，当国内利率水平低于国际利率水平时，国内资本就会外流，导致国内金融市场上资金供给减少，国内利率水平上升。当然，国际利率水平对一个国家利率水平的影响与一国的开放程度有关。一个国家开放程度越高，国际利率水平对其国内利率水平影响就越大。

影响利率变动的因素还有很多，如借贷风险、借贷期限、利率管制、税率和汇率等。任何一个时期的一项具体利率，总是由多种因素综合决定的。

6.2.5 利率的经济功能

市场经济可以说是一种信用经济。利息收付和利率的高低，涉及各方利益，因而它能够成为重要的经济杠杆，在经济生活中发挥着重要的作用。随着市场经济体制和信用制度的不断完善，利率的作用会不断地扩大。利率不仅影响企业，也涉及政府和个人。

1. 利率对微观经济活动的调节作用

（1）调节企业经济活动。首先，利率影响企业的投资决策。在其他条件不变的情况下，如果利率降低，可以减少企业生产成本中的利息支出，从而增加企业盈利，使得企业更加有利可图，于是刺激企业扩大投资、扩大生产。反之，如果提高利率，则会使企业减少投资，压缩生产规模。其次，利率能促使企业加强经济核算。为了降低成本，企业要减轻利息负担，从而不断加强经济核算，力求节约资金，加速资金周转，提高经营管理水平和资金使用效益。因此，如果企业经营管理不善，资金周转慢，贷款逾期不还，效益不佳，则会被市场经济所淘汰。

（2）调节个人和家庭经济活动。首先，利率能调节储蓄与消费之间的比例。人们获得的收入，通常不能全部用于当前的消费，为了应付未来的一些支出，必须将一部分收入储蓄起来。如果利率水平提高，会增强人们的储蓄愿望和热情，增加储蓄份额，相应减少当前消费的份额。反之，如果利率水平降低，会减弱人们储蓄的积极性。其次，利率能调节金融资产组合。对于个人和家庭来说，用于消费后的节余收入，既可以存入银行，也可以用于购买国债、企业债券、基金和股票等金融证券。利率可以影响人们对金融资产的选择。一般而言，当利率水平下降时，证券价格趋于上升，持有证券会给人们带来更多的收益，所以人们会减少银行存款的持有，而增加债券与股票的持有数量。当然，在进行金融资产之间的选择时，不但要考虑收益性，还要考虑安全性。但是收益往往是人们进行选择时所着重考虑的因素，所以，利率对家庭金融资产组合选择的调节作用比较大。

2. 利率对宏观经济活动的调节作用

（1）调节社会总供求。社会总需求与社会总供给保持基本平衡，是经济稳定发展的必要条件。利率既可以调节总需求，也可以调节总供给，使二者趋于平衡。一方面，利率的高低可以使总需求发生变化。在其他条件不变的情况下，调高利率可以使更多的社会闲散资金以存款方式集中到银行，从而推迟消费品社会购买力，减少了社会总需求；调低利率则相反。另一方面，利率也可以调节总供给。商品的总供给取决于生产主体对生产的投资规模。高利率不利于企业扩大投资规模，这样会增加生产成本，导致产品价格过高而影响销售和盈利，从而使商品供给减少。相反，调低利率，对企业投资具有刺激作用，企业减少生产成本中的利息支出，可以增加企业盈利，使企业有利可图而扩大投资规模，从而增加商品供给量。

（2）优化产业结构。利率作为资金的价格，会自发地引导资金从利润率低的部门流向利润率较高的部门，实现社会资源的优化配置。同时国家可以利用差别利率政策，对急需发展的农业、能源、交通运输等行业以及有关的企业和产品，适当降低利率或实行优惠利率政策，大力支持其发展；对需要限制发展的部门、企业及产品，适当提高利率，限制其发展，从而优化产业结构，实现经济结构的合理化。

（3）调节货币供给量。经济发展的良好环境是货币总供给与货币总需求基本相适应。货币供给量超过货币需求量出现物价上涨，货币出现贬值。利率调节货币总供给量主要体现在信用规模上。调高利率可以抑制信用需求，紧缩信用规模，减少货币量，达到稳定物价的目的，而调低利率会有相反的效果。

（4）平衡国际收支。当国际收支出现不平衡的时候，可以通过利率杠杆调节。例如，当国际收支出现比较严重的逆差时，可以将本国的利率水平调节到高于其他国家的程度，这样一方面可以阻止本国资金流向利率较高的其他国家，另一方面还可以吸引外资流入本国。但是，当国际收支逆差发生在国内经济衰退时期，则不宜采取调节利率的做法，而只能通过调整利率结构来平衡国际收支。

模块小结

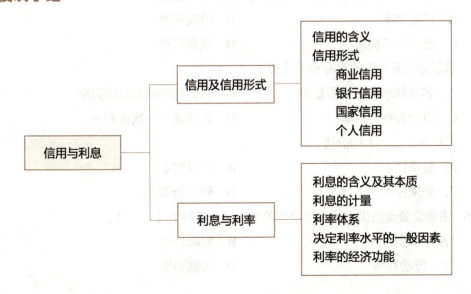

📋 **复习思考题**

一、单项选择题

1. 信用活动中，货币主要执行（　　）。
   A. 价值尺度职能　　　　　B. 支付手段职能
   C. 流通手段职能　　　　　D. 贮藏手段职能

2. 商业信用最典型的做法是（　　）。
   A. 商品批发　　　　　　　B. 商品代销
   C. 商品零售　　　　　　　D. 商品赊销

3. 国家信用的主要形式是（　　）。
   A. 发行政府债券　　　　　B. 短期借款
   C. 长期借款　　　　　　　D. 征税

4. 利用信用卡透支属于（　　）。
   A. 商业信用　　　　　　　B. 银行信用
   C. 国家信用　　　　　　　D. 消费信用

5. 决定利率的基本因素是（　　）。
   A. 社会平均利润率　　　　B. 供求和竞争
   C. 社会再生产状况　　　　D. 物价水平

6. （　　）表示一定时期内的利息额与贷出的本金之比率。它反映了借贷资本或生息资本的增值程度，也是衡量利息水平高低的尺度。
   A. 利率　　　　　　　　　B. 再贴现率
   C. 优惠利率　　　　　　　D. 法定存款准备金率

7. （　　）是指社会利润总额与社会实体投资总额的比率。
   A. 固定利率　　　　　　　B. 浮动利率
   C. 社会平均利润率　　　　D. 优惠利率

8. 通货膨胀条件下的实际利率是指（　　）。
   A. 名义利率加通货膨胀率　B. 名义利率减通货膨胀率
   C. 银行公布的利率　　　　D. 定期调整一次的利率

9. 利息是（　　）的价格。
   A. 货币资本　　　　　　　B. 借贷资本
   C. 外来资本　　　　　　　D. 银行资本

10. 由借贷资金的供求关系所决定的利率，一般称为（　　）。
    A. 市场利率　　　　　　　B. 实际利率
    C. 浮动利率　　　　　　　D. 差别利率

二、多项选择题

1. 下列属于银行信用的有（　　　）。
   A. 银行吸收个人存款　　　　　B. 银行购买国债
   C. 银行发行信用卡　　　　　　D. 银行给企业发放贷款
   E. 银行代理收费

2. 下列属于国家信用的有（　　　）。
   A. 政府发行债券　　　　　　　B. 政府从他国政府借款
   C. 政府从国际金融机构借款　　D. 政府降低税率
   E. 政府向贫困地区增加拨款

3. 商业信用的局限性主要表现在（　　　）。
   A. 商业信用的规模受到授信企业所拥有的货物与资金数量的限制
   B. 商业信用在授信方向上受到限制
   C. 商业信用范围受到限制
   D. 商业信用的期限受到限制
   E. 增加了政府宏观调控的难度

4. 国家信用是弥补财政赤字、解决政府困难的较好途径。解决财政赤字的途径有（　　　）。
   A. 增加税收　　　　　　　　　B. 向中央银行借款
   C. 向社会举债　　　　　　　　D. 政府向贫困地区增加拨款

5. 根据存贷关系，利率可划分为（　　　）。
   A. 存款利率　　　　　　　　　B. 贷款利率
   C. 再贷款利率　　　　　　　　D. 同业拆借利率

6. 利率的决定与影响因素有（　　　）。
   A. 社会平均利润率　　　　　　B. 资金供求状况
   C. 物价水平　　　　　　　　　D. 国际利率水平
   E. 国家经济政策

7. 利率对经济的宏观作用表现在（　　　）。
   A. 稳定物价　　　　　　　　　B. 调节需求总量和结构
   C. 增加有效供给　　　　　　　D. 调节货币流通

8. 固定利率的特点包括（　　　）。
   A. 不随市场利率的变化而变化　B. 简便易行
   C. 易于计算借贷资金成本　　　D. 能随经济波动的变化而变化
   E. 在借贷期限较长时，人们更愿意选用

9. 下列关于利息的说法，正确的有（　　　）。
   A. 利息不仅存在于资本主义经济关系中，在社会主义经济关系中也存在
   B. 利息属于信用范畴

C. 利息是剩余价值的转化形式

D. 利息是利润的一部分

E. 利息是在信用的基础上产生的

10. 根据名义利率与实际利率的关系，下列说法正确的有（　　　）。

A. 名义利率高于通货膨胀率时，实际利率为正利率

B. 名义利率高于通货膨胀率时，实际利率为负利率

C. 名义利率等于通货膨胀率时，实际利率为零

D. 名义利率低于通货膨胀率时，实际利率为正利率

E. 名义利率低于通货膨胀率时，实际利率为负利率

三、问答题

1. 简述商业信用的特点、作用及局限性。
2. 简述银行信用与商业信用的区别和联系。
3. 利率的种类有哪些？
4. 利率对宏观经济活动的调节作用是什么？
5. 利率对微观经济活动的调节作用如何？

四、计算题

1. 假设3年期定期存款利率为年利率5%，某储户存入一笔10万元的3年期定期存款，试分别以单利和复利计算到期后应得利息。

2. 某居民存入零存整取存款，如果10年后需支用10万元，年利率为2.4%，那么他现在应存入多少元？

五、案例分析

1. 充分运用各种信用形式为企业投资服务

某外向型企业2022年进行了如下筹资、投资活动：①向银行借款550万元用于办公设备更新。②以分期付款的方式从国内某企业购进200万元的原材料。③经审批发行期限为3年的企业债券，共筹资3 000万元。④向内部职工集资1 000万元。⑤以延长付款的方式出口货物一批，合同金额为1 000万元，同时获得我国进出口银行信贷支持1 500万元。⑥从某发达国家进口材料一批，并商定以产成品偿还。⑦购买了某股份有限公司发行的可转债券220万元。⑧购买了当年发行的记账式国债500万元。⑨年底在银行存入3个月的定期存款600万元以备来年之需。此外，该企业还进行了增持某上市公司股份的运作。

问题：该企业以上投融资活动涉及哪些信用形式？分析各类信用活动是如何支持经济发展，便利人民生活，创造优良社会环境，为党的二十大报告提出的"建设现代化产业体系"做贡献的。

2. 警惕消费信贷中的利率"陷阱"

随着"全民消费"时代的到来，各金融机构推出各种花样的借贷产品，来适应大众消

费需求，可各家机构计息叫法五花八门，一不小心还很可能掉入陷阱。

陷阱一：只展示日利率或月利率，让人感觉很划算。比如某现金贷广告："日息万五"（即借款1万元，每天还款5元，按日计息，随借随还）或"月利率1.5%"。

陷阱二：分期收费。只展示每期支付的利息或费用，乍看也不多。小王用消费分期贷款买了价值12 000元的家具，采用分12期（月）还本付息的方式偿还贷款，每月0.5%的费用。

陷阱三："砍头息"。老张借款10万元置办家电，分12期按月还款，月利率0.5%。签完借款合同后，老张发现实际到手只有8万元，剩余2万元放贷机构一开始就以所谓"贷款服务费"的名义收走了（俗称砍头息）。

上面三个常见的借贷产品"陷阱"会让人产生"利率幻觉"。

请为以上消费信贷案例计算消费者真实负担的利率水平，并分析其利率水平的高低。

技能实训

深入了解利率

以小组为单位完成下列问题讨论：

1. 在利率为20%和10%的情况下，明天的一元钱在哪种情况下会增值更多？
2. 为什么分期付款时，总和会大于现在的应缴现金总额？
3. 经常听说债券投资（特别是国债投资）毫无风险，真的是这样吗？
4. 我国利率水平是上升了还是下降了？为什么？查询我国利率统计数据进行分析。
5. 将实训所得结果填写在实训报告上。
6. 组织各小组汇报和讨论。

模块 7

服务实体经济主力军
——金融机构及业务

学习目标

知识目标
- 掌握中央银行、商业银行的性质和职能。
- 掌握商业银行、中央银行的经营原则。
- 熟悉商业银行、中央银行的负债业务、资产业务和中间业务。

能力目标
- 能够认识和分析各种金融机构的作用和职能。
- 能够系统地阐述我国金融机构体系的构成。
- 能够认识和分析商业银行和中央银行的各项经营业务。

素质目标
- 熟悉各类金融机构的性质,能够正确指导客户。在工作学习中能够知难而进、迎难而上,全力战胜前进道路上各种困难和挑战,依靠顽强拼搏打开事业发展新天地。
- 熟悉银行基本业务,掌握基本专业技能,树立通过勤奋劳动实现自身发展的意识。
- 领会"深化金融体制改革,建设现代中央银行制度"政策精神。

模块引例

金融服务实体经济

不论经济发展到什么时候，实体经济都是我国经济发展、在国际经济竞争中赢得主动的根基。我国经济是靠实体经济起家的，也要靠实体经济走向未来。金融作为现代经济的核心，也是实体经济的血脉，发挥着配置资源要素、调节宏观经济的重要作用。近年来，我国金融机构快速发展，服务实体经济取得积极成效。一直以来，习近平总书记对金融工作十分重视，就金融如何更好地服务实体经济提出了一系列新观点、新思想和新举措，对我国金融机构的健康发展具有重要指导意义。金融机构在拓展业务的过程中要坚定不移地贯彻以服务实体经济为中心的金融发展理念，拥护各项"脱虚向实"的政策指导，这样才有助于促进新时期金融机构体系的有效运行和金融功能的有效发挥，有助于当前和今后一个时期我国金融机构能够引领中国经济由高速度增长迈向高质量发展。

7.1 北京有一条金融街

案例引入

北京金融街是北京市第一个大规模整体定向开发的金融产业功能区，位于北京市西城区，地处北京市中轴对称中心地带，南起复兴门内大街，北达阜成门内大街，西抵西二环路，东临太平桥大街。金融街所在地区，元代起就被称为"金城坊"，遍布金坊、银号，商贾云集。至清朝末期，户部银行即设于此，后改称大清银行，民国元年又改为中国银行。中华人民共和国成立后，这一地区一直是中国人民银行等国家最高金融管理机构所在地。鉴于这块具有悠久历史的"宝地"的独特性，1993年，国务院批准的《北京城市总体规划》提出在西二环阜成门至复兴门一带建设国家级金融管理中心，集中安排国家级银行总行和非银行金融机构总部，北京金融街应运而生，1994年正式开工建设。

请思考： 什么是金融机构？你知道哪些金融机构？

知识解读

政府机关、企事业单位都要在银行开户办理业务，个人和家庭也经常会去银行、证券公司和保险公司存取款、买卖证券或购买保险。种类繁多、功能各异的金融机构之间分工协作、相互联系，形成了一个系统完整的金融机构体系。现代市场经济中的货币、信用和金融活动都与金融机构有关，金融机构与金融市场相互支持，共同实现了金融对经济发展的重要作用。

7.1.1 金融机构的含义

金融机构是指从事金融活动的组织，也称为金融中介或金融中介机构。从某种程度上说，金融机构是社会资金运动的组织者和运营者，是金融活动的载体和媒介。在间接融资领域中的金融机构，是作为资金余缺双方进行交易的媒介体，如各类银行和非银行金融中介机构；在直接融资领域中的金融中介机构，是为筹资者和投资者双方牵线搭桥的证券公司。

金融机构作为金融活动中起中介作用的主体，其作用主要体现在两个方面：一方面，金融机构充当支付中介，在不同经济主体间传递或转移货币，发挥着货币资金支付的中介作用；另一方面，金融机构充当调剂中介，为资金的盈余单位和赤字单位提供资金融通的便利，发挥了调剂资金余缺的中介作用，并通过资金的重新调配有效地配置社会资源。

7.1.2 金融机构体系的构成

现代金融机构种类繁多，除银行这一传统的金融机构以外，还有许多非银行金融机构，它们从事综合的或专门的金融业务和金融服务，形成相互联系、相互影响的统一体，即构成金融机构体系。世界各国金融机构体系的形成不同，其组成环节和划分方法也各有特色，但概括起来看，各国金融机构体系基本上由中央银行、商业银行、专业银行、非银行金融机构构成。

1. 中央银行

中央银行是国家赋予其制定和执行货币政策、对国民经济进行宏观调控和管理监督的特殊金融机构。中央银行是一个国家的金融管理机构，它是在商业银行的基础上发展形成的，是现代各国金融体系的核心，具有特殊的地位和功能。

中央银行

（1）中央银行的产生。英格兰银行是中央银行发展史上的一个重要里程碑，是现代中央银行的鼻祖，它最先真正、全面地发挥了中央银行的职能。社会生产力的快速发展和商品经济的迅速扩大，促使货币信用制度进一步发展完善，商业银行体系也随之建立起来。也正是商业银行发展过程中的诸如信用问题、银行券流通问题、票据交换与清算问题以及金融监管问题呼唤着中央银行的产生。这些问题的产生与解决恰恰是中央银行形成的客观经济基础。

（2）中央银行的类型。就各国的中央银行制度来看，中央银行大致可以归纳为四种类型：单一中央银行制、复合中央银行制、准中央银行制和跨国中央银行制。

1）单一中央银行制。单一中央银行制是指国家设立专门的中央银行机构，纯粹行使中央银行职能。单一中央银行制又有以下两种具体形式：①一元式，它是指一国由独家中央银行及其众多的分支机构来执行中央银行职能。世界上大多数国家都采用这种形式，我国也是如此。②二元式，它是指在一国内建立中央和地方两级相对独立的中央银行机构，如美国、德国等。

2）复合中央银行制。复合中央银行制是指在一国之内，不设立专门的中央银行，而是由一家大银行来同时扮演商业银行和中央银行两种角色，如苏联和东欧部分国家。

3）准中央银行制。准中央银行制是指国家通常不设完整意义上的中央银行，而设立类似中央银行的金融管理机构，或由政府授权某个或几个商业银行行使部分中央银行职能的制度形式。实行准中央银行制的国家或地区主要有新加坡、马尔代夫、利比里亚和中国香港地区等。

4）跨国中央银行制。跨国中央银行制是指两个以上的主权国家设立共同的中央银行。它一般是与一定的货币联盟联系在一起的，如欧洲货币联盟已建立了统一的中央银行。

（3）中央银行的职能。中央银行的职能一般可以表述为发行的银行、银行的银行和政府的银行。

1）发行的银行。发行的银行是指由中央银行垄断货币发行权，成为全国唯一的现钞发行机构，这是中央银行最基本、最重要的标志，也是中央银行履行全部职能的前提和基础。中央银行独占货币发行权，一方面有利于防止因分散发行造成信用膨胀、货币紊乱；另一方面也有利于调节和控制货币流通，有利于货币稳定和宏观调控。

2）银行的银行。银行的银行是指中央银行为商业银行和其他金融机构融通资金，成为最后贷款人，同时对商业银行及其他金融机构进行管理。中央银行作为银行的银行，具体体现在三个方面：集中保管商业银行的存款准备金，作为最后贷款人为商业银行和其他金融机构提供信贷资金，为商业银行和其他金融机构办理清算业务。

3）政府的银行。政府的银行是指中央银行代表政府制定和执行货币金融政策，代表政府管理财政收支以及为政府提供各种金融服务。作为政府的银行，中央银行为政府提供以下几方面金融服务：代理政府债券的发行和兑付，为政府融通资金，制定与实施货币政策，组织与实施金融监管，保管黄金外汇储备，代表政府参与国际活动等。

2. 商业银行

商业银行是最早出现的现代银行机构。

（1）商业银行的性质。商业银行是以追求最大利润为目标，以多种金融负债和金融资产为经营对象，能够利用负债进行信用创造，全方位经营各类金融业务的综合性、多功能的金融服务企业。

商业银行

（2）商业银行的职能。商业银行在现代经济活动中发挥的功能主要表现在以下几个方面。

1）信用中介。信用中介是指商业银行充当将经济活动中的赤字单位与盈余单位联系起来的中介人的角色。信用中介是商业银行最基本的功能，它在国民经济中发挥着多层次的调节作用：一是将闲散货币转化为资本；二是使闲置资本得到充分利用；三是将短期资金转化为长期资金。

2）支付中介。支付中介是指商业银行借助支票这种信用流通工具，通过客户活期存款账户的资金转移为客户办理货币结算、货币收付、货币兑换和存款转移等业务活动。商业银行发挥支付中介功能的主要作用有：节约了流通费用，降低了银行的筹资成本，扩大了银行的资金来源。

3）信用创造。信用创造是指商业银行通过吸收活期存款、发放贷款，从而增加银行的资金来源、扩大社会货币供应量。商业银行发挥信用创造功能的作用主要在于通过创造存款货币等流通工具和支付手段，既可以节省现金使用，减少社会流通费用，又能够满足社会经济发展对流通手段和支付手段的需要。

4）金融服务。金融服务是指商业银行利用在国民经济中联系面广、信息灵通等的特殊地位和优势，利用其在发挥信用中介和支付中介功能的过程中所获得的大量信息，借助计算机等先进手段和工具，为客户提供财务咨询、融资代理、信托租赁、代收代付等各种金融服务。

（3）商业银行的组织形式。受国内外政治、经济、法律等多方面因素的影响，世界各国商业银行的组织形式可以分为单一银行制、分支银行制和集团银行制。

1）单一银行制。单一银行制是指不设立分行，全部业务由各个相对独立的商业银行独自进行的一种银行组织形式，这一体制主要集中在美国。

2）分支银行制。分支银行制又称总分行制。实行这一制度的商业银行可以在总行以外普遍设立分支机构，分支银行的各项业务统一遵照总行的指示办理。

3）集团银行制。集团银行制又称为持股公司银行制，是指由少数大企业或大财团设立控股公司，再由控股公司控制或收购若干家商业银行。

3. 专业银行

专业银行是专门经营某种特定范围的金融业务和提供专门性金融服务的银行。它是在商业银行的基础上逐渐形成和建立起来的专业化金融机构。专业银行的出现是社会分工的发展在金融业上的反映。随着社会生产力的发展，社会分工越来越细，要求银行必须精通某一方面的知识，提供专门的、有特色的金融服务，才能更好地满足经济发展的需要，确保资金的安全和盈利。比较典型的专业银行有投资银行、开发银行、进出口银行、储蓄银行、抵押银行等。

4. 非银行金融机构

一般将中央银行、商业银行、专业银行以外的金融机构称为非银行金融机构。因此，这一类机构比较庞杂，它们属于信用机构，如保险公司，保险公司是专门通过经营保险业务，为保障社会经济生活的安全和连续而提供经济补偿的一种金融机构。其他还有信用合作社、财务公司、养老基金会、资产管理公司等。

7.1.3 我国的金融机构体系

1. 银行类金融机构

我国的银行类金融机构主要包括商业银行和政策性银行。

（1）商业银行。商业银行是我国金融业的主体，以银行信贷为主的间接融资在社会总融资中占主导地位。我国的商业银行目前有以下七种类型。

1）国有大型商业银行，其中中国工商银行、中国银行、中国建设银行、中国农业银行是由国有专业银行转轨而成的商业银行，1995年《中华人民共和国商业银行法》颁布实施后称为国有独资银行，2003年起陆续进行了股份制改革，借助资本市场的力量，通过财务重组和增资扩股改善财务状况，建立并陆续完善了公司治理结构。交通银行原属于股份制银行，后来升级为国有银行。

2）按股份制模式组建的商业银行，全国性股份制商业银行监管部承担全国股份制商业银行的准入管理。

延伸阅读

股份制银行不是从公司组织形式上定义"股份制"，实际上目前国有银行、多数城商行、部分农商行、外资银行都已经是股份公司，一般"股份制银行"特指12家可以全国开展业务的中资商业银行。主要包括：招商银行、浦发银行、中信银行、中国光大银行、华夏银行、中国民生银行、广发银行、兴业银行、平安银行、浙商银行、恒丰银行、渤海银行。股份制商业银行已经成为我国商业银行体系中一支富有活力的生力军，成为银行业乃至国民经济发展不可缺少的重要组成部分。全国性股份制商业银行是我国最早上市的银行类型。早在1987年，深圳发展银行（平安银行前身）就率先面向社会公开发售普通股，并于1991年成功挂牌上市，成为我国第一家上市银行。2000年前后，银行业迎来了第一批上市潮，浦发银行（1999年）、中国民生银行（2000年）、招商银行（2002年）和华夏银行（2003年）相继上市，正式拉开商业银行上市的大幕。

3）城市商业银行，1995年，在原城市信用合作社的基础上，由城市企业、居民和地方政府投资入股组成了地方性股份制商业银行。我国目前的政策是放松银行地域限制，鼓励城市商业银行通过跨区经营活动做大做强，并更好地服务中小企业，服务地方经济。从规模上看，目前城市商业银行中上海银行、江苏银行、北京银行资产规模都已超过部分股份制银行。

4）农村商业银行和村镇银行，2001年11月，在农村信用合作社基础上改制组建的首批股份制农村商业银行成立。2006年，为增加农村金融供给，我国又开始在农村地区设立主要为当地农民、农业和农村经济发展提供金融服务的村镇银行。

5）外资商业银行。外资商业银行在我国一些经济发达地区和一些重要业务领域已占据重要地位，市场影响日益扩大。外资商业银行在银团贷款、贸易融资、零售业务、资金管理和衍生产品等业务方面的服务拥有一定的优势。

6）中国邮政储蓄银行。1986年2月，为了更有效地利用遍及全国城乡的邮政机构的现有基础设施，并发挥它们点多、面广、相关业务联系密切和四通八达的电信网络等优势，在全国开办邮政储蓄业务，并在邮政总局下设立邮政储蓄局。2006年12月，银监会批准由中国邮政集团公司以全资方式出资成立邮政储蓄银行。2007年3月，在改革原邮政储蓄管理体制基础上，中国邮政储蓄银行有限责任公司正式挂牌成立。2019年12月10日，中国邮政储蓄银行成功在上海证券交易所上市。

7）民营银行。民营银行是与外资银行和国有银行相对的概念，其结构主要以非公有制经济成分为主。银保监会为民营银行设立了"四个标准"：一是资本标准，明确为自有民营资金。二是股东标准，明确资本所有者应具有良好个人声望，奉公守法，诚信敬业；没有关联交易的组织构造和不良记录。三是银行标准，明确为设计良好的股权结构和公司治理结构、风控体系、信息科技架构，合理可行的市场定位和经营方针，合格的董事、高管人才等。四是机制标准明确，即有承担剩余风险的制度安排、有办好银行的资质条件和抗风险能力、有股东接受监管的协议条款、有差异化的市场定位和特定战略、有合法可行的恢复和处置计划。

延伸阅读

深圳前海微众银行

2014年7月25日，银监会下发了腾讯、立业集团和百业源三家公司合办民营银行的批文，同意在深圳市筹建深圳前海微众银行（英文名Webank）。因腾讯在其中占股30%，处于相对控股地位，故民间一般称其为"腾讯银行"。2014年12月12日，银监会表示国内互联网巨头腾讯公司旗下民营银行——深圳前海微众银行已正式获准开业。2015年1月4日，卡车司机徐军拿到了3.5万元贷款，这是深圳前海微众银行作为中国首家开业的互联网民营银行完成的第一笔放贷业务。该银行既无营业网点，也无营业柜台，更无须财产担保，而是通过人脸识别技术和大数据信用评级发放贷款。

（2）政策性银行。政策性银行是由政府组建、参股或保证，专门在某一领域从事政策性金融业务的国家银行，也是我国金融体系的重要组成部分。政策性银行的任务主要是执行国家产业政策，对某些行业和企业发放低息优惠贷款，支持重点产业部门、基础产业部门和支柱产业部门的发展。政策性银行的业务有严格的政策界定并接受中国人民银行的监督。1994年，国务院决定建立在中央银行调控之下的政策性金融与商业性金融相分离的金融机构体系，为此建立了三家政策性银行。

1）国家开发银行。国家开发银行的主要任务是集中资金支持国家扶植的基础设施、基础产业的政策性基本建设和技术改造项目以及达不到社会平均利润的其他政策性项目和国务院决策的重大建设项目。

2）中国农业发展银行。其主要任务是对农业基础建设、农副产品、农业发展等提供资金支持。

3）中国进出口银行。中国进出口银行的主要任务是为大型成套设备进出口提供买方信贷和卖方信贷，为成套机电产品出口信贷贴息及提供出口信用担保。

> **讨论与提升**

我国政策性银行的改革工作

与1994年政策性银行成立之初相比，当前我国宏观经济环境、产业结构和市场需求都发生了许多变化，带有补贴性、政府指令的政策业务逐渐减少，而自营开发性业务逐渐增多，政策性银行的业务结构中市场化比重不断提高，面临继续发挥政策性银行作用和向市场转轨的任务。2006年，国务院明确提出深化并推进政策性银行改革的战略，由中国人民银行和财政部具体负责，三家政策性银行研究设计符合各自特点的改革方案。2014年至2015年3月，三家政策性银行的改革方案陆续获得国务院批准，指出要厘清政策性和自营性业务边界，强化政策性银行的政策功能定位。银保监会2020年年初公布的《中国银保监会关于推动银行业和保险业高质量发展的指导意见》指出，政策性银行要明确细化业务边界，严格执行交办程序，落实开发性政策性业务和自营性业务分账管理、分类核算要求，强化法规约束、资本约束和市场约束，有效服务国家重大战略和薄弱环节。2021年政府工作报告又进一步提出，推进政策性银行分类分账改革。

> **问题讨论**

政策性银行在新时期有哪些重大作用？

> **总结与提高**

金融服务实体经济、服务国家战略是新时期做好金融工作的必然要求。"十四五"时期有乡村振兴、低碳发展等许多新的发展方向和内容，这些新领域的发展有助于整个经济结构的调整、实现经济高质量发展。政策性银行将在国家金融支持实体经济的大战略下发挥日益重要的作用。

2. 非银行金融机构

（1）保险公司。中国人民保险集团股份有限公司是经营国内外保险和再保险业务的金融机构。其主要任务是：组织和集聚保险基金，建立社会经济补偿制度，保持生产和人民生活的稳定，增进社会福利；经营国内外保险和再保险业务以及与保险业务有关的投资活动，促进社会生产、流通和对外贸易的发展。为适应经济发展的需要，中国人民保险集团股份有限公司的财险业务和寿险业务现已分离。另外，我国还设有中国太平洋保险（集团）股份有限公司、中国平安保险（集团）股份有限公司、中国人寿保险（集团）公司、中国太平保险集团有限责任公司和太平人寿保险有限公司等。国外一些著名的保险公司如美国友邦保险公司等也在国内设有分支机构。

（2）信托公司。我国的信托公司有三种类型：国家银行附属的信托公司；全国性的信托公司；地方信托公司，它是地方政府为促进本地区与国外的经济技术合作而在大中城市建立的信托公司。

根据各类信托服务的实质，以信托目的、信托成立方式、信托财产管理内容为分类维度，信托业务分为资产服务信托、资产管理信托、公益慈善信托三大类。

（3）信用合作组织。我国的城市和农村信用合作社是群众性合作制金融组织，是对国家银行体系的必要补充和完善。目前，我国城市的信用合作组织已经通过合并、改组成为城市合作银行，后成为地方城市商业银行。农村信用合作社是由农民和集体经济组织自愿入股组成，由入股人民主管理，主要为入股人服务的具有法人资格的金融机构，是我国农村金融的主要形式。

（4）金融资产管理公司。金融资产管理公司是经国务院决定设立的收购国有银行不良贷款，管理和处置因收购国有银行不良贷款形成的资产的国有独资非银行金融机构。1999年4月20日，我国第一家经营商业银行不良资产的公司——中国信达资产管理公司在北京宣告成立。同年8月3日，华融、长城、东方三家资产管理公司同时宣告成立。

（5）金融租赁公司。金融租赁公司是指以经营融资租赁业务为其主要业务的非银行金融机构。所谓融资租赁业务，是指出租人根据承租人对租赁物和供货人的选择或认可，将其从供货人处取得的租赁物按合同约定出租给承租人占有、使用，向承租人收取租金的行为。

（6）汽车金融公司。汽车金融公司是我国加入世界贸易组织后，为履行开放汽车消费信贷的承诺而新设立的一类非银行金融机构。汽车金融公司的主要职能是提供汽车消费信贷及其他与汽车相关的金融服务。与商业银行开办汽车消费信贷业务相比，汽车金融公司是提供汽车销售融资的专门机构，其专业化程度更高，更具有专业优势。

（7）证券机构。我国的金融市场上活跃着许多为证券投资活动提供服务的金融机构，主要包括证券交易所、证券登记结算公司、证券公司、投资基金管理公司等。不同的机构在证券投资活动中扮演着不同的角色，从事着不同的业务，发挥着不同的作用。

（8）财务公司。我国的财务公司和国外的财务公司有着很大的区别。我国的财务公司是由大型企业集团成员单位出资组建，以加强企业集团资金集中管理和提高企业集团资金使用效率为目的，为企业集团成员单位提供财务管理服务的非银行金融机构。

3. 监管类金融机构

（1）中国人民银行。中国人民银行是我国的中央银行，是领导和管理全国金融的国家机关。中国人民银行履行下列职责：依法制定和执行货币政策，发行人民币，管理人民币流通，按照规定审批、监督管理金融机构，按照规定监督管理金融市场，发布有关金融监管和业务的命令和规章，持有、管理、经营国家外汇储备和黄金储备，管理国库，维护支付、清算系统的正常运行，负责金融业的统计、调查、分析和预测，代表国家从事有关的国际金融活动和履行国务院规定的其他职责。

（2）中国证券监督管理委员会。1992年10月，国务院证券委员会和中国证券监督管理委员会（以下简称"中国证监会"）成立。1998年4月，根据国务院机构改革方案，决定将国务院证券委员会与中国证监会合并组成国务院直属正部级事业单位。中国证监会是我国证券业的监管机构，根据国务院授权，中国证监会依法对证券、期货业实施监管。2023年3

月，中国证券监督管理委员会由国务院直属事业单位调整为国务院直属机构，将国家发展和改革委员会的企业债券发行审核职责划入中国证券监督管理委员会，由中国证券监督管理委员会统一负责公司（企业）债券发行审核工作。

4. 国家金融监督管理总局

1998年11月，中国保险监督管理委员会设立；2003年4月，中国银行业监督管理委员会设立；2018年3月，在上述两个监督管理委员会基础上合并设立中国银行保险监督管理委员会。

党的二十大做出明确部署，要依法将各类金融活动全部纳入监管。为解决金融领域长期存在的突出矛盾和问题，2023年的第十四届全国人民代表大会第一次会议表决通过在中国银行保险监督管理委员会基础上组建国家金融监督管理总局，为国务院直属机构，统一负责除证券业之外的金融业监管，强化机构监管、行为监管、功能监管、穿透式监管、持续监管，统筹负责金融消费者权益保护，加强风险管理和防范处置，依法查处违法违规行为。为加强金融消费者合法权益保护，统一规范金融产品和服务行为，把中国人民银行对金融控股公司等金融集团的日常监管职责、有关金融消费者保护职责、中国证券监督管理委员会的投资者保护职责划入国家金融监督管理总局。不再保留中国银行保险监督管理委员会。

7.2 认识商业银行

案例引入

我国历史上很早就有类似银行的金融机构了，最早可以追溯到魏晋南北朝时期有些寺院创办的"寺库"，利用寺庙积累的财产放贷。隋唐时期又出现较为进步的"质库"，专门经营借贷（典当）业务。在唐宣宗时期（847—858年），苏州出现有"金银行"。北宋嘉祐二年（1057年），《教民十六事》第六条为"银行轧造吹银出卖许多告提"。这是"银行"一词单独出现最早的时间。

明朝中叶开始出现钱庄，钱庄又称银号，最初主要以经营不同货币间的兑换和保管为主，和威尼斯的早期银行一样，后逐渐发展成以存放款为主，汇兑业务为辅。

票号又称票庄，是主营汇兑业务的金融机构。我国很早就有汇兑业务，唐代的"飞钱"，宋代的"便换"、明清时期的"会票"，都具有汇兑的性质。但专营汇兑的票号到清中叶后才出现。我国第一家票号是1824年山西平遥富商雷履泰开设的"日昇昌"票号。票号主营汇兑，兼营存款、放款，主要客户是清政府，主要业务是军饷和政府的岁银（财政收入），其他营业对象也多为封建官僚、地主和一般商人。

我国的第一家民族资本银行是1897年成立的中国通商银行。1905年，清政府成立大清户部银行，是我国最早的国家银行，总行设立于北京。

请思考： 钱庄和票号与现代银行在业务上有哪些异同？现代银行有哪些业务种类？

> 知识解读

7.2.1 商业银行经营目标与原则

商业银行是特殊企业,为了获得最大限度的利润,同时又能满足存款人提取款项的需要,它的资金运用必须兼顾营利性原则、流动性原则和安全性原则,简称"三性原则"。

1. 营利性原则

营利性是指商业银行获取利润的能力。商业银行是经营金融业务的企业,追求利润是商业银行生存的必要保证,商业银行开办哪些业务项目,首先要看这些项目能否为商业银行创造利润。

2. 流动性原则

流动性是指商业银行能够随时满足客户提取存款的能力。流动性原则是商业银行这种特殊企业的性质所决定的。由于商业银行的经营资本主要来自客户的存款,商业银行必须保证按期、足额满足客户提取存款的要求。只有保持流动性,才能确立商业银行的信用中介地位,并使其业务顺利进行。

3. 安全性原则

安全性原则是指商业银行在经营中要避免经营风险,保证资金的安全。安全性原则是商业银行经营业务的前提。商业银行在经营中会面临很多风险,如信用风险、挤兑风险、市场风险、利率风险、流动性风险等,这些风险都会影响商业银行的安全和生存,其后果甚至可能会导致金融危机。因此,商业银行在经营中必须遵循安全性原则,要正确地识别风险、度量风险和规避风险。

商业银行的基本原则就是保证资金的安全、保持资产的流动性、争取最大利润,商业银行经营的三个原则既是相互统一的,又有一定的矛盾。因为实现安全性原则要求商业银行扩大现金资产,减少高风险、高盈利资产;而实现营利性原则要求商业银行尽可能减少现金资产。因此,安全性与流动性成正比,它们与营利性往往又有矛盾。由于三个原则之间的矛盾,使商业银行在经营上必须统筹考虑三者之间的关系,在综合权衡利弊的基础上,在保证安全性、流动性的前提下,实现盈利的最大化。

7.2.2 商业银行负债业务

商业银行负债业务是指形成其资金来源的业务。其全部资金来源包括自有资金和吸收的外来资金两部分。自有资金包括其成立时发行股票所筹集的股份资本以及公积金、未分配的利润。一般来说,商业银行的资金来源中自有资金所占比重很小,不过却是吸收外来资金的基础。外来资金的形成渠道主要是吸收存款,向中央银行借款,向其他银行和货币市场拆借及从国际货币市场借款等,其中又以吸收存款为主。

1. 吸收存款

吸收存款的业务是银行接受客户存入的货币款项，存款人可随时或按约定时间支取款项的一种信用业务。传统的分类方法将存款概括为活期存款、定期存款和储蓄存款三大类。当前实际生活中的存款名目繁多，但都不外乎是这三类存款的变种。

（1）活期存款。活期存款是指那些可以由存户随时存取的存款。这种存款主要用于交易和支付。支用时须使用银行规定的支票，因而又有支票存款之称。企业、个人、政府机关、金融机构都能在银行开立活期存款账户。存款货币银行彼此之间也可开立这种账户。开立这种存款账户的目的是通过银行进行各种支付结算。由于支付频繁，银行提供服务要付出较高费用，所以一般不对存户支付利息。

（2）定期存款。定期存款是指那些具有确定的到期期限的存款。近期暂不支用和作为价值储存的款项常作为定期存款存入银行。由于定期存款期限较长，到期前一般不能提取，所以银行给予较高的利息。

（3）储蓄存款。这主要是针对居民个人积蓄货币之需所开办的一种存款业务。这种存款通常由银行发给存户存折，以作为存款和提款的凭证；一般不能据此签发支票，支用时只能提取现金或先转入存户的活期存款账户。储蓄存款的存户通常限于个人和非营利组织，这些年来，也有逐渐放宽到允许某些企业、公司开立储蓄账户的。储蓄存款定期居多，但无论定期、活期，都支付利息，只是利率高低有别。

延伸阅读

定期存款、大额存单、结构性存款的区别

1．定期存款

普通定期存款是最基础的业务，相比其他两项业务，其区别是：①没有取存金额限制。②存期只有3个月、6个月、1年、2年、3年、5年，共6档。③提前支取，利息要算活期。④普通定期可以在卡上存，也可以有纸质存单。根据《存款保险条例》的规定，储户在商业银行的存款本息受到存款保险保护，在同一家银行的最高偿付限额为50万元。

2．大额存单

大额存单属一般性存款，比普通存款门槛要高、利率也更高，同样受存款保险保护。"大额"的意思是，一般20万元起存。从期限来看，大额存单法定期限包括1个月、3个月、6个月、9个月、1年、1.5年、2年、3年和5年，共9个品种。有到期一次性还本付息和定期付息、到期还本两种计息方式。在一定规则下可以提前支取。

3．结构性存款

结构性存款是在普通存款的基础上，嵌入了金融衍生工具的金融产品。通常，结构性存款将本金用于存款，仅用存款利息来投资金融衍生品，即将投资与利率、汇率、股票、黄金等挂钩的金融产品，高风险，可能赚得高收益。

名字中带有"存款"，但又和金融衍生品有关系，很多人在疑惑：结构性存款是不是存款？2019年10月银保监会发布了《关于进一步规范商业银行结构性存款业务的通知》（以下简称《通知》）。《通知》明确规定："商业银行应当将结构性存款纳入表内核算，按照存款管理，纳入存款准备金和存款保险保费的缴纳范围。"结构性存款是银行存款，本金享受存款保险保护。

2. 其他负债业务

其他负债业务有从中央银行借款、银行同业拆借、国际货币市场借款、结算过程中的短期资金占用、发行金融债券等。

（1）中央银行借款。存款货币银行资金不足，必要时可向中央银行借款。一般来说，存款货币银行向中央银行借款，其主要的、直接的目的在于缓解本身资金暂时不足的境况，而非用来牟利。向中央银行借款主要有两种形式：①再贴现，即把自己办理贴现业务所买进的未到期票据，如商业票据、短期国库券等，再转卖给中央银行。②直接借款，即用自己持有的合格票据、银行承兑汇票、政府公债等有价证券作为抵押品以向中央银行取得抵押贷款。

（2）银行同业拆借。这是银行的一项传统业务，它是指银行相互之间的资金融通。在这种拆借业务中，借入资金的银行主要是用以解决自身临时资金周转的需要，一般均为短期的，有的只有一日。同业拆借的利率水平一般较低。同业拆借或通过各存款货币银行在中央银行的存款账户进行，即通过中央银行把款项从拆出行账户划转到拆入行账户，或采取同业存款以及回购协议等形式进行。

（3）国际货币市场借款。近年来，各国商业银行，尤其是大型商业银行，在国际货币市场上广泛地通过办理定期存款、发行大额定期存单、出售商业票据、银行承兑票据及发行债券等方式筹集资金。发展迅速的一些国家，其银行系统对这方面的依赖性往往很大。既有利于获得资金，同时又是易受冲击的脆弱环节。

（4）结算过程中的短期资金占用。在为客户办理转账结算等业务的过程中可以占用客户的资金。以汇兑业务为例，从客户把款项交给汇出银行起，到汇入银行把该款项付给指定的收款人止，中间总会有一定的间隔时间，在这段时间内，该款项汇款人和收款人均不能支配，而为银行所占用。虽然从每笔汇款看，占用时间很短，但由于周转金额巨大，因而占用的资金数量也就相当可观。因此，从任一时点上看，总会有那么一些处于结算过程中的资金，构成存款货币银行可资运用的资金来源。

（5）发行金融债券。发行金融债券也是存款货币银行的负债业务。自1985年以来，我国存款货币银行按照国家有关规定，经过中国人民银行批准，面向社会发行金融债券，为指定用途筹集资金。

7.2.3 商业银行资产业务

商业银行的资产业务是指将自己通过负债业务所积聚的货币资金加以运用的业务，是其取得收益的主要途径。对于所集聚的资金，除了必

商业银行资产业务

须保留一定部分的现金和在中央银行的存款以应付客户提存外，其余部分主要是以贴现、贷款和证券投资等方式加以运用。

1. 贴现

贴现业务的内容是银行应客户的要求，买进其未到付款日期的票据。办理贴现业务时，银行向客户收取一定的利息，称为贴现利息或折扣。其具体程序是银行根据票面金额及既定贴现率，计算出从贴现日起到票据到期日止这段时间的贴现利息，并从票面金额中扣除，余额部分支付给客户。票据到期时，银行持票据向票据载明的支付人索取票面金额的款项。未到期票据贴现付款额的计算公式为

未到期票据贴现付款额=票据面额×（1–年贴现率×未到期天数/365）

假设某银行以年贴现率10%为顾客的一张面额为1万元、72天后才到期的票据办理贴现。依未到期票据贴现付款额公式得出应付给该顾客9 800元，即从票面额扣除200元作为贴现利息。当然，银行只有在这张票据到期时，才能从收到的1万元款项中现实地获得这笔利息。

2. 贷款

贷款又称放款，是银行将其所吸收的资金，按一定的利率贷放给客户并约期归还的业务。存款货币银行运用资金的方式虽不止贷款一种，但贷款在其资产业务中的比重一般占首位。这是因为与贴现、证券投资等运用方式相比，贷款的风险虽然较大，但它的利率较高，同时通过发放与吸收，可密切与工商企业的往来关系，从而有利于稳定吸收存款和拓宽业务领域。

贷款业务种类很多，按不同的标准划分，至少有如下几个类别。

（1）按贷款是否有抵押品划分，有抵押贷款与信用贷款。抵押贷款是指以特定的抵押品作担保的贷款。抵押品可以是不动产、应收账款、机器设备、提单、栈单、股票和债券等资产。信用贷款是指无抵押品作担保的贷款。通常仅由借款人出具签字的文书。信用贷款一般是贷给那些有良好资信者。对这种贷款，银行通常收取较高利息，并往往附加一定条件，如提供资产负债表、个人收支计划和报告借款用途等。

延伸阅读

抵押品的种类

（1）存货抵押，又称商品抵押，是指用工商业掌握的各种货物，包括商品、原材料，在制品和制成品抵押，向银行申请贷款。

（2）客账抵押，是指把应收账款作为担保取得短期贷款。

（3）证券抵押，是指以各种有价证券，如股票、汇票、期票、存单、债券等作为抵押，取得短期贷款。

（4）设备抵押，是指以机械设备、车辆、船舶等作为担保向银行取得定期贷款。

（5）不动产抵押，即借款人提供不动产，如土地、房屋等作为抵押，取得贷款。

（6）人寿保险单抵押，是指在保险金请求权上设立抵押权，它以人寿保险合同的退保金为限额，以保险单为抵押，对被保险人发放贷款。

（2）按贷款对象划分，有工商业贷款、农业贷款和消费贷款。工商业贷款主要用于工业企业固定资产投资和购入流动资产的资金需要，以及商业企业商品流转的资金需要。由于工商企业都是营利性企业，贷款本息的收回通常比较可靠。在存款货币银行贷出的款项中一般以这种贷款的比重最大。农业贷款，短期的主要用于购买种子、肥料、农药等，长期的主要用于购买土地、改良土壤或建造水利设施以及造林等。消费贷款是指贷放给个人用来购买消费品（主要是用于购买高档耐用消费品，如汽车、房屋等）或支付劳务费用的贷款。消费贷款的清偿依靠借款人可靠的收入。

（3）按贷款期限划分，有短期贷款、中期贷款和长期贷款。短期贷款的期限不超过1年。中期贷款期限一般为1～5年，长期贷款期限则更长。

3. 证券投资

证券投资是指商业银行以其资金在金融市场上购买各种有价证券的业务活动。商业银行投资的目的主要是增加收益和增加资产的流动性，因此，证券投资的主要对象是信用可靠、风险较小、流动性较强的政府及其所属机构的证券，如公债券、国库券等。

4. 租赁业务

租赁业务是指商业银行作为出租人向客户提供租赁形式的融资业务。租赁业务包括融资性租赁和经营性租赁。融资性租赁是指当客户需要更新或添置大型设备仪器而资金不足时，由银行出资购买这些设备出租给客户，客户对此具有使用权并按时交纳租金，银行通过租金逐步收回资金。经营性租赁是一种短期租赁，指出租人向承租人提供短期设备出租，出租人负责设备的安装、保养、维修和提供专门的技术服务等，租金高于融资性租赁。

7.2.4 商业银行中间业务

中间业务是商业银行代理客户办理收款、付款和其他委托事项从中收取手续费的业务。商业银行经营中间业务无须占用自己的资金。大致而言，商业银行中间业务包括转账结算、信托、汇兑、代理、信用证、担保见证、咨询情报、计算机服务等。现代商业银行不断开拓中间业务的新领域，中间业务收入已成为银行利润的重要组成部分。转账结算、信托业务、代理业务和银行卡业务的简介如下。

1. 转账结算

转账结算是商业银行主要的中间业务之一。转账结算又称"非现金结算"或"划拨清算"，它是指银行为那些用收取或签发书面的收款或付款凭证代替现金流通来完成货币收支行为的企业和单位提供的服务，即用划转客户存款余额的方式来实现货币收付的业务活动。

2. 信托业务

信托业务也是商业银行重要的中间业务。它是指银行以受托人的身份，接受客户委托或授权代客户管理各项财产、资金和遗产，如动产、不动产等。银行也可以受托人的身份代客户运用资金或投资于各类资产，如房地产等。银行在开展信托业务中也可提供一般性的投资或咨询服务。由于信托业务运用和管理的是客户的资产，银行在信托业务中仅收取手续费和佣金。

3. 代理业务

代理业务是指商业银行接受单位或个人委托，以代理人的身份，代表委托人办理一些经双方议定的有关业务。在代理业务中，委托人与银行一般必须用契约方式规定双方的权利和义务，包括代理的范围、内容、期限、纠纷的处理，由此形成一定的法律关系。商业银行在代理业务中，向委托人收取一定的报酬。

4. 银行卡业务

银行卡是由银行发行、供客户办理存取款业务的新型服务工具的总称，包括信用卡、支票卡、记账卡、智能卡等。银行卡是银行业务与科学技术相结合的产物，它使银行业务有了崭新的面貌。

7.3 认识中央银行

案例引入

我国的中央银行是中国人民银行。中国人民银行的历史渊源，可以追溯到第二次国内革命战争时期。1931年11月，在江西瑞金召开的"全国苏维埃第一次代表大会"上，通过决议成立"中华苏维埃共和国国家银行"（简称苏维埃国家银行），并发行货币。从土地革命到抗日战争时期一直到中华人民共和国诞生前夕，人民政权被分割成彼此不能连接的区域。各根据地建立了相对独立、分散管理的根据地银行，并各自发行在本根据地内流通的货币。1948年12月1日，以华北银行为基础，合并北海银行、西北农民银行，在河北省石家庄市组建了中国人民银行，并发行人民币，成为中华人民共和国成立后的中央银行和法定本位币。中国人民银行成立至今的七十多年，特别是改革开放以来，在体制、职能、地位、作用等方面，发生了巨大而深刻的变革，在宏观经济调控中起到了突出作用。

中国人民银行1984年起专门行使中央银行职能。党的十八大以来，以习近平同志为核心的党中央高度重视中央银行工作。习近平总书记指出，"千招万招，管不住货币都是无用之招""加强金融基础设施的统筹监管和互联互通""打好防范化解重大风险攻坚战，重点是防控金融风险""要提高金融业全球竞争能力，扩大金融高水平双向开放,提高开放条件下经济金融管理能力和防控风险能力,提高参与国际金融治理能力",全面深刻概括了现代中央银行制度的内涵。党的二十大报告立足"构建高水平社会主义市场经济体制",对"建设现代中央银行制度,加强和完善现代金融监管"做出战略部署,具有重要意义。

请思考:中国人民银行的发展历程体现了中央银行的哪些职能?现代中央银行有哪些业务类型?如何理解建设现代中央银行制度?

知识解读

7.3.1 中央银行业务经营原则

中央银行作为一国金融体系的核心和最高管理机构,也有自身资产负债业务。它在进行这些业务活动时,必须遵守以下几项原则。

1. 非营利性原则

中央银行特殊的地位和作用,决定了中央银行要以调控宏观经济、稳定货币、保证充分就业、为银行和政府服务为己任,由此决定了中央银行不能以追求营利为目标。

2. 流动性和安全性原则

为了保证中央银行的资金可以灵活调度、及时运用,中央银行必须使自己的资产保持最大的流动性和安全性,不能形成不易变现的资产。

3. 公开性原则

中央银行的业务公开性原则是指定期向社会公布业务与财务状况,并向社会提供有关的金融统计资料。

7.3.2 中央银行负债业务

中央银行的负债是指政府、金融机构、社会公众等持有的对中央银行的债权。中央银行负债业务主要有如下三种:

1. 货币发行业务

货币发行是中央银行作为国家政府的代表向社会提供流通手段和支付手段,是中央银行对货币持有者的一种负债,构成了中央银行最重要的负债业务。中央银行的货币发行是通过再贴现、贷款、购买有价证券、收购金银及外汇等业务活动,将货币投放市场、注入流通,进而增加社会货币的供应量。

2. 存款准备金业务

存款准备金业务是中央银行存款业务中最重要、最主要的业务,它是中央银行资金的重要来源,与存款准备金制度直接有关。存款准备金由两部分组成:一部分是法定存款准备金，即商业银行按照法律规定将吸收存款的一定比率上存中央银行；另一部分为超额存款准备金，即商业银行在中央银行的存款中超过法定准备金的部分。

> **延伸阅读**
>
> **我国存款准备金制度的政策作用**
>
> 中国人民银行是于1984年行使央行职能后开办存款准备金业务的。2004年，针对我国经济发展出现的总体和结构性过热，中国人民银行建立差别存款准备金制度，将存款准备金制度创造性地改造为具有结构性调整属性的一般性货币政策操作工具，存款准备金政策成为中国人民银行对冲流动性过剩的主要工具。2011年，中国人民银行建立差别准备金动态调整机制，实现宏观调控方式重大创新，运用存款准备金制度将金融机构信贷投放、流动性管理总量调控与宏观审慎政策调控进行融合，实施逆周期调控。2015年，为优化货币政策传导，中国人民银行对金融机构存款准备金考核制度进行改革，改变以金融机构旬末一般存款余额时点数作为考核基数的做法，实行金融机构存款准备金考核平均法。2019年，根据金融机构系统重要性程度、机构性质和服务定位等，中国人民银行建立了"三档两优"存款准备金制度基本框架，按大型银行、中型银行和服务县域的银行确定高中低三档存款准备金率，普惠金融定向降准达标的大中型银行和新增存款达到一定比例用于当地贷款的服务县域银行分别享受"降准"优惠，存款准备金制度充分体现了防范金融风险、维护金融稳定和服务实体经济特别是小微企业的金融调控要求。

3. 经理国库业务

中央银行作为政府的银行一般会代理国家经理国库，财政的收入和支出都由中央银行代理。

7.3.3　中央银行资产业务

中央银行资产业务是中央银行运用货币资金的业务，是调控信用规模和货币供应量的主要手段，主要包括贷款业务、再贴现业务、公开市场业务和国际储备业务。

1. 贷款业务

中央银行贷款业务是指中央银行采用信用放款或者抵押放款的方式，对商业银行等金融机构、政府以及其他部门进行贷款。贷款是主要的资产业务之一，也是中央银行向社会提供基础货币的重要渠道。

（1）对商业银行贷款。这种贷款称为再贷款，是中央银行贷款的最主要渠道。它是中央银行为了解决商业银行在信贷业务中发生临时性资金周转困难而发放的贷款，是中央银行作为银行的银行的具体表现。

（2）对政府贷款。这种贷款是在政府财政收支出现失衡时，中央银行提供贷款支持的应急措施，多为短期的信用放款。

2. 再贴现业务

中央银行的再贴现业务是指商业银行以未到期的商业票据向中央银行申请贴现取得融资的业务。中央银行运用再贴现执行最后贷款人的职能。对于中央银行而言，接受再贴现即为买进商业银行已经贴现的商业票据，付出资金；对于申请贴现的商业银行而言，则为卖出票据，取得资金。

3. 公开市场业务

通过公开市场买卖证券是中央银行重要的资产业务。中央银行买卖证券的目的不是营利，而是调节和控制社会货币供应量，以影响整个宏观经济。当市场需要扩张时，中央银行即在公开市场买入证券，以增加社会的货币供应量，刺激生产；反之则相反。

4. 国际储备业务

国际储备是指各国政府委托本国中央银行持有的国际广泛接受的各种形式资产的总称。目前国际储备主要由外汇、黄金等组成，其中外汇储备是最重要的部分。

7.3.4 中央银行清算业务

中央银行清算业务又称中间业务，即中央银行对各金融机构之间因经营活动而发生的资金往来和债权、债务进行了结。它主要有以下内容：

1. 组织同城票据交换

工商企业、事业单位及消费者用票据进行债权、债务清偿和支付时，要通过开户银行的转账结算系统实现资金收付。当各银行收到客户提交的票据后，通过票据交换的方式将代收的票据交付款行。所谓票据交换，是指将同一城市中各银行间收付的票据进行当日的交换。参加交换的各银行每日在规定时间内，在交换场所将当日收进的以其他银行为付款行的票据进行交换，这种票据交换的清算一般由中央银行组织管理，集中办理交换业务，结出各机构收付相抵后的差额，其差额通过各商业银行在中央银行的存款账户进行划转清算。

> **延伸阅读**
>
> **最早的票据交换所**
>
> 18世纪，英国伦敦的伦巴第街是金融业集中的地区。1773年，在那里诞生了世界上最早的票据交换所，开创了票据集中清算的先河。1853年，美国纽约市成立了美国第一家票据交换所，不久，波士顿等城市也成立了这样的机构。巴黎于1872年，大阪于1878年，柏林于1887年也先后成立了票据交换所，票据交换制度在全世界发展起来。
>
> 清朝末年，上海旧式的钱庄相当兴盛，钱庄之间代收的票据采取相互派专人携带汇划账簿到对方钱庄、使用现银清算差额的办法，很不方便。到了1890年，上海钱业公会成立了汇划总会，改为使用"公单"，通过汇划总会以"公单"交换和转账结算来清算差额。这是中国早期的票据交换形式，也起到了票据清算中心的作用。中华民国初期，华商银行

增设渐多，但无自己的清算机构，其同业间票据收付是委托钱庄通过汇划总会办理的。1933年1月10日，我国第一家新型的票据交换所成立了。

2. 办理异地资金汇划

办理异地资金汇划是指办理不同区域、不同城市、不同银行之间的资金转移，如各行的异地汇兑形成各行间异地的债权、债务，需要进行跨行、跨地区的资金划转。这种跨地区的资金汇划，必须由中央银行统一办理。一般有两种方法：一是先由各金融机构内部组成联行系统，最后各金融机构的清算中心通过中央银行办理转账结算；二是将异地票据统一集中传至中央银行总行办理轧差头寸的划转。我国的清算通常也采用这两种方法。

3. 跨国清算

在国家的对外支付清算和跨国支付系统网络建设中，中央银行也发挥着不可替代的作用。跨国清算是指由于国际贸易、国际投资及其他方面所发生的国际债权、债务，借助一定的结算工具和支付系统进行清算，实现资金跨国转移的行为。跨国清算通常是通过各国的指定银行分别向本国的中央银行办理。由两国中央银行集中两国之间的债权、债务直接加以抵消，完成清算工作。

模块小结

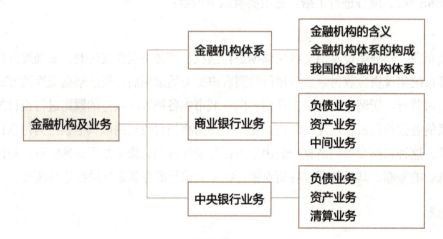

复习思考题

一、单项选择题

1. 属于一国金融管理机构的是（　　）。
   A. 商业银行　　B. 中央银行　　C. 专业银行　　D. 投资银行
2. 下列不属于中国人民银行具体职责的是（　　）。
   A. 发行人民币　　B. 给企业发放贷款　　C. 管理国库　　D. 审批金融机构
3. 我国国有大型银行不包括（　　）。
   A. 中国工商银行　　B. 中国农业银行　　C. 中国银行　　D. 招商银行

4. 我国的中央银行是（　　）。
   A. 中国人民银行　　B. 中国农业银行　　C. 国家开发银行　　D. 中国银行
5. 下列不属于我国商业银行业务范围的是（　　）。
   A. 发行金融债券　　　　　　　　B. 监管其他金融机构
   C. 吸收存款　　　　　　　　　　D. 发放贷款
6. 商业银行"三性原则"是指盈利性原则、流动性原则和（　　）。
   A. 投资性原则　　B. 投机性原则　　C. 安全性原则　　D. 风险性原则
7. 吸收存款是商业银行（　　）业务。
   A. 中间　　　　　B. 表外　　　　　C. 资产　　　　　D. 负债
8. 商业银行不运用或较少运用自己的资产，以中间人的身份替客户办理收付或其他委托事项，为客户提供各类金融服务并收取手续费的业务是（　　）。
   A. 资产业务　　　B. 负债业务　　　C. 中间业务　　　D. 信托业务
9. 中央银行资产业务中，（　　）业务是指商业银行以未到期的商业票据向中央银行申请贴现取得融资的业务。
   A. 再贷款　　　　　　　　　　　B. 再贴现
   C. 黄金和外汇储备　　　　　　　D. 证券买卖
10. 中央银行握有证券并进行买卖的目的不是（　　）。
    A. 盈利　　　　　　　　　　　　B. 投放基础货币
    C. 回笼基础货币　　　　　　　　D. 对货币供求进行调节

二、多项选择题
1. 就各国的中央银行制度来看，中央银行大致可以归纳为（　　）。
   A. 单一中央银行制　　　　　　　B. 复合中央银行制
   C. 准中央银行制　　　　　　　　D. 跨国中央银行制
2. 1994年，我国成立的政策性银行是（　　）。
   A. 国家开发银行　　　　　　　　B. 中国进出口银行
   C. 中国农业发展银行　　　　　　D. 城市商业银行
3. 下列属于我国非银行金融机构的有（　　）。
   A. 信托投资公司　　　　　　　　B. 证券机构
   C. 财务公司　　　　　　　　　　D. 邮政储蓄机构
4. 下列属于原城市信用合作社改组成的城市商业银行的有（　　）。
   A. 深圳发展银行　　B. 盛京银行　　C. 北京银行　　D. 广发银行
5. 商业银行的负债业务有（　　）。
   A. 贷款业务　　　B. 存款业务　　　C. 借入款业务　　D. 投资业务
   E. 票据贴现
6. 商业银行的资产业务有（　　）。
   A. 贷款业务　　　B. 存款业务　　　C. 借入款业务　　D. 投资业务

E. 票据贴现
7. 商业银行替客户办理中间业务可能获得的好处有（　　）。
   A. 控制企业经营　　　　　　B. 与客户分成
   C. 手续费收入　　　　　　　D. 暂时占用客户的资金
   E. 获得稳定的客户，增加其资金来源的稳定性
8. 中央银行的负债业务包括（　　）。
   A. 再贷款　　　　　　　　　B. 货币发行
   C. 持有有价证券　　　　　　D. 集中存款准备金
   E. 再贴现
9. 中央银行的资产业务包括（　　）。
   A. 贷款　　　　　　　　　　B. 货币发行
   C. 持有有价证券及黄金外汇　D. 集中存款准备金
   E. 再贴现

三、问答题

1. 简述我国金融机构体系的构成。
2. 试述商业银行的经营原则以及各原则之间的关系。
3. 商业银行的主要资产业务是什么？
4. 中央银行的主要负债业务是什么？

四、案例分析

某镇政府为了加速经济发展，决定再上一个投资5 000万元的大项目，可是资金不足，镇长找到当地农业银行，希望给予贷款。农业银行行长没有表态，因为该镇政府前几年搞了几个工程项目都没成功，欠农业银行几千万元贷款无力偿还，可该镇长却对行长再次表示："反正银行的钱就是国家的钱，即使损失了，银行多印些钞票就行了。"针对上述情况，结合商业银行和中央银行的相关理论回答下面的问题：

1. 你认为银行行长应如何答复？
2. 请说明这样答复的理由。

技能实训

认识我国各种金融机构

1. 登录中国人民银行、中国证监会网站，了解监管类金融机构的职能任务。
2. 登录各大商业银行网站，了解商业银行的主要业务。
3. 登录保险公司、证券公司网站，了解以证券保险为主的非银行金融机构具体业务。
4. 请将实训所得结果填写在实训报告上。
5. 组织各小组汇报和讨论。

模块 8

盈余和短缺的融通桥梁
——金融市场

学习目标

知识目标
- 了解金融市场的形成与发展。
- 掌握金融市场的构成要素、分类,理解金融市场的功能。
- 掌握货币市场、资本市场的含义、特点、类型,及相关金融工具。

能力目标
- 能够正确认识并区分不同类型的金融工具与金融市场。
- 能够结合所学的金融原理对金融市场的现象进行简单分析。
- 能够关注国内外金融市场的资讯和动态。

素质目标
- 掌握金融市场运作知识,提高专业服务技能,科学服务客户。
- 树立金融资产与投资风险意识。
- 具有良好的职业道德和职业理想,以及良好的心理素质。
- 理解"健全资本市场功能,提高直接融资比重"的政策精神。

> **模块引例**

深化金融供给侧结构性改革

"大众创业、万众创新",在2015年的春天,随着"两会"的召开,迅速成为一个举国关注、全民讨论的话题。对于任何一个普通的中国人而言,创业创新不再是一个简单抽象的概念,而是成就梦想的最为可行的实现方式之一。可是,无论创业还是创新都离不开金融市场的支持。

假设爱好发明创新的小王设计了一种能够清扫房屋(甚至能擦窗)、洗车、割草的低成本机器人,但是她没有资金将这个奇妙的发明投入生产。而老张是一位有很多积蓄的老人。如果我们能够让小王和老张合作,那么,老张就可以向小王提供资金,小王的机器人就可以生产出来并投入市场。于是,我们的社会福利水平就会得到大大的改善,因为我们有了更加干净的住宅、更加光洁的汽车和更加漂亮的草坪。金融市场(股票和债券市场)与金融中介(银行等金融机构)最基本的功能就是融通小王和老张的需求,帮助资金从那些拥有积蓄的人(如老张)手中转移到那些资金短缺的人(如小王)手中。更加实际地讲,当一家公司发明了一种更高级的移动终端,它可能需要更多资金将其投放市场,也需要从金融市场或金融中介处获取资金。

《中华人民共和国国民经济和社会发展第十四个五年规划和2035年远景目标纲要》对金融市场未来发展做出规划:完善资本市场基础制度,健全多层次资本市场体系,大力发展机构投资者,提高直接融资特别是股权融资比重。全面实行股票发行注册制,建立常态化退市机制,提高上市公司质量。深化新三板改革。完善市场化债券发行机制,稳步扩大债券市场规模,丰富债券品种,发行长期国债和基础设施长期债券。

8.1 你了解金融市场吗

> **案例引入**

2021年金融市场运行的一些基本情况如下:

1. 债券市场规模稳定增长

2021年,债券市场共发行各类债券61.9万亿元,较2020年增长8.0%。其中银行间债券市场发行债券53.1万亿元,同比增长9.2%。交易所市场发行8.7万亿元,同比增长1.0%。2021年,国债发行6.7万亿元,地方政府债券发行7.5万亿元,金融债券发行9.6万亿元,公司信用类债券发行14.8万亿元,信贷资产支持证券发行8 815.3亿元,同业存单发行21.8万亿元。

2. 货币市场成交量持续提升

2021年,银行间货币市场成交共计1 164.0万亿元,同比增长5.2%。其中,质押式回购成交1 040.5万亿元,同比增长9.2%;买断式回购成交4.7万亿元,同比下降32.6%;同业拆借成交118.8万亿元,同比下降19.2%。交易所标准券回购成交350.2万亿元,同比增长21.8%。

3. 银行间衍生品市场成交规模平稳增长

2021年，银行间本币衍生品市场共成交21.4万亿元，同比增长6.5%。其中，利率互换名义本金总额21.1万亿元，同比增长7.5%；标准债券远期成交2 614.8亿元，信用风险缓释凭证创设名义本金295.2亿元，信用违约互换名义本金36.3亿元。国债期货共成交27.5万亿元，同比增长4.3%。互换利率有所下降，2021年年末，1年期FR007互换利率收盘价（均值）为2.21%，较2020年年末下降27个基点；5年期FR007互换利率收盘价（均值）为2.56%，较2020年年末下降28个基点。

4. 股票市场主要指数上涨

2021年年末，上证指数收于3 639.8点，较2020年年末上涨166.7点，涨幅为4.8%；深证成指收于14 857.4点，较2020年年末上涨386.7点，涨幅为2.7%。两市全年成交额258.0万亿元，同比增长24.7%。

请思考： 什么是金融市场？上述金融数据反映了我国现行金融市场的哪些种类？金融市场交易的交易对象有哪些种类？

> **知识解读**

金融市场是指以金融资产为交易对象而形成的资金供应者和资金需求者进行资金融通的场所。股票、债券、外汇、期货这些金融工具构成了市场上的特殊商品，政府、企业、家庭和个人、各种金融机构是这个市场上的交易主体。从依靠股票的发行修建世界上第一条铁路起，金融市场在日益发达的经济社会中所起的作用越来越重要。

8.1.1 金融市场的构成要素

一个较完善的金融市场一般包括以下基本要素：

金融市场构成要素

1. 金融市场业务活动的参加者

金融交易同其他交易一样要有交易双方，即货币资金的供应者和需求者，也就是金融市场业务活动的参加者，一般有企业、金融机构、政府、个人、国外投资者和中央银行。

2. 金融市场的交易对象

如果参加者是金融市场主体，那么交易对象就是金融市场的客体。金融市场的交易对象是货币资金，货币资金是一种特殊的商品，作为特殊商品的货币资金是以金融工具的形式出现的。无论是银行的存贷款，还是证券市场上的证券买卖，最终都要实现货币资金的转移，但这种转移在多数情况下只是货币资金使用权的转移，而不是所有权的转移。这与商品市场上作为交易对象的商品的转移不同，在商品的交易中，不仅商品的使用权要发生转移，而且所有权也要从卖者手中转移到买者手中，使用权的转移要以所有权的转移为前提。一个健全、完善的金融市场，能够向参加者提供众多的可供选择的金融资产和金融工具，从短期的票据到国库券再到长期的公债、公司债券和股票等一应俱全，以满足参加者各种不同的需求。

3. 交易价格

在金融市场上，交易对象的价格就是货币资金的价格。在借贷市场上，借贷资金的价格就是借贷利率。而在证券市场上，资金的价格较为隐蔽，直接表现出的是有价证券的价格，从这种价格反映出货币资金的价格。至于外汇市场，汇率反映了货币的价格。直接标价法反映了外币的价格，而间接标价法反映了本币的价格。在黄金市场上，一般所表现的交易价格是黄金的货币价格，如果反过来，就显示出单位货币的黄金价格。

8.1.2 金融市场的分类

金融市场的构成十分复杂，它是由许多不同的市场组成的一个庞大体系。

1. 按地理范围划分

金融市场按地理范围的不同，可分为国际金融市场与国内金融市场。

（1）国际金融市场。国际金融市场是由经营国际货币业务的金融机构组成的，其经营内容包括资金借贷、外汇买卖、证券买卖和资金交易等。

（2）国内金融市场。国内金融市场由国内金融机构组成，办理各种货币、证券及金融业务活动。它又分为城市金融市场和农村金融市场，或者分为全国性、区域性、地方性的金融市场。

2. 按经营场所划分

按照经营场所的不同，金融市场可分为有形金融市场与无形金融市场。

有形金融市场是指有固定场所和操作设施的金融市场。无形金融市场是指以营运网络形式存在的市场，通过电子电信手段达成交易。

3. 按交易性质划分

金融市场从交易性质的角度划分，有发行市场与流通市场之分。

发行市场，也称一级市场，是新证券发行的市场，它可以增加公司资本；流通市场，也称二级市场，是已经发行、处在流通中的证券的买卖市场。二级市场交易不会增加资本，只是不同股东之间的交易。

4. 按交易对象划分

按交易对象划分，金融市场可以分为货币市场、资本市场、外汇市场、黄金市场以及金融合约市场。

（1）货币市场。货币市场是指融资期限在一年以下的金融交易市场，是金融市场的重要组成部分。

（2）资本市场。资本市场主要是指长期资金交易的场所，它包括证券市场和长期借贷市场。在证券市场上，交易的工具主要是股票、债券、投资基金。

（3）外汇市场。外汇市场是指由外汇需求者与外汇供给者以及买卖中介机构所构成的买卖外汇的场所或交易网络。

（4）黄金市场。黄金市场是集中进行黄金买卖和金币兑换的交易中心或场所。由于目前黄金仍是各国进行国际储备的工具之一，在国际结算中占据重要的地位，因此，黄金市场仍被看作金融市场的一个重要组成部分。

（5）金融合约市场。金融合约市场是指以特殊的金融合约为交易对象的市场。金融合约市场主要包括期货合约、期权合约、互换合约等。保险市场也属于金融合约市场。

除此之外，按照融资方式分，金融市场可以分为直接融资市场和间接融资市场；按照金融交割的时间分，金融市场可以分为现货市场和期货市场。

8.1.3 金融市场的功能

1. 积累功能

在社会总储蓄向总投资的转化过程中，金融市场充当了这种转化的中介。在社会资金的供给者与需求者之间、资金供求的时间之间、资金数量之间和供求方式之间，往往难以取得一致。通过金融市场的介入，通过直接融资和间接融资方式，使社会资金流动成为可能。对于资金需求者，可以通过在金融市场上发行金融工具的办法募集大量资本；对于资金供给者，可以通过在金融市场上购买各种金融工具的方式提供资金，使得大量闲置的资金得以集中和有效利用。功能完善的金融市场可以使资金的需求者方便经济地获得资金，使资金供给者获得满意的投资渠道，从而实现社会储蓄向投资转化的目的。

2. 配置功能

在金融市场上，随着金融工具的流动，带动了社会物质资源的流动和再分配，将社会资源由低效率部门向高效率部门转移。市场信息的变化，金融工具价格的起落，都给人以启示，引导人们放弃一些金融资产而追求另一些金融资产，使资源通过金融市场不断进行新的配置。随着资源的配置，金融市场上的风险也在发生新的配置，风险和收益并存，有的人在转让风险追求安全的同时，也就转让了收益；另一些人在承受风险的同时，也就获得了收益。

3. 调节功能

在微观方面，人们对金融工具的选择，实际是对投融资方向的选择，由此对运用资金的部门加以区分。这种选择的结果，必然产生优胜劣汰的效应。金融市场参与者的不断自我完善，实现了调节经济结构的目的。在宏观方面，政府通过金融市场实施和传导货币政策和财政政策，从而实现对国民经济的调控。

4. 反映功能

金融市场是国民经济的"晴雨表"。股票、债券、基金市场的每日交易行情变化，能够为投资者判断投资机会提供信息；金融交易会直接、间接地反映货币供应量的变动情况；金融市场上每天有大量专业人员从事信息情报的研究分析工作，及时了解上市公司的发展动态；金融市场发达的通信网络和信息传播渠道，能够把全球金融市场融为一体，及时了解世界经济发展变化行情。

8.2 投资理财的主战场——资本市场

案例引入

股民小李在20×6年的大牛市中，资金已实现了翻倍。20×7年年初，股市又涨了许多，小李的大姨和小姨从来没有碰过股票，但听到股市可以让资金翻倍，于是拿出一笔积蓄让小李帮忙买股票。小李大姨的女儿快要结婚了，大姨希望能陪嫁一辆车。本来车款准备了18万元，大姨盘算着反正还有一年多的时间，如果钱能翻倍，那就直接上个档次，买辆更好的。相比之下，小李的小姨就盲目得多，随便拿出一笔闲钱来，说："练练手，反正也没啥用。"

20×7年3月16日，小李帮大姨和小姨选择了一只股票，一个月后该股股票上涨了20.3%，她们高兴坏了。这时小姨的儿子小王看到老妈挣钱这么容易，于是拿着向亲友借来的用于买房首付的钱炒股，刚开始一买就涨，小王高兴极了。

这时，小李看到股价有滞涨现象，就竭力劝说亲友注意风险，但在利润面前，小李的劝说显得苍白无力。对此，小李只有沉默，小李的奶奶常用她的大蒲扇敲他的脑袋，告诫小李"股市有风险，投资需谨慎"。到了10月份，股市从6 124点开始一泻千里，直至20×8年下半年的1 664点。到了20×8年9月，大姨实在受不住了，无奈地"割肉"，离开了股市，并发誓再也不投资了。小姨一直没有动，到了20×9年还有意外之喜。而小王无奈地背上了一身债，只想利用手头剩下的一点钱翻本。

请思考： 这个案例反映的是资本市场的什么特点？在资本市场投资需要注意什么问题？资本市场还有哪些其他的类型？与股票市场相比有什么异同？

知识解读

8.2.1 资本市场的含义及特点

资本市场是融资期限在一年以上的长期资金交易市场。与货币市场相比，资本市场的特点主要有：

（1）融资期限长。至少在一年以上，也可以长达几十年，甚至无到期日。

（2）流动性较差。在资本市场上筹集到的资金多用于解决中长期融资需求，因此流动性和变现性相对较弱。

（3）风险大而收益较高。由于融资期限较长，发生重大变故的可能性较大，市场价格容易波动，投资者需要承受较大的风险。同时，作为对风险的报酬，其收益也较高。

> **延伸阅读**
>
> **健全资本市场功能，更好服务实体经济和投资者**
>
> 　　30多年来，特别是党的十八大以来，我国资本市场改革发展取得重大进展，市场规模跃居世界前列，市场结构大幅改善，市场韧性和活力全面增强。其中一个重要的经验就是，走出了一条既遵循资本市场一般规律又具有中国特色的发展之路。
>
> 　　党的二十大报告明确提出要"健全资本市场功能，提高直接融资比重"。健全资本市场功能，形成适应不同类型、不同发展阶段企业差异化融资需求的多层次资本市场体系，增强服务的普惠性，是提高直接融资比重的关键，而提高直接融资比重，拓宽资金包容度和覆盖面，也是打造高质量可持续发展的资本市场、强化其功能发挥的必然要求和最终结果。健全资本市场功能，最重要的一步就是强化资本市场的资源配置功能，坚持金融服务实体经济的宗旨。而发展直接融资可将不同风险偏好、期限的资金更为精准高效地转化为资本，促进要素向最具潜力的领域协同集聚，提高要素质量和配置效率，推动产业基础高级化、产业链现代化。
>
> 　　党的二十大报告强调，"依法规范和引导资本健康发展。"这一要求有利于推动市场形成稳定清晰的预期，为各类资本合规发展释放出更大空间。健全资本市场功能，还要更好发挥其财富管理功能。A股投资者数量已突破2亿，资本市场改革发展稳定关乎着亿万家庭的切身利益。加快投资端改革步伐，使得中长期资金"愿意来、留得住"，激发市场活力，满足广大人民群众财富管理需求，持续强化投资者合法权益保护。

8.2.2 资本市场的主要类型

在资本市场上，资金供应者主要是银行、保险公司、信托投资公司、各种基金公司和个人投资者，资金需求方主要是社会团体、政府机构、企业等。资本市场主要包括证券市场和长期借贷市场。证券市场包括发行市场和流通市场两部分，其各自的交易方式均不相同。在证券市场上，交易对象主要是股票、债券、投资基金，它们的交易及运行机制各不相同。本节以证券市场为主介绍资本市场的有关内容。

1. 股票市场

迄今为止，资本市场的最大组成部分是股票市场。

（1）股票及其特征。股票是股份公司在筹集资本时向出资人公开或私下发行的、用以证明出资人的股东身份和权利，并根据持有人所持有的股份数享有权益和承担义务的凭证。股票是一种有价证券，代表着其持有人（股东）对股份公司的所有权，每一股同类型股票所代表的公司所有权是相等的，即"同股同权"。股票可以公开上市，也可以不上市。在股票市场上，股票也是投资和投机的对象。

健全资本市场

股票具有如下特征：

1）参与性。股东有权出席股东大会，选举公司董事会，参与公司的重大决策。股东参与公司决策的权利大小，取决于其所持有股份的多少。

2）收益性。股东凭其持有的股票，有权从公司领取股息或红利，获取投资的收益。股票的收益性还表现在股票投资者可以获得价差收入或实现资产保值、增值。通过低价买入和高价卖出股票，投资者可以赚取价差利润。

3）流通性。股票的流通性是指股票在不同投资者之间的可交易性。流通性通常以可流通的股票数量、股票成交量以及股价对交易量的敏感程度来衡量。

4）风险性。证券投资风险的内涵是预期收益的不确定性。股票的风险主要表现在：①股份公司经营的业绩是不确定的，因此股票的股息和红利是不确定的；②二级市场上流通的股票的价格可能出现大起大落的现象，当股票的价格下跌时，股票持有者会因股票的贬值而蒙受损失。

5）永久性。投资者购买了股票就不能要求退还股本，但可以在股权交易市场上进行出售。股票是一种无限期的法律凭证，它反映的是股东与股份有限公司之间比较稳定的经济关系。

（2）股票的种类。按照不同标准，可以对股票进行如下分类：

1）按照股票所代表的股东权益可分为普通股和优先股。

① 普通股。普通股股票是在公司利润分配方面享有普通权利的股票。持有这种股票的股东都享有同等的权利，他们都能参加公司的经营决策，其所分取的股息、红利是随着股份公司经营利润的多寡而变化的。

② 优先股。优先股股票是指持有该种股票股东享有某些优先权利的股票。优先股股票的发行一般是股份公司出于某种特定的目的和需要，且在票面上要注明"优先股"字样。优先股股东的特别权利就是可优先于普通股股东以固定的股息分取公司收益并在公司破产清算时优先分取剩余资产，但一般不能参与公司的经营活动，其具体的优先条件必须由公司章程加以明确。

2）按照股票的票面是否记载股东姓名可分为记名股票和不记名股票。

① 记名股票。记名股票是指在股东名册上登记有持有人的姓名或名称及住址，并在股票上也注明持有人姓名或名称的股票。

② 不记名股票。不记名股票是指在股票票面和股份公司股东名册上均不记载股东姓名的股票。

3）按是否记载票面金额可分为有面额股票和无面额股票。

① 有面额股票。有面额股票是指在股票票面上记载一定金额（即票面价值）的股票。有面额股票的发行，可以采取面额发行、时价发行和中间价发行等方法。

② 无面额股票。无面额股票是指在股票票面上不记载金额但记载所占份额的股票。这种股票并非没有价值，只是不在票面上表明固定的绝对金额，而是表明相对金额。

4）按股票的币种可分为内资股和外资股。

① 内资股。内资股也称A股，是由我国境内的公司发行，供境内机构、组织或个人（不含我国台湾、香港、澳门投资者）以人民币认购和交易的普通股股票。

② 外资股。外资股是指国外和我国香港、澳门、台湾地区的投资者，以购买人民币特种股票形式向股份有限公司投资形成的股份。外资股包括法人外资股和个人外资股。

（3）股票的发行与流通。股票的发行市场又叫作一级市场，它是指股份公司向社会增发新股的市场，包括公司初创期发行的股票和增资扩股所发行的股票。一级市场的整个运作过程通常由咨询与准备、认购与销售两个阶段构成。

股票的流通市场也称交易市场、二级市场，是不同的投资者之间买卖已发行的股票所形成的市场。二级市场可以分为有组织的证券交易所和场外交易市场。

证券交易所是由证券管理部门批准的、为证券的集中交易提供固定场所和有关设施并制定各项规则以形成公正合理的价格和有条不紊的秩序的正式组织。交易所是一个有组织、有固定地点、严格交易制度、集中进行竞价成交的场所。股份公司符合一定条件，其公开发行的股票可以在证券交易所挂牌交易，也叫作"上市"。交易所本身并不参与证券的买卖，也不决定证券的交易价格，只是提供一个有组织的集中交易场所，并制定交易制度。我国目前有五家证券交易所，分别是上海证券交易所、深圳证券交易所、北京证券交易所、香港证券交易所（香港交易及结算所有限公司）和台湾证券交易所。

场外交易是相对于证券交易所交易而言，凡是在证券交易所之外的股票交易活动都可以称为场外交易。场外交易与交易所交易相比，没有固定的集中场所，无法实行公开竞价，其价格是通过协商达成的。场外交易受到的管制少，灵活方便，因而能够为中小型及具有潜质的公司股票提供交易渠道。

> **讨论与提升**

北京证券交易所助力中小企业创新发展

北京证券交易所（简称"北交所"）于2021年9月3日注册成立，是经国务院批准设立的我国第一家公司制证券交易所，受中国证监会监督管理。经营范围为依法为证券集中交易提供场所和设施、组织和监督证券交易以及证券市场管理服务等业务。2021年9月2日晚，国家主席习近平在2021年中国国际服务贸易交易会全球服务贸易峰会上发表视频致辞时指出："我们将继续支持中小企业创新发展，深化新三板改革，设立北京证券交易所，打造服务创新型中小企业主阵地。"2021年9月10日，北京证券交易所官方网站上线试运行；11月15日，北京证券交易所在北京市西城区金融街金阳大厦正式开市；11月19日，发售的8只北交所主题基金全部售罄，完成了"开市首秀"。

> **问题讨论**

北京证券交易所的发展定位是什么？

总结与提高

北京证券交易所是服务创新型中小企业的新主阵地,重点满足中小企业的融资需求。北京证券交易所积极贯彻新发展理念,突出"专、精、特、新"中小企业特点,建立多元、灵活、充分博弈的承销机制,聚焦服务实体经济,大力支持科技创新,畅通北京证券交易所在多层次资本市场的纽带作用,形成相互补充、相互促进的中小企业直接融资成长路径。

2. 债券市场

债券是投资者向政府、公司或金融机构提供资金的债权、债务合同,该合同载明发行者在指定日期支付利息并在到期日偿还本金的承诺,其要素包括期限、面值与利率、税前支付利息、求偿等级、限制性条款、抵押与担保及选择权(如赎回与转换条款)等。

债券

(1)债券的特征。

1)偿还性。债券一般都规定有偿还期限,发行人必须按约定条件偿还本金并支付利息。

2)流通性。债券一般都可以在流通市场上自由转让。这样当投资者在债权到期前由于各种原因需要资金时,就可以随时在证券市场上变现。

3)安全性。与股票相比,债券通常规定有固定的利率,与企业绩效没有直接联系,收益比较稳定,风险较小。此外,在企业破产时,债券持有者享有优先于股票持有者对企业剩余资产的索取权。

4)收益性。债券的收益性主要表现在两个方面,一是投资债券可以给投资者定期或不定期地带来利息收入;二是投资者可以利用债券价格的变动,买卖债券赚取差额。

(2)债券的分类。

1)按发行主体分类,债券可以分为政府债券、金融债券和公司债券。政府债券是指政府为筹集资金而发行的债券。金融债券是由银行和非银行金融机构发行的债券。公司债券是公司为筹措资金而发行的借款凭证,债券的持有人同公司之间是普通的债权债务关系,每年可以从发行公司获取固定的利息收入。

2)按是否有财产担保分类,债券可以分为抵押债券和信用债券。抵押债券是指以企业财产作为担保的债券,按抵押品的不同又可以分为一般抵押债券、不动产抵押债券、动产抵押债券和证券信托抵押债券。信用债券是不以任何公司财产作为担保,完全凭信用发行的债券。

3)按筹集资金的方法分类,债券分为公募债券和私募债券。公募债券是指向社会公开销售的债券。私募债券是未公开发行的而只向与发行人有特定关系的投资人发售的债券。

债券市场是一种直接融资的市场,即不通过银行等金融机构的信用中介作用于资金的需求者与资金的供给者,或者说资金短缺者与资金盈余者直接进行融资的市场。

(3)债券的发行与流通。债券市场是债券发行和流通市场的统称,是买卖债券的场所，也是金融市场的一个重要组成部分。

债券的发行按其发行方式和认购对象，可分为私募发行与公募发行；按其有无中介机构协助发行，可分为直接发行与间接发行；按其定价方式，又可分为平价发行、溢价发行和折价发行。直接发行是指债券发行人直接向投资人推销债券，而不需要中介机构进行承销。间接发行是指发行人不直接向投资者推销，而是委托中介机构进行承购推销。平价发行即债券的发行价格与票面金额相一致。溢价发行即债券的发行价格高于票面金额。折价发行即债券的发行价格低于票面金额。在债券发行过程中，除了要确定发行方式、承销方式外，还必须确定发行利率及发行价格，这也是债券发行市场的重要环节。

债券在二级市场上的交易，主要有三种形式，即现货交易、期货交易和回购协议交易。债券的现货交易是指买卖双方根据商定的付款方式，在较短的时间内进行交割清算，即卖者交出债券，买者支付现金。债券的期货交易是指买卖成交后，买卖双方按契约规定的价格在将来的指定日期（如3个月、6个月以后）进行交割清算。债券的回购协议交易是指债券买卖双方按预先签订的协议，约定在卖出一笔债券后一段时期再以特定的价格买回这笔债券，并按商定的利率付息。这种有条件的债券交易形式实质上是一种短期的资金借贷融通。这种交易对卖方来讲，实际上是卖现货买期货，对买方来讲是买现货卖期货。

3. 投资基金市场

投资基金是指通过发行基金股份（或收益凭证），将投资者分散的资金集中起来，由专业管理人员分散投资于股票、债券或其他金融资产，并将投资收益分配给基金持有者的一种金融中介机构。

（1）投资基金的分类。

1）依据运作方式的不同，投资基金可分为封闭式基金与开放式基金。封闭式基金是指基金份额在基金合同期限内固定不变，基金份额可以在依法设立的证券交易所交易，但基金份额持有人不得申请赎回的一种基金运作方式。开放式基金是指基金份额不固定，基金份额可以在基金合同约定的时间和场所进行申购或者赎回的一种基金运作方式。这里所指的开放式基金特指传统的开放式基金，不包括ETF、LOF等新型开放式基金。

2）根据投资对象的不同，投资基金可分为股票基金、债券基金、货币市场基金、期货基金、期权基金、指数基金和认股权证基金等。

（2）投资基金的发行与流通。投资基金的发行市场主要从事基金的发行和认购，二者是同时进行的。无论是封闭式基金还是开放式基金，初次发行总额都要分成若干等额份数（即股份化），每份就是一个基金单位（或称1股）。如果某投资基金初次发行总额1亿元分为1亿份，那么每个基金单位（或每股）面值就为1元。不过其价格不一定是1元，发行价往往是面值加2%左右的手续费，以后价格依赖其每份净资产或市场供求状况变化。在投资基金的发行市场上，从投资者角度来说就是认购基金券：①认购开放式基金。开放式基金虽然总额变动，但初次发行时也要设定基金发行总额和发行期限，只有在3个月以后才可能允许赎回和续售。②认购封闭式基金。对于封闭式基金，除规定了发行价、发行对象、申请认购方法、认购手续费、最低认购额外，还规定了投资基金的发行总额和发行期限。只要发行总额一经售完，不管是否到期，投资基金都要进行封闭，不再接受认购申请。

（3）投资基金的流通市场。投资基金的流通原则上与股票流通相似，但开放式基金的二级市场与股市有较大区别。在基金初次发行完毕后，持有基金券的投资者希望卖出基金变现，持有现金的投资者希望买进基金投资，这些都要在证券二级市场实现。但是，对开放式基金而言，基金券的流通乃是基金经理公司赎回或再次发行的行为。它的二级市场一般就是指定的柜台或交易网点，交易的价格等于基金单位净值加上或减去申购赎回费用。对封闭式基金而言，基金成立3个月后基金公司就会申请基金上市（在证交所挂牌交易），此后基金券的买卖都像股票买卖一样在二级市场委托证券公司代理，其价格由市场供求决定，大家竞价买卖。

讨论与提升

证券公司基础工作岗位

1. 客户经理

对于证券公司而言，最基本的一线营销人员就是客户经理，证券公司业务活动的成功推进，客户经理的影响是十分重要的。所谓证券公司客户经理，是指接受证券公司的聘用，从事客户招揽和客户服务等活动的证券公司营销人员。

2. 证券经纪

证券经纪业务是证券公司最基本的一项业务，也是多数证券公司主要的利润来源，成功的经纪业务开拓，既可以提高证券公司的利润，又可以塑造证券公司良好的品牌形象。

问题讨论

从事证券公司基础工作岗位应该具有哪些职业素养？

总结与提高

①主动热情，爱岗敬业。业务人员必须凭着爱心与信任，主动热情、积极为客户服务，帮助客户分析市场行情。要热爱自己的事业，充分了解客户需求与投资目的，储备足够的业务知识，用主动热情的服务态度，周到细致的业务讲解，取得客户信任，传播公司信誉。②吃苦耐劳，阳光服务。业务人员要勇于克服困难，不怕挫折，诚恳对待客户，从客户实际需求出发，客观公正介绍产品，遵规守法，做到清正廉洁，守住底线。③周到严谨，耐心细致。投资理财中，风险与收益并存，业务人员必须具备较强的专业知识，时刻注意风险提示，树立周到、严谨、耐心、细致的工作作风。

8.3 资本市场的孪生兄弟——货币市场

> **案例引入**
>
> 小宋是做生意的,平时要准备一些资金以备不时之需,可是如果派不上用场,这些钱也不能存成定期,而只能以活期的形式存在银行,利率太低,他感觉很亏。小宋了解了货币基金的特点之后,打算拿这部分钱购买货币基金。货币基金是作为短期现金投资的工具,灵活赎回,也不会影响资金的使用,并且还可以获得比活期存款高很多的收益。在资金流动性方面,货币基金和银行活期差不多,但收益高,且没有利息税,因此流动资金储备选择货币基金很合适。
>
> **请思考:**什么是货币基金?和股票比较有什么异同?货币市场还有哪些类型?

8.3.1 货币市场的含义和特点

货币市场是指融资期限在一年以内的短期资金交易市场。在这个市场上用于交易的工具形形色色,交易的内容十分广泛。相对于资本市场来说,货币市场有以下几个突出特点:

首先,它是短期的,而且是高流动性和低风险性的市场。在货币市场上交易的金融工具具有高度的流动性。

其次,货币市场是一种批发市场。由于交易额极大,周转速度快,一般投资者难以涉足,所以货币市场的主要参与者大多数是机构投资者。

最后,货币市场又是一个不断创新的市场。由于货币市场上的管制历来比其他市场要松,所以任何一种新的交易方式和方法,只要可行就可能被采用和发展。

8.3.2 货币市场的主要类型

1. 票据贴现市场

票据是指出票人依法签发的,约定自己或委托付款人在见票时或指定的日期向收款人或持票人无条件支付一定金额并可流通转让的有价证券。票据是一种重要的有价证券,它以一定的货币金额表现价值,同时体现债权、债务关系,且能在市场上流通交易,具有较强的流动性。

票据贴现是短期融资的一种典型方式。用票据进行短期融资有一个基本的特征:利息先付,即出售票据一方融入的资金低于票据面值,票据到期时按面值还款。差额部分就是支付给票据买方(贷款人)的利息。这种融资的方式叫作贴现,利息率则称为贴现率。经营票据贴现的场所,为票据贴现市场。

> **案例**

有人欲将3个月后到期，面额为50 000元的商业票据出售给银行，银行按照6%的年利率计算，贴息为750元（50 000×6%/4）；银行支付给对方的金额则是49 250元（50 000-750）。

贴现率的高低取决于商业票据的质量。评级越高的商业票据，贴现率越低，发行价格越高。贴现市场不仅是企业融通短期资金的场所，也是中央银行进行公开市场业务的场所。

2. 短期债券市场

短期债券市场是指以一年以内短期债券为交易对象的市场。短期债券主要包括商业票据、银行承兑汇票、中央银行票据和国库券。

（1）商业票据。商业票据是指由企业签发的以商品和劳务交易为基础的短期无担保的债权债务关系凭证。商业票据产生于商品交易的延期支付。在商业票据中，除了具有交易背景的票据外，还有大量并无交易背景而只是单纯以融资为目的发出的票据，通常叫作融通票据。相对于融通票据，有商品交易背景的票据称为真实票据。

（2）银行承兑汇票。在商品交易活动中，售货人为了向购货人索取货款而签发的汇票，经付款人在票面上注明承诺到期付款的"承兑"字样并签章后，就成为承兑汇票。经银行承兑的汇票即为银行承兑汇票。

银行承兑汇票主要特点有：①风险较小，银行承兑汇票以银行信誉作为担保。由于银行承兑汇票由银行承诺承担最后付款责任，实际上是银行将其信用出借给企业，因此，企业必须交纳一定的手续费。这里银行是第一责任人，而出票人则只负第二责任。②主要应用于国际贸易中。③银行承兑汇票二级市场的参与者主要是创造承兑汇票的承兑银行、市场交易商及投资者。④银行法规定出售合格的银行承兑汇票所取得的资金不要求缴纳准备金，成为商业银行规避监管的工具。

（3）中央银行票据。中央银行票据简称央行票据或央票，是中央银行向商业银行发行的短期债务凭证，其目的是调节商业银行的超额准备金。

央行票据与金融市场上其他类型债券的显著区别：发行债券的目的是筹集资金，而央行票据则是中央银行调节基础货币的一项货币政策工具，目的是减少商业银行的可贷资金规模。

中央银行票据主要采用回购交易方式，回购交易分为正回购和逆回购。正回购为中央银行向一级交易商卖出有价证券，并约定在未来特定日期买回有价证券的交易行为，正回购意味着中央银行从市场收回流动性；逆回购为中央银行向一级交易商购买有价证券，并约定在未来特定日期将有价证券卖给一级交易商的交易行为，意味着中央银行向市场投放流动性。2005年，中央银行票据被确定为常规性货币政策工具。

（4）国库券。国库券是为了应对国家短期预算支出需要发行的一种短期公债。它是整个货币市场上流动性最高的信用工具，我国国库券的期限最短的为一年，而西方国家国库券品种较多，一般可分为3个月、6个月、9个月、12个月四种，其面额起点各国不一。

3. 银行间拆借市场

银行间拆借市场是指银行之间短期的资金借贷市场。参与者为商业银行以及其他各类金融机构。拆借期限很短，有隔夜、7天、14天等，最长不过1年，同业拆借的资金主要用于弥补金融机构短期资金的不足、票据清算的差额以及解决临时性的资金短缺的需要。交易手段比较先进，手续简便，成交时间短；交易额大，而且一般不需要担保或抵押。其交易方式主要有信用拆借和回购两种方式，以回购方式为主。银行间拆借市场是我国规模最大的货币市场，也是中国人民银行进行公开市场操作的场所。

银行间拆借市场利率由融资双方根据资金供求关系以及其他影响因素自主决定，由融资双方借助中介人经纪商，通过市场公开竞标确定。拆息率每天不同，甚至每时每刻都有变化，其高低灵敏地反映着货币市场资金的供求状况。

讨论与提升

上海银行间同业拆放利率

上海银行间同业拆放利率（Shanghai Interbank Offered Rate，Shibor）自2007年1月4日起开始运行，以位于上海的全国银行间同业拆借中心为技术平台计算、发布并命名，是由信用等级较高的银行组成报价团自主报出的人民币同业拆出利率计算确定的算术平均利率，是单利、无担保、批发性利率。目前，对社会公布的Shibor品种包括隔夜、1周、2周、1个月、3个月、6个月、9个月及1年。

问题讨论

Shibor有哪些作用？

总结与提高

Shibor可以作为市场的基准促进货币市场快速而高速的发展，为其他金融产品定价提供基准；它还是央行进行金融监控、制定货币政策的有效手段。Shibor报价和考核制度的完善，也充分彰显了我国金融市场和利率体系的不断完善。

4. 回购市场

回购市场是指对回购协议进行交易的短期融资市场。回购协议是证券出售时卖方向买方承诺在未来的某个时间将证券买回的协议，实际是一种有抵押的贷款，抵押品是相关证券。回购交易具有风险低、流动性高的特点，期限很短，一般是1天，也称

"隔夜",以及7天、14天等,最长不过1年。在我国,回购交易可以通过证券交易所和银行间债券市场进行。

5. 大额可转让定期存单市场

以经营大额可转让定期存单为主的市场,就是大额可转让定期存单市场。大额可转让定期存单是由商业银行发行的一种金融产品,是存款人在银行的存款证明。与一般存单不同,大额可转让定期存单期限不低于7天,金额为整数,在到期之前可以转让。大额可转让定期存单的出现,帮助商业银行提高了竞争能力,同时也提高了存款的稳定程度。

延伸阅读

大额可转让定期存单起源与特点

大额可转让定期存单是20世纪60年代以来金融环境变革的产物。由于20世纪60年代市场利率上升而美国的商业银行受Q条例的存款利率上限的限制,不能支付较高的市场利率,大公司的财务主管为了增加临时闲置资金的利息收益,纷纷将资金投资于安全性较好,又具有收益的货币市场工具,如国库券、商业票据等。这样,以企业为主要客户的银行存款急剧下降。为了阻止存款外流,银行设计了大额可转让定期存单这种短期的有收益票据来吸引企业的短期资金。

与普通定期存款相比,大额可转让定期存单具有以下特点:

(1)定期存款记名、不可流通转让;而大额可转让定期存单则是不记名的、可以流通转让。

(2)定期存款金额不固定,可大可小;而大额可转让定期存单金额较大。

(3)大额可转让定期存单利率一般来说比同期限的定期存款利率高。

(4)定期存款可以提前支取,提前支取时要损失一部分利息;大额可转让定期存单不能提前支取,但可在二级市场流通转让。

6. 共同基金市场

从事货币市场共同基金发行与转让的市场为共同基金市场。货币市场共同基金是美国20世纪70年代以来出现的一种新型投资理财工具。共同基金是指将众多的小额投资者的资金集合起来,由专门的经理人进行市场运作,赚取收益后按一定的期限及持有的份额进行分配的一种金融组织形式。而对于主要在货币市场上进行运作的共同基金,则称为货币市场共同基金。

我国货币市场共同基金正式创立于2003年。2003年12月10日华安现金富利基金、招商现金增值基金、博时现金收益基金获批,标志着我国货币市场共同基金的正式启动,基金公司可以通过设立货币基金而在货币市场为闲置资金寻找一个安全的"避风港"。

模块小结

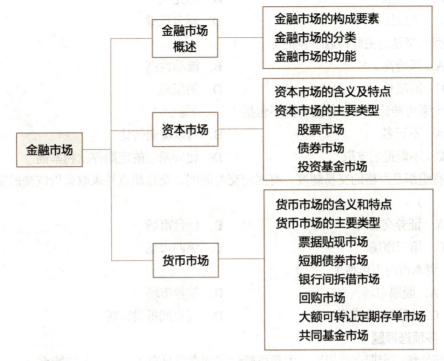

复习思考题

一、单项选择题

1. 金融市场按（　　）划分为货币市场、资本市场、外汇市场、黄金市场和金融合约市场。

    A. 交易范围　　　　　　　　B. 交易方式
    C. 定价方式　　　　　　　　D. 交易对象

2. 金融市场的宏观经济功能不包括（　　）。

    A. 配置功能　　　　　　　　B. 财富功能
    C. 调节功能　　　　　　　　D. 反映功能

3. 按照股票所代表的股东权益，股票可分为（　　）。

    A. 普通股、优先股　　　　　B. 记名股票、无记名股票
    C. 有面额股票、无面额股票　D. 内资股、外资股

4. 债券是发行人依照法定程序发行，并约定在一定期限还本付息的有价证券。它反映的是（　　）的关系。

    A. 契约　　　　　　　　　　B. 所有权、使用权
    C. 债权、债务　　　　　　　D. 权利和义务

5. 已发行的证券流通的市场称为（　　）。

    A. 一级市场　　　　　　　　B. 二级市场
    C. 公开市场　　　　　　　　D. 议价市场

6. 下列有价证券中风险性最高的是（　　）。
   A. 普通股 　　　　　　　　　B. 优先股
   C. 企业债券　　　　　　　　D. 基金证券
7. 回购交易的主要特点不包括（　　）。
   A. 风险高　　　　　　　　　B. 流动性高
   C. 期限长　　　　　　　　　D. 期限短
8. 大额可转让定期存单的特点不包括（　　）。
   A. 不记名　　　　　　　　　B. 可以流通转让
   C. 不能提前支取　　　　　　D. 比同期限的定期存款利率高
9. 有组织及严格的交易制度，有固定交易时间、交易地点并采取竞价成交的交易市场称为（　　）。
   A. 证券交易所　　　　　　　B. 柜台市场
   C. 第三市场　　　　　　　　D. 第四市场
10. 资本市场不包括（　　）。
    A. 股票市场　　　　　　　　B. 债券市场
    C. 投资基金市场　　　　　　D. 同业间拆借市场

二、多项选择题

1. 同传统的定期存款相比，大额可转让定期存单具有（　　）的特点。
   A. 存单不记名　　　　　　　B. 存单金额大
   C. 存单采用浮动利率　　　　D. 存单可提前支取
   E. 存单不可以提前支取
2. 资本市场上的交易工具主要有（　　）。
   A. 货币头寸　　　　　　　　B. 票据
   C. 长期债券　　　　　　　　D. 股票
   E. 外汇
3. 货币市场包括（　　）。
   A. 同业间拆借市场　　　　　B. 国库券市场
   C. 股票市场　　　　　　　　D. 投资基金市场
   E. 商业票据市场
4. 货币市场的特点包括（　　）。
   A. 期限短　　　　　　　　　B. 高流动性
   C. 低流动性　　　　　　　　D. 高风险
   E. 低风险
5. 按照地理范围的不同，金融市场可以分为（　　）。
   A. 现货市场　　　　　　　　B. 期货市场
   C. 外汇市场　　　　　　　　D. 国际金融市场
   E. 国内金融市场

三、问答题

1. 货币市场与资本市场的区别有哪些?
2. 开放式基金和封闭式基金的流通有何不同?
3. 为什么说金融市场是国民经济的晴雨表?

四、案例分析

纽约是世界最重要的国际金融中心之一。第二次世界大战以后,纽约金融市场在国际金融领域中的地位进一步加强。美国凭借其在战争时期膨胀起来的强大经济和金融实力,建立了以美元为中心的资本主义货币体系,使美元成为重要的储备货币和国际清算货币。西方资本主义国家和发展中国家的外汇储备中大部分是美元资产,存放在美国,由纽约联邦储备银行代为保管。一些外国官方机构持有的部分黄金也存放在纽约联邦储备银行。纽约联邦储备银行作为贯彻执行美国货币政策及外汇政策的主要机构,在金融市场的活动直接影响市场利率和汇率的变化,对国际市场利率和汇率的变化有着重要影响。世界各地的美元买卖,包括欧洲美元、亚洲美元市场的交易,都必须在美国,特别是在纽约的商业银行账户上办理收付、清算和划拨,因此纽约成为世界美元交易的清算中心。此外,美国外汇管制较松,资金调动比较自由。在纽约,不仅有许多大银行,而且商业银行、储蓄银行、投资银行、证券交易所及保险公司等金融机构云集,许多外国银行也在纽约设有分支机构。这些都为纽约金融市场的进一步发展创造了条件,加强了它在国际金融领域中的地位。

纽约金融市场按交易对象划分,主要包括外汇市场、货币市场和资本市场。

纽约外汇市场是美国、也是世界上最主要的外汇市场之一。纽约外汇市场并无固定的交易场所,所有的外汇交易都是通过电话、电报和电传等通信设备,在纽约的商业银行与外汇市场经纪人之间进行。这种联络就组成了纽约银行间的外汇市场。此外,各大商业银行都有自己的通信系统,与该行在世界各地的分行外汇部门保持联系,又构成了世界性的外汇市场。由于世界各地时差关系,各外汇市场开市时间不同,纽约大银行与世界各地外汇市场可以24小时保持联系。

纽约货币市场即纽约短期资金的借贷市场,是资本主义世界主要货币市场中交易量最大的一个。除纽约市金融机构、工商业和私人在这里进行交易外,每天还有大量短期资金从美国和世界各地涌入、流出。和外汇市场一样,纽约货币市场也没有一个固定的场所,交易都是供求双方直接或通过经纪人进行的。在纽约货币市场的交易,按交易对象可分为:联邦基金市场、政府国库券市场、银行可转让定期存单市场、银行承兑汇票市场和商业票据市场等。

纽约资本市场是世界最大的经营中长期借贷资金的资本市场。纽约资本市场可分为债券市场和股票市场。纽约债券市场交易的主要对象是:政府债券、公司债券、外国债券。纽约股票市场是纽约资本市场的一个组成部分。在美国,有多家证券交易所按证券交易法注册,被列为全国性的交易所。其中纽约证券交易所、纳斯达克和美国证券交易所最大,它们都设在纽约。

问题:对比纽约金融市场,上海在建立国际金融中心的过程中还有哪些方面需要提高?

技能实训

认识股票的流通市场

1. 登录一家证券公司网站，下载一种股票交易软件。

2. 打开股票交易软件，查看上市公司股票交易行情与动态，熟悉简单的操作功能。

3. 登录上海证券交易所、深圳证券交易所网站，浏览交易所简介、交易流程及费用、市场数据等有关内容。

4. 完成以下实训任务，所得结果填写在实训报告上。

①了解我国现有的股票种类。②了解上市股票的发行方式。③了解股票的交易程序。④学会上市股票的交易规则，并熟练进行买卖委托操作。

5. 比较模拟股票投资的收益或亏损的情况。

6. 请搜集关于股票发行注册制的相关信息，并分组汇报讨论。

模块 9

货币从哪里来又到哪里去
——货币供求

学习目标

知识目标
- 理解货币需求的含义,掌握货币需求的影响因素。
- 理解货币供给的含义,掌握派生存款的原理。
- 理解通货膨胀和通货紧缩的含义、成因、治理措施。

能力目标
- 能够分析解释有关货币供求的社会经济现象。
- 能够分析解释有关货币失衡的社会经济现象。
- 能够解释通货膨胀的成因。

素质目标
- 能够辨析通货膨胀和通货紧缩,了解物价稳定对于保障民生的重要性。
- 坚定制度自信,矢志不渝、笃行不怠,不负时代、不负人民。
- 理解完善货币供应调控机制与建设现代中央银行制度的联系。
- 理解金融助力"建设现代化产业体系""全面推进乡村振兴""促进区域协调发展""扩大内需"和"推动绿色发展,促进人与自然和谐共生"等对货币供给结构提出的要求。

> **模块引例**
>
> **树立关于货币政策的自信心**
>
> 2023年3月27日，中国人民银行降低金融机构存款准备金率0.25个百分点（不含已执行5%存款准备金率的金融机构）。本次下调后，金融机构加权平均存款准备金率约为7.6%。本次全面降准估计将向银行体系释放长期资金5 000亿元至5 300亿元。中国人民银行表示，将坚决贯彻落实党的二十大、中央经济工作会议和全国两会精神，按照党中央、国务院决策部署，精准有力实施好稳健货币政策，更好地发挥货币政策工具的总量和结构双重功能，保持货币信贷总量适度、节奏平稳，保持流动性合理充裕，保持货币供应量和社会融资规模增速同名义经济增速基本匹配，更好地支持重点领域和薄弱环节，不搞大水漫灌，兼顾内外平衡，着力推动经济高质量发展。

9.1 对持有货币的要求程度

> **案例引入**

一个经济体的状况取决于总供给和总需求相互作用和均衡（总供给和总需求相等）的水平。就业、通货膨胀水平和实际GDP，都由总供给和总需求共同决定。无论是总供给还是总需求，都是价格水平的函数，而价格水平是由货币的供给和需求决定的。如果有人问你想要多少货币，你一定会说，多多益善。但假如今天立即给每个人发一亿元现金，大家全部成为亿万富翁，我们的生活是否就真的得到改善了呢？当然不会。所以，要特别注意不要陷入合成谬误，即认为对个体而言正确，对集体也正确。所以，一个社会需要多少货币，不是取决于个别人的愿望，而是取决于实在的需求。那么，一个社会究竟需要多少货币？这就是货币需求理论要解决的问题。

请思考： 什么是货币需求？影响货币需求的因素有哪些？

9.1.1 货币需求

货币需求是指社会各部门在既定收入或财富范围内能够而且愿意以货币形式保有并用于周转的货币数量。在现代高度货币化的经济社会里，社会各部门需要持有一定的货币去媒介交易、支付费用、偿还债务、从事投资或储藏价值，因此便产生了货币需求。一国货币需求通常表现为一国在既定时间范围内社会各部门所持有的货币量总和。

货币需求

对于货币需求概念的理解，可以从以下几方面来把握：

（1）货币需求是一个存量概念。货币需求考察的是社会各部门在某个时点上以货币形式持有的收入或财富，而不是在某一时期内各部门所持有的货币数额的变化量。

（2）货币需求量是有条件限制的，是能力与愿望的统一。货币需求是以收入或财富的存在为前提，在具备获得或持有货币的能力范围之内愿意持有的货币量。因此，构成货币需求需要同时具备两个条件：一是必须有能力获得或持有货币；二是必须愿意以货币形式保有其财产。

（3）货币需求不仅包括对现金的需求，而且包括对存款货币的需求。

（4）人们对货币的需求既包括了执行流通手段和支付手段职能的货币需求，也包括了执行价值储藏手段职能的货币需求。

9.1.2 我国货币需求的影响因素

货币需求理论分析与实践研究的核心内容，是考察影响货币需求量的因素是什么。结合我国的实际情况，影响货币需求量的因素主要有收入水平、价格水平、利率水平、货币流通速度、消费倾向、信用的发达程度、心理预期与偏好等。

1. 收入水平

在经济生活中，微观经济主体的收入大多以货币形式获得，其支出也是以货币支付。一般而言，收入越高，支出越多，交易需求越大，就需要更多的货币作为商品、劳务交易的媒介。因此，货币需求量与收入水平呈正比关系。

2. 价格水平

在商品和劳务量既定的情况下，价格水平越高，社会商品流转额就越大，用于交易和周转的货币需求量增加。因此，价格水平与货币需求量之间成正比关系。

3. 利率水平

利率的高低决定了人们持币机会成本的大小，利率越高，持币成本越高，人们就不愿持有货币而愿意购买生息资产以获得高额利息收益，因而人们的货币需求会减少；利率越低，持币成本越低，人们则愿意手持货币而减少了购买生息资产的欲望，货币需求就会增加。利率的变动与货币需求量的变动是反方向的。

> **延伸阅读**
>
> **流动性陷阱**
>
> 当利率特别低时，人们认为，利率如此之低，不会再低了，债券价格是如此之高，不可能再高，此时持有货币最为安全。如果购买债券则注定会吃亏，因为极低的利息收益根本无法弥补债券价格下降带来的资本损失。故人们把货币都尽量留在手里，这种状况凯恩斯称之为"流动性陷阱"（也称"凯恩斯陷阱"）。
>
> 1. 日本的流动性陷阱
>
> 1985年美日签署《广场协议》，日本政府承诺日元升值，日本出口竞争力大幅衰退。20世纪90年代以后，日本泡沫经济崩溃后即陷入流动性陷阱，美国经济学家保罗·克鲁格曼（Paul R. Krugman）说："日本已经落入流动性陷阱之中，它无法通过传统的货币政策

得以恢复，因为即使利率为零也还不够低。"日本自1990年开始调降利率，并从1991年7月起连续下调官定利率，到1995年9月第9次下调后已降至0.50%，并将这一超低利率水平一直维持了5年之久。日本银行还曾于1999年2月至2000年8月实行了"零利率"政策，且到2001年2月又连续两次下调官定利率，分别下调至0.35%和0.25%，却仍无法诱发企业贷款投资。1991—2001年史称日本经济"空白"的十年。

2. 次贷危机中的流动性陷阱

面对愈演愈烈而且已经演变成全球性的流动性危机，各国政府、央行于2008年10月8日罕见地联手同步出台新救市措施，希望通过对火车头——美国股市的正面影响，来把企稳效果带到其他周边的市场上。

遗憾的是，全球股市事后连续出现大幅度的下挫，因为世人意识到问题已经变得越来越严重，持币观望的市场特征变得越来越明显。更为糟糕的是，美国火车头的失控已开始让全球市场陷入更为严重的"流动性陷阱"——所有人都认为今后再也不可能获得比现在还要低成本的"流动性注入"，市场的"惜贷"行为因此越来越严重。所以，不论政府有多少救市资金，都会被装入这些"被救"金融机构和企业的口袋里，等待市场企稳后，一举出动，寻求所预期的高收益，来挽回危机时代所造成的严重损失。正是这一"状态"使我们一再失望，无法看到立竿见影的救市效果，才使我们怀疑政策的力度不够，才使一部分学者向世人敲响警钟：这些庞大的资金一旦出笼后，新的泡沫和通货膨胀在所难免！

4. 货币流通速度

货币流通速度是指一定时期内货币的周转次数。一定时期货币总需求就是该时期的货币流量，而货币流量是货币平均存量与货币流通速度的乘积。在商品与交易总额一定的前提下，货币流通速度越快，对货币的需求量越少；反之，货币流通速度越慢，对货币需求量越大。因此，货币流通速度与货币需求呈反比关系。

5. 消费倾向

消费倾向是指消费在收入中的占比。人们为了实现消费，必须以货币作为购买或支付手段。因此，计划消费的越多，人们持有的货币就越多，货币需求量就越大。反之，亦然。消费倾向与货币需求呈正比关系。

6. 信用的发达程度

在信用制度健全、信用比较发达的经济中，货币需求量较少。因为在这样的经济中，相当一部分交易可通过债权债务的相互抵消来了结和清算。另外，经济主体比较容易获得贷款和现金，于是就减少了作为流通手段的货币的需要量，人们的货币需求量也就因此减少。因此，信用发达程度与货币需求负相关。

7. 心理预期与偏好

预期和偏好均属于心理因素和主观意愿，具有一定程度的不确定性和复杂性。预期包括对市场利率的预期、对物价变动的预期和对投资利润率的预期。如果人们预期物价上涨，就会减少对货币的需求；预期投资利润率上升，也会减少对货币的需求。根据凯恩斯的理论，人们预期利率上升，会增加货币需求，因为利率上升意味着债券价格下降，为了在未来低价买进债券，现在就必须保有较多的货币。心理偏好也因人而异，有的人偏好货币，有的人偏好其他金融资产，那么前者是增加社会货币需求量的因素，后者是减少社会货币需求量的因素。

9.2 社会运转究竟需要多少钱

案例引入

假设在一个小小的海岛上住着三个人：一个农民、一个铁匠、一个养牛人。岛上流通的货币为一种珍稀的海贝。开始的时候每个人有2个海贝，以便购买别人的产品。假设第一年农民生产3份粮食，铁匠生产3份铁具，养牛人出栏3头牛。这样这个社会是经济平衡的：农民卖出2份粮食给铁匠和养牛人，留一份自己使用，铁匠、养牛人也是如此。那么这一年下来，农民自己享用了自己生产的一份粮食和一份铁具、一头牛，并且仍有2个海贝，铁匠、养牛人也是如此。这样货币流通次数也只是一次。第二年他们同时扩大生产，将产品数量增加到以前的2倍，但是生产成本也增加了，如农民以前只用一份铁具就可以完成3份粮食生产，现在他得消耗2份铁具才能实现6份产量的目标，其余类推。因为他只有2个海贝，所以他不能同时购买2份铁具和2头牛，他需要4个海贝，那他能怎么办呢，第一种情况：他先各买一份，安排生产，等生产出来产品，卖出后再买第二份，安排下一步生产。铁匠、养牛人也是如此，这时货币的流通次数为2次。假如农业生产是春种秋收，不能按半季来算，那么这个农民要增加生产，他必须一下买到2份铁具和2头牛。于是有了第二种情况：他只能先借铁具和牛各一份，那么这就产生了货币需求。第三种情况：分别再给他们2个海贝，那么货币供求就平衡了。

请思考： 什么是货币供给？存款准备金率的变化是如何影响货币供给的？

9.2.1 货币供给

货币供给是指某一国或货币区的银行系统向经济体中投入、创造、扩张（或收缩）货币的金融过程。货币供给首先是一个经济过程，即银行系统向经济中注入货币的过程；其次，货币供给必然形成一定的货币量即货币供给量。货币供给量通常是指一国经济中的货币存量，由货币性资产组成；在不兑现的信用货币流通条件下，由于货币量最终都是由银行供给的，是银行的债务凭证，因此，货币供给量是指被个人、企业和政府部门持有的、由银行系统供应的债务总量。其中，现金是中央银行的负债，存款是商业银行的负债。货币供给量的多少是由银行系统负债业务的大小决定的。

9.2.2 基础货币

基础货币也称"货币基数""强力货币""初始货币",其具有使货币供应总量成倍放大或收缩的能力,又被称为"高能货币"。根据国际货币基金组织《货币与金融统计手册》的定义,基础货币包括中央银行为广义货币和信贷扩张提供支持的各种负债,主要指银行持有的货币(库存现金)和银行外的货币(流通中的现金),以及银行与非银行在货币当局的存款。基础货币通常是指流通中的现金与商业银行在中央银行的存款准备金之和,可用公式表示为

$$B=C+R$$

式中,B代表基础货币;C代表流通中的现金;R代表商业银行在中央银行的存款准备金。

从基础货币的构成看,C和R都是中央银行的负债,中央银行对这两部分都具有直接的控制能力。货币供应的全过程,就是由中央银行供应基础货币,基础货币形成商业银行的原始存款,商业银行在原始存款基础上创造派生存款(现金漏损的部分形成流通中的现金),最终形成货币供应总量的过程。

9.2.3 商业银行派生存款

1. 商业银行的原始存款与派生存款

商业银行的存款从形成看,可以划分为原始存款和派生存款两种。原始存款是指客户以现金的形式存入商业银行,或者商业银行向中央银行借款所形成的存款。现金存入银行之后方可称为原始存款,这是因为:①现金与存款是两种完全不同的表现形态。现金是流通手段和支付手段,而存款只表现为一种记账单位,只有将其转化为支票才能充当支付手段。②现金与存款产生的效用不同。当现金从甲的手中转到乙的手中时,甲就失去了持有状态。也就是说,一定面额的钞票只能由一个人持有,不可能两个人同时持有。但是,存款就有所不同,甲银行的存款以贷款的形式发放以后,借款者在未使用之前将其存入乙银行,这样,同一笔存款就既在甲银行的负债方表现为存款,又在乙银行的负债方增加了存款,依此类推,一笔存款就可以转化出多笔存款。③存款和商业银行向中央银行的借款来自商业银行的体系之外,对于商业银行来说它们形成的存款是初次进入商业银行体系的。由商业银行贷款所形成的存款是在商业银行体系内运动的资金。派生存款是指在商业银行原始存款的基础上,由银行发放贷款转化而来的新存款。

例如,当甲银行将吸收的存款用于发放贷款后,借款人将其存入乙银行,乙银行又用增加的存款发放贷款,在整个银行体系中,各个商业银行的存款数量之和就超过了它们原有的现金存款的数量总和。这种派生存款的创造过程就是商业银行存款货币的创造过程。由于商业银行的这种特殊功能会对国家的整个信用体系产生影响,因此,各国中央银行都采用相应的手段对商业银行的信用扩张程度产生影响。

2. 商业银行存款货币的创造与收缩过程

派生存款的创造过程表现为存款、贷款在商业银行负债业务上的变化，这个变化是一个序列过程。举例说明：

假设在中央银行的法定存款准备金率为20%时，A客户将100万元现金存入第一家商业银行，这时该商业银行除了将20万元（100×20%）缴存法定存款准备金外，最多可向B客户发放贷款80万元。

当B客户得到80万元贷款后，用于向C公司购买原材料，C公司将收到的货款存入第二家商业银行，该商业银行将按规定缴存16万元（80×20%）的法定存款准备金，然后将64万元的款项贷给D客户。

当D客户得到64万元的贷款后，用于向E公司偿还货款，E公司又将收到的款项存入第三家商业银行，依此类推，整个商业银行体系由活期存款创造派生存款的过程和数量见表9-1。

表9-1 商业银行体系由活期存款创造派生存款的过程和数量　　（单位：万元）

银行名称	存款总额	法定存款准备金数额	贷款金额
第一家商业银行	100	20	80
第二家商业银行	80	16	64
第三家商业银行	64	12.8	51.2
第四家商业银行	51.20	10.24	40.96
第五家商业银行	40.96	8.192	32.768
…	…	…	…
合计	500	100	400

在不受其他因素影响的前提下，100万元原始存款在存款准备金率为20%时，通过商业银行体系可以使活期存款的总额增加到500万元，使银行最多发放贷款400万元。在全部活期存款总额中，除去原始存款，其余400万元（500万元－100万元）就是100万元原始存款所派生出的存款额。用公式表示这一关系为

$$D=\frac{R}{r}$$

式中，D是活期存款总额；R是原始存款；r是法定存款准备金率。

在本例中，商业银行体系创造出的活期存款总额用公式计算为

$$活期存款总额=\frac{100}{20\%}=500（万元）$$

由此可知，派生存款额的计算公式为

$$派生存款额=D-R$$

或

$$派生存款额=R\left(\frac{1}{r}-1\right)$$

用上面数据带入公式可知：

$$派生存款额=500-100=400（万元）$$

或

$$派生存款额=100\left(\frac{1}{20\%}-1\right)=400（万元）$$

各国中央银行都采取存款准备金制度来控制商业银行派生存款的数量。通过收缴商业银行的一部分存款，调整法定存款准备金率，减少其货币创造的能力。

从派生存款额$=R\left(\frac{1}{r}-1\right)$可知，如果调高存款准备金率$r$，派生存款的数量将会相应地减少。

3. 商业银行创造派生存款的限制因素

商业银行具有创造派生存款的能力，但派生存款的扩张又不是无限度的，派生存款的总量取决于原始存款和派生倍数（存款乘数）。在上面商业银行存款创造的分析当中，我们假定：①银行客户不支取现金；②商业银行只提取法定存款准备金，没有超额存款准备金。实际上，这些假定并不符合商业银行经营的实际，因此，当我们把这些假定放松时，商业银行存款派生倍数的大小会受以下诸多因素的制约。

（1）法定存款准备金率。各家商业银行均需按一定比率将其存款的一部分转存于中央银行，目的就在于限制商业银行创造存款的能力。一般在其他条件不变的情况下，存款准备金率越高，派生存款的扩张倍数就越小，二者之间呈现一种减函数关系。法定存款准备金率是派生存款的主要制约因素。

（2）现金漏损率。客户总会从银行提取或多或少的现金，从而使一部分现金流出银行系统，出现所谓的"现金漏损"。现金漏损与存款总额之比称为现金漏损率或提现率。由于现金外流，银行存款用于放贷部分的资金减少，由此也就削弱了商业银行活期存款的派生能力。现金漏损率对派生存款扩张倍数的限制与法定存款准备金率一样，即现金漏损率越高，派生存款就越少。二者的区别是，法定存款准备金率是中央银行根据客观需要制定和调整的，带有一定的主观因素，而现金漏损是在经济生活中自然发生的。

（3）超额存款准备金率。银行在实际经营中所提留的准备金，不可能恰好等于法定存款准备金，为了应付客户提现和临时放贷的需要，事实上银行实际持有的存款准备金总是高于法定存款准备金，这一超出部分的款额称为超额存款准备金。显然，超额存款准备金和法定存款准备金一样，也相应减少了银行创造派生存款的能力。超额存款准备金与存款总额的比率，称为超额存款准备金率。

以上我们只是分析了商业银行创造派生存款过程中的基本影响因素，现实中派生存款的扩张究竟能达到多少倍，还得依国民经济情况，依所处的经济发展阶段而定。比如，客户对贷款的需求要受经济发展的制约，并非任何时候银行都有机会将可能贷出的款项全部贷出，因为银行能否发放贷款，能贷出多少，不仅取决于银行行为，还要看企业是否有贷款需求。在经济停滞和预期利润率下降的情况下，即使银行愿意多贷，企业也可能不要求贷款，从而理论上的派生规模并不一定能够实现。

> **讨论与提升**

货币层次的划分

货币的范围不仅包括流通中的货币，还包括银行存款，甚至各种有价证券等，这些被称为准货币，货币可以划分为若干层次。目前，国际通用的划分货币层次的方式是以金融资产的流动性为标准。流动性是指一种金融资产能迅速转换成现金而对持有人不发生损失的能力。

根据我国目前的经济形势和金融管理体制，以及各类货币的流动性特点，可以将货币划分为以下三个层次：

（1）M0：流通中现金。

（2）M1：M0+可开支票的活期存款。

（3）M2：M1+准货币（企业单位定期存款+城乡居民储蓄存款+证券公司的客户保证金存款+其他存款）。

其中，M1是我国的货币供应量，通常也称为狭义货币，是中国人民银行管理和调控货币流通的重点目标。M2是通常所说的广义货币。商业票据和短期融资债券不属于准货币。

截至2023年1月末，货币供应量数据：广义货币M2余额2 738 072.06亿元，狭义货币M1余额655 214.16亿元，流通中现金（M0）为114 601.30亿元。

> **问题讨论**

我国货币发行坚持什么政策原则？

> **总结与提高**

①坚持经济发行。按照当前经济的发展情况以及商品流通的实际需要发行。②坚持计划发行。发行人民币必须由中国人民银行总行提出货币发行计划，在国务院批准以后才可以有计划地发行。③坚持集中统一。只有中国人民银行才有权利发行人民币，在发行的过程中行使垄断权。任何其他金融机构、单位、个人均无权发行人民币。

9.3 从津巴布韦通货膨胀谈起

> **案例引入**

2015年6月，津巴布韦央行宣布采取"去货币化"行动。津巴布韦央行表示，175千万亿津元可换5美元，并保证每个津元账户最少可得5美元。对于2009年以前发行的津元，

250万亿津元可兑换1美元。此举再次让这个在2009年以前饱受通货膨胀之苦的国家和津元回到了我们的视线中。其实，津元自从2009年不再作为津巴布韦法定货币后已经"死亡"，津巴布韦央行这次只不过让这个货币彻底退出了历史舞台，对津巴布韦经济和百姓生活不会造成太大影响。

津巴布韦是一个矿产资源丰富、土地肥沃的非洲南部国家，于1980年独立，当时津元与美元汇率为1∶1.47，经济实力仅次于南非，曾被誉为"非洲面包篮"，来自津巴布韦的粮食养活了非洲的饥民。然而，自津巴布韦在2000年推行激进土地改革，其农业、旅游业和采矿业一落千丈，经济逐渐濒于崩溃。

2006年8月，津巴布韦央行以1∶1 000的兑换率用新津元取代旧币。

2008年5月，津巴布韦央行发行1亿面值和2.5亿面值的新津元，时隔两周，5亿面值的新津元出现（大约值2.5美元），再一周不到，5亿、25亿和50亿新津元纸币发行。

同年7月，津巴布韦央行发行100亿面值的纸币。

同年8月，政府从货币上勾掉了10个零，100亿津元相当于1新津元。

2009年1月，津巴布韦央行发行100万亿面值新津元。

2001年，100津元可以兑换1美元。10年不到，2009年，10的31次方的新津元才能兑换到1美元。津元变得一无是处，津巴布韦超市货架上空空如也，百姓陷于饥荒，工业生产陷于停滞，公共交通、公共电力中断，津巴布韦经济陷入崩溃境地。

2009年4月，津巴布韦政府宣布，新津元退出法定货币体系，以美元、南非兰特、博茨瓦纳普拉作为法定货币，以后的几年中，澳大利亚元、人民币、日元、印度卢比又加入津巴布韦法定货币体系。

自纸币取代黄金白银成为人类流通货币以来，津元并不是唯一发生恶性贬值的货币。1922—1923年的德国马克、1945—1946年的匈牙利平格、1971—1981年的智利比索、1975—1992年的阿根廷比索、1988—1991年的秘鲁索尔都发生过这种恶性通货膨胀现象；那么如果与通货膨胀相反，货币量减少，物价降低是不是情况就好一点呢？事实完全不是如此，通货紧缩不像通货膨胀那样容易给人们留下印象，殊不知它给经济生活造成的危害也一点都不浅。

请思考： 什么是通货膨胀？为什么会产生通货膨胀？通货膨胀会带来哪些负面效应？如何有效治理通货膨胀？

知识解读

9.3.1 通货膨胀的含义与种类

1. 通货膨胀的含义

通常将通货膨胀定义为：商品和服务的货币价格总水平持续上涨的

通货膨胀含义

现象。这个定义包含以下几个关键点：①强调把商品和服务的价格作为考察对象，目的在于与股票、债券以及其他金融资产的价格相区别。②强调"货币价格"，即每单位商品、服务用货币数量标出的价格。这是要说明，通货膨胀分析中关注的是商品、服务与货币的关系，而不是商品、服务与商品、服务相互之间的对比关系。③强调"总水平"，说明这里关注的是普遍的物价水平波动，而不仅仅是地区性的或某类商品及服务的价格波动。关于"持续上涨"，是强调通货膨胀并非偶然的价格跳动，而是一个"过程"，并且这个过程具有上涨的趋向。

2. 通货膨胀的类型

通货膨胀按物价上升率幅度的不同可分为：潜行通货膨胀、温和通货膨胀、飞奔通货膨胀和恶性通货膨胀四种。

（1）潜行通货膨胀，也称爬行的通货膨胀，一般指物价水平年均上涨率在1%～3%，且人们不会产生对通货膨胀的预期（即预期物价水平将进一步上涨的心理）。

（2）温和通货膨胀，一般指物价水平年均上涨率在3%～10%之间。

（3）飞奔通货膨胀，一般指物价水平年均上涨率达到10%～100%。

（4）恶性通货膨胀，又称超级通货膨胀，一般指物价年均上涨率大于等于100%或月均超过50%。

9.3.2　通货膨胀的衡量指标

通货膨胀的严重程度是通过通货膨胀率这一指标来衡量的，该指标的计算公式为

$$当期的通货膨胀率 = \frac{当期价格水平 - 上一期价格水平}{上一期价格水平} \times 100\%$$

价格水平的高低是通过各种价格指数来衡量的。世界上较为流行的价格指数可以分为以下四类：

（1）消费者价格指数（Consumer Price Index，CPI）。该指数是根据家庭消费的代表性商品和劳务的价格变动状况而编制的，它主要反映了与人们生活直接相关的衣物、食品、住房、水、电、交通、医疗、教育等商品和劳务价格的变动。

（2）生产者价格指数（Producer Price Index，PPI）。该指数是根据企业而不是消费者所购买的商品价格的变化状况编制的，它反映了包括原材料、中间产品及最终产品在内的各种商品批发价格的变化。

（3）国民生产总值价格平减指数（GNP Deflator）。该指数反映了一国生产的各种最终产品（包括消费品、资本品以及劳务）价格水平的变化状况。它等于按当期价格计算的国民生产总值（即名义值）与按基期计算的国民生产总值（即实际值）的比率。

（4）核心价格指数。在所有商品和服务价格中，一般认为能源和食品价格的波动是最大的，而这两者价格的变化往往与社会总供求对比及货币供应量增减之间的直接联系并不

显著。所以，人们把剔除了能源价格和食品价格之后的物价指数视为核心价格指数。

> **讨论与提升**

1980—2021年我国历年通货膨胀率见表9-2。

表9-2　1980—2021年我国历年通货膨胀率

年　份	通货膨胀率（%）	年　份	通货膨胀率（%）
1980年	6.0	2001年	0.7
1981年	2.4	2002年	−0.8
1982年	1.9	2003年	1.2
1983年	1.5	2004年	3.90
1984年	2.8	2005年	1.8
1985年	9.3	2006年	1.5
1986年	6.5	2007年	4.8
1987年	7.3	2008年	5.9
1988年	18.8	2009年	−0.7
1989年	18.0	2010年	3.3
1990年	3.1	2011年	5.4
1991年	3.4	2012年	3.25
1992年	6.4	2013年	2.6
1993年	14.7	2014年	2.0
1994年	24.1	2015年	1.4
1995年	17.1	2016年	2.0
1996年	8.3	2017年	1.6
1997年	2.8	2018年	2.1
1998年	−0.8	2019年	2.9
1999年	−1.4	2020年	2.5
2000年	0.4	2021年	0.9

> **问题讨论**

请对上表数据进行分析说明。

> **总结与提高**

1980—2021年，我国存在个别年份通货膨胀率超过10%的情形，但是我国坚持用经济手段、坚持通过深化改革来治理通货膨胀。近年来，我国物价运行总体保持平稳，有充足的政策空间，有强大的国内市场支撑，有信心、有底气、有能力、有条件保障物价平稳运行。

9.3.3　通货膨胀的成因

由于各个国家的经济发展水平不同，经济管理的政策体系不同，通货膨胀形成的原因往往也不相同。但一般来讲，形成通货膨胀的原因主要有以下几个方面。

1. 需求拉动型通货膨胀

需求拉动型通货膨胀是从总需求的角度解释通货膨胀产生的原因，认为通货膨胀源于总需求的扩大。无论是消费、投资还是政府支出的增加都可以使总需求增加，当总需求大于充分就业时的总供给时，形成通货膨胀缺口，引起通货膨胀。

2. 成本推动型通货膨胀

成本推动型通货膨胀是从总供给的角度分析通货膨胀产生的原因，由于总供给取决于供给函数，而供给函数又主要受成本的影响。因此，成本推动型通货膨胀就是从生产成本的角度解释通货膨胀现象。根据成本增加原因的不同，又可以将该理论大致分成工资推动型通货膨胀、垄断价格推动型通货膨胀、进口成本推动型通货膨胀和间接成本推动型通货膨胀。

3. 混合型通货膨胀

混合型通货膨胀是由需求拉动和成本推动共同作用引起的通货膨胀。在现实经济中，很难区分物价的上涨是受成本的影响，如工资增加，还是需求的作用。因为随着工资的上涨，居民收入增加，消费需求就会增长。因此，经济学家就提出混合型通货膨胀，即需求和成本因素混合的通货膨胀。

4. 结构型通货膨胀

在现实经济不存在成本增加和需求扩张的情况下，由于经济结构因素的影响也会引起通货膨胀现象，这就是结构型通货膨胀。在现实经济中，不同经济成分之间往往有着不同的技术结构、劳动力结构等，由此导致不同经济部门之间有着不同的劳动生产率的增长率。但是，由于工作以及其他因素的作用，不同劳动生产率增长率的部门工人却要求有相同的货币工资增长率。当劳动生产率增长率较高的部门货币工资增长时，劳动生产率增长率较低的部门也随之增加相同的比率，但是该部门的劳动生产率增长率低于货币工资增长的速度，从而使得该部门生产单位商品的工资成本增加，厂商转移增加的成本又引起商品价格水平的上升，进而引发通货膨胀。结构型通货膨胀的根源在于经济体中部门之间劳动生产率的增长率存在着差异，发展至后期就演变成成本推动型通货膨胀。

9.3.4 通货膨胀的影响

通货膨胀导致物价上涨，使价格信号失真，容易使生产者误入生产歧途，导致生产的盲目发展，造成国民经济的非正常发展，使产业结构和经济结构发生畸形化，从而导致整个国民经济的比例失调。当通货膨胀所引起的经济结构畸形化需要矫正时，国家必然会采取各种措施来抑制通货膨胀，结果会导致生产和建设的大幅度下降，出现经济的萎缩，因此，通货膨胀不利于经济的稳定、协调发展。

1. 通货膨胀对生产的影响

通货膨胀对生产的影响主要表现在两个方面，首先，通货膨胀破坏社会再生产的正常进行。在通货膨胀期间，由于物价上涨的不平衡造成各生产部门和企业利润分配的不平衡，使经济中的一些稀有资源转移到非生产领域，造成资源浪费，妨碍社会再生产的正常进行。同时，通货膨胀妨碍货币职能的正常发挥，由于币值不稳，不能正常表现价值，市场价格信号紊乱，不利于再生产的进行。其次，通货膨胀使生产性投资减少，不利于生产的长期稳定发展。预期的物价上涨会促使社会消费增加、社会储蓄减少，从而缩减了社会投资、制约了生产的发展。

2. 通货膨胀对流通的影响

通货膨胀打破了流通领域原有的平衡，使正常的流通受阻。通货膨胀会鼓励企业大量囤积商品，人为加剧市场的供求矛盾。而且由于币值的降低，潜在的货币购买力就会转化为实际的货币购买力，加快货币流通速度，也进一步加剧通货膨胀。

3. 通货膨胀对分配的影响

通货膨胀改变了原有的收入分配比例和原有的财富占有比例。依靠固定收入的人群在整体收入分配中所占的比例变小了。以货币形式持有财富的人也受到损害。通货膨胀会影响国民收入的初次分配和再分配环节。通货膨胀通过"强制储蓄效应"把居民、企业持有的一部分收入转移到发行货币的政府部门。货币供应总量增加使社会总名义收入增加，社会实际总收入不会增加。不同的阶层有不同的消费支出倾向，必然会引起国民收入再分配的变化。

4. 通货膨胀对消费的影响

通货膨胀使居民的实际收入减少，这意味着居民消费水平的下降，物价上涨的不平衡性和市场上囤积居奇和投机活动的盛行使一般消费者受到的损失更大。

延伸阅读

"劫贫济富"的通货膨胀

发生通货膨胀时，从表面上看，似乎大家手里的钱都在贬值，谁也不比别人更吃亏，但实际上，通货膨胀总是"劫贫济富"的。例如20世纪20年代初德国的通货膨胀。从1922年1月到1924年12月，德国的货币和物价都以惊人的比率上升。1923年初1马克能换2.38美元，而到夏天的时候，1美元能换4万亿马克！每份报纸的价格为：1922年5月1马克、1923年2月100马克、1923年9月1 000马克。到1923年秋季，价格飞涨。每份报纸价格为：10月1日2 000马克、10月15日12万马克、10月29日100万马克、11月9日500万马克、11月17日7 000万马克。工人们不断要求提高工资、减少工作时间，在银行前排起长龙提取存款，然而拿到手的是已经贬值的纸币。农民生产的小麦等农作物虽然也涨价，却不及生产资料等工业品价格涨得快，生活也是每况愈下。然而，一些手里掌握着房子等不动产的人境遇完全不同，他们发现自己房子的价格在一夜之间翻了成百上千倍！通货膨胀之前靠低利息从政府获得大笔贷款的企业资本家，他们发现原来的巨额负债现在偿还已经很容易。还有一些商人囤积食品等物资，等到物价急剧上涨，见机抛售，获取暴利。严重的通货膨胀引起民众的强烈愤怒，当时的德国社会动荡不安，政治上风雨飘摇，危机不断。

德国人民所经历的这场灾难告诉我们，通货膨胀尤其是恶性通货膨胀，总是"劫贫济富"，让穷人更穷，富人更富。严重时还会引发社会经济和政治的剧烈动荡。所以各国政府都努力采取各种措施，保持币值稳定，维护社会和公众的利益，而维持币值稳定的使命最终落在了中央银行的身上。

9.3.5 通货膨胀的治理

通货膨胀给经济发展带来了严重的危害，因此各国政府应当高度重视可能发生通货膨胀的隐患，预防通货膨胀的发生。对于已经发生的通货膨胀，政府要积极制定各种有效政策来进行治理，以防止其进一步恶化。目前，治理通货膨胀主要可以从以下几方面入手：

1. 财政政策

财政政策是政府反通胀政策中非常重要的一个措施。政府部门通过调整财政支出结构，减少财政赤字，实施紧缩性的财政政策来抑制总需求，从而减少通货膨胀缺口，缓解通货膨胀压力，尤其对于需求拉动型通货膨胀具有更明显的作用。具体措施包括：

（1）减少政府购买支出，表现为政府在基础设施建设及政府投资方面的减少。政府增加财政支出用于公路、桥梁、通信等基础设施的建设，极大地扩大了社会总需求，成为经济持续增长的动力。但是高增长也带来了通货膨胀的压力，为防止物价的结构性调节演变成通货膨胀，政府部门需要在财政政策方面进行调节，以实现经济增长和物价稳定的双赢局面。

（2）提高税率，增加税收。政府部门提高税率，减少居民的可支配收入，调节收入分配结构，可以达到抑制总需求的目的。同时，政府部门可以针对特定商品征税的措施，如对烟酒实施消费税，抑制对特定产品的需求，从而缓解通货膨胀的压力。

2. 货币政策

通货膨胀产生的一个重要原因是货币的发行量大大超过了货币的需求量，从而导致市场中流动性过剩，过多的货币追逐有限的商品。因此，针对这一特点，政府部门应该实施紧缩性的货币政策，严格控制货币的发行量，使货币供应量与货币需求量相适应，稳定币值以稳定物价；严格控制信贷规模，以减少流通中的货币量；提高法定存款准备金率、再贴现率等，提高融资成本，从而减少贷款需求，缓解流动性过剩问题。在世界多数国家，货币发行由中央银行控制，为避免中央银行滥用货币发行权或是错误估计经济发展形势，一些经济学家提出实行货币政策"单一规则"制。所谓"单一规则"就是公开宣布并长期采用一个固定不变的货币供应增长率，比如将货币供应量的增加与经济增长率结合起来。这样长期保持一个固定不变的货币供应增长率，才能确保物价水平和币值的稳定。

3. 收入政策

收入政策是政府实施的工资和价格控制政策，以防止垄断企业为获取垄断利润不断抬高价格，或是对工人工资进行管制以避免工资和物价的轮番上涨。收入政策在实际操作中可以采取以下形式：

（1）工资—物价指导线，即由政府根据长期劳动生产率来确定工资和物价的增长限度，要求把工资—物价增长限制在劳动生产率平均增长幅度内。

（2）对特定工资或物价进行"权威性劝说"或施加政府压力，迫使垄断企业或是工会组织妥协。

（3）实行工资—物价管制，即由政府制定相关法律法规对工资和物价实行管制，如限制最高价格等手段以稳定物价。

（4）以税收政策对工资增长率进行调整，如制定优惠政策，若工资增长率保持在政府规定的幅度内，政府就以减少个人所得税等各种优惠措施作为奖励，以此来稳定工资水平。

治理通货膨胀的措施不局限于上面提到的财政政策、货币政策和收入政策三个方面，政府部门还可以通过其他有效的手段来解决，如指数化，将工资、利息等各种收入与通货膨胀率挂钩，以弥补由通货膨胀带来的损失；实行浮动汇率制度来应对国际商品价格波动带来的"输入型"通货膨胀。政府在面临通货膨胀时，要认清通货膨胀发生的原因以及传导过程，根据特定情况选择合适的政策进行治理。

延伸阅读

在实践中助力建设现代中央银行制度

党的二十大报告提出"建设现代中央银行制度"，现代中央银行负责货币发行，调节货币供应和流通，维护币值稳定；调控金融活动，推进金融改革，加强资源跨时空有效配置，促进充分就业和经济增长；履行最后贷款人职能，实施宏观审慎管理，防范化解系统性金融风险，维护金融体系稳健运行。

建设现代中央银行制度的重大任务，首先是完善货币供应调控机制。完善中央银行调节银行货币创造的流动性、资本和利率约束的长效机制，保持货币供应量和社会融资规模增速与反映潜在产出的名义国内生产总值增速基本匹配。增强货币政策操作的规则性和透明度，建立制度化的货币政策沟通机制，有效管理和引导预期。其次是构建金融有效支持实体经济的体制机制。在宏观层面搞好跨周期政策设计，以现代化的货币管理促进经济高质量发展。在微观层面引入激励相容机制，创新结构性货币政策工具，引导金融机构优化信贷结构，支持国民经济重点领域和薄弱环节，打通金融向实体经济的传导。

近年来，中国人民银行坚持实施稳健、正常的货币政策，为物价稳定提供了坚实的基础。2022年的消费物价指数（CPI）涨幅是2%。2018—2022年，平均通货膨胀指数也是2%。2013—2022年，最高的CPI达到过2.9%，最低是0.9%，平均也是2%。

为了提高金融服务实体经济的能力和质效，更好地支持重点领域和薄弱环节，中国人民银行推出了结构性的货币政策，在支持小微企业、民营经济和绿色金融取得较好成效。2022年，普惠小微贷款的余额接近24万亿人民币，授信户数超过5 600万户。在支持绿色发展方面，利用相关支持工具，2022年带动的碳减排相当于1亿吨二氧化碳当量。党的二十大提出了"建设现代化产业体系""全面推进乡村振兴""促进区域协调发展""扩大内需"和"推动绿色发展,促进人与自然和谐共生"等要求,下一步,中国人民银行将加强对金融机构指导督促,将金融活水精准有效滴灌到重大领域和薄弱环节,积极支持小微企业、先进制造业、战略性新兴产业、新型基础设施的重大项目建设,大力发展绿色金融、普惠金融、科技金融、数字金融、养老金融等。

9.3.6 通货紧缩的影响及治理

当市场上流通的货币减少,人们的货币所得减少,购买力下降,影响物价至下跌,就会造成通货紧缩。长期的货币紧缩会抑制投资与生产,导致失业率升高及经济衰退。依据诺贝尔经济学奖得主萨缪尔森的定义:价格和成本正在普遍下降即是通货紧缩。经济学者普遍认为,当消费者价格指数(CPI)连跌两季,即表示已出现通货紧缩。通货紧缩就是物价、工资、利率、粮食、能源等价格不能停顿地持续下跌,而且全部处于供过于求的状况。在经济实践中,判断某个时期的物价下跌是否是通货紧缩,一看通货膨胀率是否由正转变为负,二看这种下降的持续是否超过了一定时限。

1. 通货紧缩的影响

通货紧缩与通货膨胀都属于货币领域的一种病态,但通货紧缩对经济发展的危害比通货膨胀更严重。物价疲软趋势的存在,将从以下几个方面影响实体经济:

(1)对投资的影响。通货紧缩会使实际利率有所提高,社会投资的实际成本随之增加从而产生减少投资的影响。同时,在价格趋降的情况下,投资项目预期的未来重置成本会趋于下降,从而推迟当期的投资。这对许多新开工项目所产生的制约较大。另外,通货紧缩使投资的预期收益下降。在通货紧缩的情况下,理性的投资者预期价格会进一步下降,公司的预期利润也将随之下降,这就使投资倾向降低。通货紧缩还经常伴随着证券市场的萎缩。公司利润的下降使股价趋于下探,而证券市场的萎缩又反过来加重了公司筹资的困难。

(2)对消费的影响。物价下跌对消费需求有两种效应:一是价格效应。物价的下跌使消费者可以用较低的价格得到同等数量和质量的商品及服务,而将来价格还会下跌的预期促使他们推迟消费。二是收入效应。就业预期和工资收入因经济增幅下降而趋于下降,收入的减少将使消费者缩减消费支出。

(3)对收入再分配的影响。通货紧缩时期的财富分配效应与通货膨胀时期正好相反。在通货紧缩的情况下,虽然名义利率很低,但由于物价呈现负增长,实际利率会比通货膨胀时期高出很多。高的实际利率有利于债权人,不利于债务人。

(4)在通货紧缩的情况下,如果工人名义工资收入的下调滞后于物价下跌,那么实际工资并不会下降;如果出现严重的经济衰退,往往会削弱企业的偿付能力,也会迫使企业下调工资。

(5)通货紧缩与经济增长。在大多数情况下,物价疲软、下跌与经济增长乏力或负增长是结合在一起的。

2. 通货紧缩的治理

通货紧缩后引起的物价持续下跌使得生产者利润减少甚至亏损，继而缩小生产规模或者停产，这必然会抑制经济的增长，不利于社会发展。因此，必须采取积极的政策和措施应对通货紧缩。由于通货紧缩形成的原因比较复杂，并非由单一的某个方面的原因引起，而是由多种因素共同作用形成的混合性通货紧缩，因此治理的难度甚至比通货膨胀还要大，必须根据不同国家不同时期的具体情况进行认真研究，才能找到有针对性的治理措施。

（1）实施宽松的货币政策。通过增加货币的发行量，降低利率和存款准备金率，放低贷款门槛，从而增加市场流动性，刺激居民的消费，扩大总需求，以缓解由需求不足带来的物价下跌压力。

（2）实施积极的财政政策。通过政府预算，扩大财政投入的范围和数量，采取形式多样的财政支出方式刺激投资和消费。例如，政府通过转移支付、政府补贴等措施，增加居民的可支配收入，从而提高居民消费。同时，政府投资具有"乘数效应"，能引导私人投资的增加，从而有利于经济的发展。

（3）调整产业结构。由于产业结构的差异，一些产业的市场需求降低，往往造成产能过剩，而一些新兴产业市场需求大，但是对产业投资低，供给能力有限，以此带来了供求水平的失衡。因此，政府部门要积极致力于产业升级，实现产业结构的合理化，解决产能过剩的问题。

（4）采用适当的收入政策，改变收入分配的格局。由于贫富差距的扩大，大量的财富掌握在少数人手中，这不利于社会消费水平的提高，因为收入高的群体边际消费倾向一般要低于收入低的群体。因此，要通过收入再分配，用经济、法律、政策等综合手段提高中下层群体的收入水平，从而提高全社会的消费水平，刺激总需求。

（5）完善社会保障体系。在我国，居民收入中用于储蓄的比率远远高于世界的其他国家，导致该现象的一个重要原因是我国社会保障体系的不健全，居民将收入用于储蓄以保障未来在医疗、养老等方面的支出，从而消费需求不高。因此，通过完善社会保障体系，减少居民对医疗、养老等方面的忧虑，可以达到刺激居民消费，扩大社会总需求的目的。

延伸阅读

通货紧缩困扰日本

早在20世纪90年代初经济泡沫破灭后不久，在日本经济运行与发展中就开始出现一系列通货紧缩现象。对此，日本政府虽也一再告诫"日本经济正面临着陷入通货紧缩恶性循环的危险"，但始终都未承认日本经济已经处于通货紧缩状态。直到2001年3月16日讨论2001年3月《月度经济报告》的阁僚会议上，森喜朗政府才公开认定"现在的日本经济正处在缓慢的通货紧缩之中"。

从年度数据看，在日本1986—1991年泡沫经济时期，年度CPI一度高达3%，经济泡沫破灭后，1992—2014年总共23年里，CPI则基本在低位徘徊，没有任何一年达到国际上普遍认为比较合理的3%通胀率，仅有2014年达到2.7%，接近这一数值。从月度数据看，CPI共有7次连续半年及以上负增长，其中1999年9月至2003年9月连续49个月、2009年2月至2010年9月连续20个月负增长。PPI共有5次连续一年及以上负增长，其中1992年1月至1997年3月连续63个月、2000年9月至2003年12月连续40个月、1998年3月至1999年12月连续22个月负增长。

日本通货紧缩的特征是温和持久，从全球的视野看十分罕有。根据国际货币基金组织（IMF）的数据，1992—2014年，全球CPI年均增长率为9.5%，发达经济体为2.14%，G7国家为1.97%，新兴经济体为22.1%，美国为2.45%，欧元区为2.08%，而日本仅为0.23%。由此可见，日本CPI增长率不仅明显低于发达经济体平均水平，也低于全球平均水平，更远远低于新兴经济体。

为了刺激经济复苏、走出通缩，日本央行在1999年之前采取了低利率政策以及1999年之后采取了零利率和量化宽松（Quantitative Easing，QE）政策。截至2013年白川方明卸任日本央行行长之际，日本央行共推行了多轮量化宽松措施，资产购买总规模达101万亿日元。黑田东彦上任日本央行行长后更是强势推行"量和质两方面大胆宽松"（Quantitative and Qualitative Easing，QQE）政策，意图通过把央行债券购买规模和货币基础扩大至现有水平的两倍，在两年时间内实现2%的通货膨胀目标。日本实施零利率、QE以及QQE政策对基础货币的影响比较显著，但并没有对增加货币供应量起到明显的效果。2014年年末日本银行基础货币期末余额达275.9万亿日元，较2003年年末的111.4万亿日元增长了147.7%。而日本2014年年末的货币供给量（M2）为893.6万亿日元，较2003年年末680.3万亿日元的M2仅增长31.4%，显示日本量化宽松政策对刺激信贷增长效果有限。

模块小结

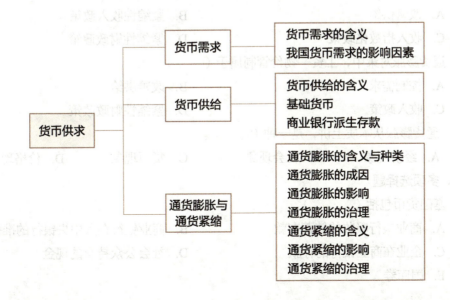

复习思考题

一、单项选择题

1. 现金与商业银行在中央银行的存款准备金构成（　　）。
   A. 超额存款准备金　　　　　　　B. 总准备金
   C. 基础货币　　　　　　　　　　D. 存款

2. 利率与货币需求的关系是，当预期利率上升时，人们就会（　　）。
   A. 抛售债券而持有货币　　　　　B. 抛出货币而持有债券
   C. 只持有货币　　　　　　　　　D. 以上说法均不正确

3. 超额存款准备金率的变动主要取决于（　　）的行为。
   A. 中央银行　　B. 社会公众　　C. 商业银行　　D. 监管当局

4. 在划分货币供应量层次时，各国主要依据金融资产的（　　）来划分。
   A. 流动性　　　B. 风险性　　　C. 安全性　　　D. 盈利性

5. 认为通货膨胀的原因在于经济发展过程中社会总需求大于总供给，从而引起一般物价水平持续上涨，是（　　）。
   A. 需求拉动论　　　　　　　　　B. 成本推进论
   C. 公开性通货膨胀　　　　　　　D. 隐蔽性通货膨胀

6. 引发通货膨胀的原因在于社会总需求而不是货币量，这属于（　　）。
   A. 需求拉动型通货膨胀　　　　　B. 成本推动型通货膨胀
   C. 混合型通货膨胀　　　　　　　D. 结构型通货膨胀

7. 通货膨胀对策中，通过公开市场业务出售政府债券属于（　　）。
   A. 控制需求　　　　　　　　　　B. 改善供给
   C. 收入指数化政策　　　　　　　D. 紧缩性货币政策

8. 治理通货膨胀对策中，压缩财政支出属于（　　）。
   A. 改善供给　　　　　　　　　　B. 紧缩性收入政策
   C. 收入指数化政策　　　　　　　D. 紧缩性财政政策

9. 通货膨胀对策中，工资—物价管制属于（　　）。
   A. 控制需求　　　　　　　　　　B. 改善供给
   C. 收入政策　　　　　　　　　　D. 紧缩性财政政策

10. 通货膨胀从本质上讲，是一种（　　）。
    A. 经济现象　　B. 社会现象　　C. 货币现象　　D. 价格现象

二、多项选择题

1. 基础货币包括（　　）。
   A. 商业银行吸收的储蓄存款　　　B. 商业银行存入中央银行的准备金
   C. 企业在商业银行的存款　　　　D. 社会公众持有的现金
   E. 国库券

2. 在我国货币层次划分中，以下属于M1的有（　　）。
   A. 现金
   B. 机关、团体、部队存款
   C. 企业活期存款
   D. 储蓄存款
   E. 外币存款
3. 商业银行具有扩张信用、创造派生存款的能力，其派生存款倍数受（　　）制约。
   A. 法定存款准备金率的高低
   B. 超额存款准备金率的高低
   C. 现金漏损率的高低
   D. 货币化比率
   E. 现金量的高低
4. 凯恩斯认为，人们持有货币的动机有（　　）。
   A. 交易性动机
   B. 储藏性动机
   C. 预防性动机
   D. 投机性动机
5. 我国货币需求的影响因素包括（　　）。
   A. 收入水平和价格水平
   B. 利率水平和货币流通速度
   C. 消费倾向和信用的发达程度
   D. 心理预期与偏好
6. 度量通货膨胀的程度，各国主要采用的标准是（　　）。
   A. 消费者价格指数
   B. 生产者价格指数
   C. 零售物价指数
   D. 核心价格指数
   E. 国民生产总值平减指数
7. 通货膨胀的成因有（　　）。
   A. 政策性通货膨胀
   B. 经济结构因素的影响
   C. 需求拉动和成本推动共同作用
   D. 成本推动
   E. 需求拉动
8. 如果物价上涨率达到两位数，则可认为发生了（　　）。
   A. 温和通货膨胀
   B. 恶性通货膨胀
   C. 飞奔通货膨胀
   D. 潜行通货膨胀
9. 成本推动型通货膨胀可进一步分为（　　）。
   A. 工资推动型
   B. 垄断价格推动型
   C. 进口成本推动型
   D. 间接成本推动型
10. 通货紧缩的原因有（　　）。
    A. 货币政策
    B. 财政政策
    C. 科技进步
    D. 金融创新
    E. 金融体系低效率

三、问答题

1. 简述基础货币与货币供给量的关系。
2. 通货膨胀的定义有哪些要点？

3. 简述通货膨胀产生的原因及其表现。
4. 通货膨胀对经济有何影响？如何治理？
5. 通货紧缩会造成什么后果？如何治理？

四、案例分析

1. 假定商业银行系统有150亿元的存款准备金，存款准备金率为10%，如果存款准备金率上升至15%或下降至5%时，最终货币供给量有何变化？

2. 如果你在A银行存入1 000元现金，假设法定存款准备金率为5%，那么A银行的法定存款准备金、超额存款准备金有何变化？A银行能够增加多少贷款？整个银行体系在简单存款创造条件下最终会新创造多少货币？

技能实训

通货膨胀调查

通过比较近3年的CPI数据，把握通货膨胀的变化轨迹，并结合实际生活感受，分析其对居民生活和国家经济的影响。

1. 以分组的形式查找数据。
2. 各组进行统计分析，画出比率图。
3. 对通货膨胀情况进行历史趋势分析。
4. 分析通货膨胀对日常生活和经济现实的影响。
5. 将实训结果填写在实训报告上。
6. 组织各小组汇报和讨论。

模块 10

急则治标 缓则治本
——宏观经济政策

学习目标

知识目标
- 了解宏观调控目标及各目标之间的关系。
- 熟悉财政政策与货币政策的类型。
- 掌握财政政策与货币政策的工具及运用。

能力目标
- 能够根据经济形势分析财政政策和货币政策的实施意义。
- 能够分析解释一般性货币政策工具在我国的应用。

素质目标
- 培养学生关注国家宏观经济政策的积极性与主动性。
- 理解和支持国家宏观调控政策。

> **模块引例**
>
> **宏观经济政策 助企纾困**
>
> "风力发电项目发展潜力大,但也由于投资总额高、建设周期长、施工难度大等因素,对融资时效性和价格提出了更高要求。"负责四川省凉山彝族自治州会东县小街一期风电项目建设的四川省能投会东新能源开发有限公司财务总监陈先生说。2022年5月开始,中国建设银行陆续为该项目投放信贷2亿元,支持项目顺利推进。不仅如此,该项目贷款还成功申报碳减排支持工具,贷款利率较一般公司贷款利率低了70个基点,相当于每年为企业节省资金成本约140万元。
>
> 2022年以来,中国人民银行创设了科技创新再贷款、普惠养老专项再贷款、交通物流专项再贷款等新工具,通过提供再贷款的方式,支持金融机构加大对特定领域和行业的信贷投放。多家银行发布半年报相关信息显示,2022年上半年,浦发银行科创企业贷款余额较年初增长16%;中信银行绿色信贷余额较上年末增长40.54%;光大银行制造业贷款余额较年初增长16%……
>
> 创设金融工具、推出金融助企纾困一揽子措施、引导贷款市场报价利率(LPR)下行……2022年以来,稳健的货币政策实施力度进一步加大,更好地服务实体经济。

10.1 宏观调控:"看得见的手"

案例引入

习近平总书记指出:"强化财政政策、货币政策的逆周期调节作用,确保经济运行在合理区间""各方面要积极推出有利于经济稳定的政策,政策发力适当靠前"。2022年的《政府工作报告》提出,宏观政策有空间有手段,要强化跨周期和逆周期调节,财税、金融等政策都要围绕就业优先实施,加大对企业稳岗扩岗的支持力度,为经济平稳运行提供有力支撑。2022年以来,在以习近平同志为核心的党中央坚强领导下,各地区各部门加大宏观政策实施力度,积极的财政政策提升效能,稳健的货币政策灵活适度,着力稳定宏观经济大盘。

请思考: 宏观经济政策的目标是什么?

知识解读

10.1.1 宏观调控的概念

宏观调控是指政府运用政策、法规、计划等手段对经济运行状态和经济关系进行调节和干预,以保证国民经济的持续、快速、协调、健康发展。它是国家在经济运行中,为了促进市场发育、规范市场运行，对社会经济总体的调节与控制。

10.1.2 宏观调控的目标

1. 经济增长

经济增长是指在一个特定时期内经济社会所生产的人均产出（或人均收入）水平的持续增加。它是一个国家维系生存的基本条件，经济不发展，社会就没有希望，国家就不能稳定，所以经济增长是世界各国政府追求的重要目标。经济增长会增加社会福利，但并不是增长率越高越好。这是因为经济增长一方面要受到各种资源条件的限制，不可能无限地增长，尤其是对于经济已相当发达的国家来说更是如此；另一方面，经济增长也要付出代价，如造成环境污染、引起各种社会问题等。因此，经济增长就是实现与本国具体情况相符的适度增长率。

2. 物价稳定

物价总水平的相对稳定是经济稳定的标志，所谓物价总水平的相对稳定，不是冻结物价，而是把物价总水平的波动约束在经济稳定发展可容纳的空间内，不发生大幅度波动。物价总水平持续上涨称为通货膨胀，物价总水平持续下降称为通货紧缩。无论是通货膨胀还是通货紧缩，都会扰乱价格体系，扭曲资源配置，导致分配秩序和经济秩序的混乱，引起人民生活水平的下降，进而破坏社会的稳定，阻碍经济的正常发展。稳定物价就是要抑制住通货膨胀、避免通货紧缩、维持币值的稳定，因此又常把这一目标称为"稳定币值"。

3. 充分就业

充分就业是指失业率降到社会可以接受的水平，即在一般情况下，符合法定年龄、具有劳动能力并自愿参加工作者能够在较合理的条件下随时找到适当的工作。在充分就业情况下，仍然会存在摩擦性失业和结构性失业，充分就业与一定的失业率并存。一些经济学家认为，失业率控制在4%左右即可视为充分就业。充分就业之所以成为各国宏观调控的基本目标，一是因为劳动力是社会资源最重要的组成部分，充分就业是资源最优配置的必要前提和体现；二是因为充分就业是维持社会稳定的必要保证。

4. 国际收支平衡

国际收支平衡是指一个经济体对其他经济体的全部货币收入与货币支出相抵后略有顺差或逆差的状态。保持国际收支平衡是各国当局宏观调控的目标之一，长期的顺差或逆差不利于经济的均衡和资源的配置。存在国际收支持续顺差的国家通货膨胀压力加大，容易引起国际摩擦，不利于国际经济关系的发展。长期逆差会导致一国对外汇需求的增加，促使外汇汇率上升，本币贬值，可能导致短期资本外逃，从而对本国的对外经济交往带来不利影响。因此，一国国际收支持续不平衡时，无论是顺差还是逆差，都会给该国经济带来危害，政府必须采取适当的调节措施，以使该国的国内经济和国际经济得到健康的发展。

10.1.3 宏观调控各目标之间的关系

宏观调控各目标之间的关系是比较复杂的，有些目标在一定程度上具有一致性，有些目标具有相对独立性，但更多表现为目标间的冲突性。

1. 物价稳定和充分就业之间的矛盾

英国经济学家菲利普斯研究了1861—1957年英国的失业率和物价变动的关系，发现两者之间存在此消彼长的替代关系，他把这种关系概括为一条曲线，即菲利普斯曲线。这条曲线表明失业率低，物价上涨率就高；失业率高，物价上涨率就低。因为要减少失业或实现充分就业，需要创造更多的就业机会，这就要求增加投资，刺激社会总需求增加，即增加货币供应量，而货币供应量的增加容易导致物价上涨；如果要降低物价上涨率，就要减少货币供应量以抑制投资和社会总需求的增加，这意味着减少就业机会，失业率上升。因此，稳定物价与充分就业，两者通常不能兼顾。

2. 物价稳定与经济增长之间的矛盾

现代市场经济表明，经济增长大多伴随着物价上涨。原因在于为了实现经济增长，要求实施宽松的货币政策和财政政策，增加货币供应量，刺激产出和增加社会总需求，而社会总需求增加会引起物价水平的上涨。反之，当经济增长过热时，一般物价水平上涨，为了达到稳定物价的目的，货币当局往往采取紧缩性的政策，通货膨胀率下降，物价趋于稳定，但是经济增长率也随之下降。

3. 物价稳定与国际收支平衡之间的矛盾

稳定物价主要是指稳定货币的对内价值，而国际收支平衡则是为了稳定货币的对外价值。如果国内物价不稳，国际收支将很难平衡。因为当国内物价高于国外物价时，必然会引起出口下降、进口增加，从而出现贸易逆差。但当国内物价稳定时，国际收支也不一定能平衡。例如，当一国物价保持不变，而国外物价上涨时，就会使本国商品的价格相对于外国商品显得较低，致使该国出口增加，进口减少，国际收支产生顺差。因此，在世界经济一体化的大趋势下，一国物价水平与国际收支平衡之间存在着较为复杂的关系。

4. 经济增长与国际收支平衡之间的矛盾

经济增长与国际收支平衡之间也存在一定的冲突。当经济增长较快时，国家经济实力也相应增长，就业增加，收入水平提高，对进口商品的需求也会相应增加，加快进口贸易增长，导致国际收支状况恶化，出现国际收支逆差，要消除逆差必须压缩国内需求，而紧缩货币政策又同时会引起经济增长缓慢乃至衰退。

总之，实际经济运行中，要同时实现四个目标非常困难。因此，在制定宏观调控目标时，要根据国情，在一定时间内选择一个或两个目标为宏观调控的主要目标。

10.1.4 宏观调控的手段

宏观调控的手段主要包括经济手段、法律手段和必要的行政手段。

1. 经济手段

经济手段是指国家运用经济政策和计划，通过对经济利益的调整而影响和调节社会经济活动的措施。经济政策包括：价格政策、税收政策、信贷政策、利率政策、汇率政策、产业政策等。

2. 法律手段

法律手段是指国家通过制定和运用经济法规来调节经济活动的措施。运用法律手段可以有效地维护经济活动参加者的合法权利，调整社会经济关系，规范生产经营者的活动和市场秩序，保证经济的正常运行。

3. 行政手段

行政手段是指国家通过行政机构，采取行政命令、指示、指标、规定等行政措施来调节和管理经济的手段。它具有直接、迅速的特点，在特定条件下是十分必要的，但必须反映客观经济规律的要求，也不能片面强调和过多地运用，否则将不利于市场作用的发展，甚至产生消极的后果。

国家宏观调控的手段各有所长、各具特色，它们相互联系、相互补充，共同构成了宏观经济调控手段的体系。在市场经济条件下，应该以经济手段和法律手段为主，辅之以必要的行政手段，发挥宏观调控手段的总体功能。

10.2 脱贫攻坚战全面胜利背后的财政力量

案例引入

又是一个丰收年，站在河北省张家口市怀安县第三堡村的田地里，苹××捧着手里的谷穗，算了一笔账："一亩地能挣2 400元，比过去种玉米能多挣1 000多元！"正是依托黄小米产业和其他扶贫措施，2019年苹××家成功脱贫。苹××口中的脱贫利器——黄小米，是当地的特色产品。张家口市财政局将发展特色杂粮产业作为该村的重点帮扶项目来抓，帮助村里建起了小米加工厂，并在资金上倾力帮扶。如今，小米卖得火，日子更红火，第三堡村一举摘掉了贫困村的帽子，村里的贫困户也全部脱贫。第三堡村的产业发展是财政支持脱贫攻坚的一个缩影。

财政作为国家治理的基础和重要支柱，在打赢脱贫攻坚战中肩负重要职责。自脱贫攻坚战打响以来，按照党中央、国务院的决策部署，财政部始终坚持把脱贫攻坚作为头等大事和第一民生工程来抓，切实发挥职责作用，不断健全与脱贫攻坚任务相适应的投入保障机制，加大扶贫资金投入力度、创新支持方式、加强扶贫资金监管，着力提高资金使用效益，全力以赴打赢脱贫攻坚这场硬仗。

请思考： 中央财政全力以赴支持打赢脱贫攻坚战，可以运用哪些财政政策工具？

知识解读

10.2.1 财政政策的概念

财政政策是政府为了实现社会总供求平衡的目标，对财政收支总量和结构进行调整的准则和措施的总和。财政政策是国家经济政策的重要组成部分，也是客观存在的财政分配关系在国家意志上的反映。在现代市场经济条件下，财政政策是国家干预经济、实现国家宏观经济目标的工具。

10.2.2 财政政策的类型

1. 根据财政政策在调节国民经济总量方面的功能分类

（1）扩张性财政政策。扩张性财政政策也称积极的财政政策，是指通过财政分配活动来增加和刺激社会总需求、促进经济增长的政策。扩张性财政政策主要通过减少税收、增加支出的方式来实现。在经济衰退时期，总供给大于总需求，总需求不足，减税可以增加企业和个人的税后可支配收入，扩大社会总需求；政府也可以通过增加公共工程支出、增加对物品或劳务的采购等方式，提高社会总需求中的政府开支部分，从而直接增加总需求，同时也可刺激私人消费和投资，增加社会总需求。

（2）紧缩性财政政策。紧缩性财政政策是指通过财政分配活动来减少和抑制总需求。实施紧缩性财政政策的基本措施是增加税收和减少开支。在经济繁荣时期，总需求大于总供给，总需求过旺，政府增加个人所得税、公司所得税，减少个人、公司的可支配收入，从而减少消费和投资；政府也可以减少在公共工程、政府购买等方面的支出，降低社会总需求中的政府开支部分，从而直接减少总需求，同时也可抑制私人消费和投资，间接减少总需求。

（3）中性财政政策。中性财政政策也称稳健的财政政策，是指财政的分配活动对社会总需求的影响保持中立的政策。财政的收支活动既不会产生扩张效应，也不会产生紧缩效应。在一般情况下，这种政策要求财政收支保持平衡。按照这一政策，财政支出根据收入多少来安排，既不允许大量的盈余，也不允许大量的赤字，也就是说不干预市场的政策。中性财政政策是20世纪30年代大危机以前普遍采用的政策原则，在现代市场经济中，使用中性财政政策是比较少见的。

2. 根据财政政策在调节社会总需求过程中发挥作用的方式划分

（1）自动稳定的财政政策。自动稳定的财政政策是指财政制度本身存在一种内在的、不需要政府采取其他干预行为就可以随着经济社会的发展，自动调节经济的运行机制。这种机制也被称为财政自动稳定器。主要表现在两方面：一方面，是包括个人所得税和企业所得税的累进所得税自动稳定作用。在经济萧条时，个人收入和企业利润降低，符合纳税条件的个人和企业数量减少，因而税基相对缩小，使用的累进税率相对下降，税收自动减少，个人和企业的可支配收入增加，税收便会产生一种推力，防止个人消费和企业投资的过度下降，从而起到反经济衰退的作用。在经济过热时期，其作用机理正好相反。另一方面，是政府福利支出的自动稳定作用。如果经济出现衰退，符合领取失业救济和各种福利标准的人数增加，失业救济和各种福利的发放趋于自动增加，从而有利于抑制消费支出的持续下降，防止经济的进一步衰退。在经济繁荣时期，其作用机理正好相反。

（2）相机抉择的财政政策。相机抉择的财政政策是指某些财政政策本身没有自动稳定的作用，需要借助外力才能对经济产生调节作用。这种政策是政府根据当时的经济形势，主动灵活地选择不同类型的反经济周期的财政政策工具，干预经济运行，实现财政政策目标。当总需求过低，即出现经济衰退时，政府应通过削减税收、降低税率、增加支出或多管齐下的方式刺激总需求。反之，当总需求过旺，即出现通货膨胀时，政府应增加税收或削减开支以抑制总需求。这种政策的实施是政府利用国家财力有意识地干预经济运行的行为。

10.2.3 财政政策目标

财政政策是国家宏观经济政策的重要组成部分，其目标与政府宏观调控的目标是一致的，是政府制定和实施财政政策要达到的预期目的。财政政策通过调节社会总需求与总供给，优化社会资源配置，实现经济稳定增长、物价基本稳定、促进充分就业和国际收支平衡的目标。

1. 经济稳定增长

经济稳定增长是指一个国家或地区在一定时期内的经济发展速度和水平保持稳定。实现经济稳定增长，是一个国家生存和发展的条件，而且是国家宏观经济政策的重要目标，也是财政政策的重要目标。经济稳定增长取决于两个源泉，一个是生产要素的增长，另一个是生产要素的技术进步程度。财政政策要通过引导劳动、资本、技术等各项生产要素的合理配置，实现经济持续稳定的增长。

2. 物价基本稳定

物价基本稳定是各国政府努力追求的目标之一。经济发展速度的加快往往伴随着整体物价水平的上升，但过高的通货膨胀率会引起社会收入和国民财富的再分配，扰乱价格体系，扭曲资源配置，使正常的分配秩序和经济秩序出现混乱。相反，严重的通货紧缩也会给社会和经济发展带来消极影响，使资源无法充分有效利用，造成生产能力和资源闲置浪费，失业人数增加，生活水平下降。

3. 促进充分就业

充分就业是各国政府普遍重视的问题。失业率高，表明社会经济资源大量闲置和浪费,社会生产规模下降,还会引发一系列社会问题,造成社会动荡。因此,控制失业率是财政政策的主要目标之一。我国正处于经济转型期,正着力于加快经济结构和深化经济体制改革,在今后一个时期不可避免地会增加就业压力,加上庞大的人口基数和每年大量新增就业劳动力,使我国促进充分就业目标的重要性更为突出。

4. 国际收支平衡

国际收支是现代开放经济的重要组成部分。一国国际收支状况不仅反映该国对外交往情况,还反映该国的经济稳定程度。一国国际收支出现逆差,表明国际贸易流动的净结果使其他国家对该国储备的索取权增加,如果一国国际收支长期不平衡,将使该国外汇储备不断减少,外债负担逐步增加,严重削弱其在国际金融体系中的地位,并导致该国国民收入增长率下降。财政政策主要通过改变税率和政府支出来影响总需求,进而达到平衡国际收支的目的。随着经济全球化发展,国家之间经济发展的相互依赖性不断提高,各国政府越来越重视本国的国际收支平衡。

10.2.4　财政政策工具

财政政策工具

财政政策工具也称财政政策手段,是指国家为实现一定财政政策目标而采取的各种财政手段和措施。财政政策工具是财政政策的载体,主要有税收、国债、公共财政支出、政府投资、政府预算等。

1. 税收

税收作为一种政策工具,它具有分配形式上的强制性、无偿性和固定性特征,这些特征使税收调节具有权威性。税收调节作用主要通过调整税种、征税范围、税率、税收优惠、税收惩罚等措施,影响生产者或消费者,使其改变生产或消费行为。税收对实现财政政策目标的作用主要表现在以下几个方面:

(1)税收对经济稳定增长的作用。经济稳定增长是以社会总供求大体均衡为基本前提的。在社会需求膨胀、供给相对不足、经济发展速度过快时,增加税负可以提高财政收入占国民生产总值的比重,相应降低纳税人收入的增长幅度,从而起到收缩社会需求,抑制经济过快增长的调控效应;反之,在经济衰退时期,社会有效需求不足、供给相对过剩的情况下,降低税负以降低财政收入占国民生产总值的比重,可以相对增加纳税人的收入比重,从而起到刺激社会需求、促进经济发展的调控效应。

(2)税收对资源合理配置的作用。税收是一种对物质利益有广泛调节作用的财政政策工具,通过税率变化、增减税种、税收优惠等政策,对资源的充分利用和资源配置比例协调有着重要的影响。

(3)税收对收入公平分配的作用。税收是政府公平收入分配的重要手段。通过开征适当的税种、制定适当的税率,如个人所得税、遗产税等,既可以起到保护合理收入、拉开收入档次、促进和提高效率的作用,又可以起到调节收入分配不公、防止贫富悬殊,在促进效率提高的前提下体现社会公平的作用。

> **延伸阅读**
>
> ### 新能源汽车免征车辆购置税政策延续实施至2023年年底
>
> 为支持新能源汽车产业发展，财政部、国家税务总局、工业和信息化部联合发布公告，明确将2022年年底到期的新能源汽车免征车辆购置税政策，延续实施至2023年年底。
>
> 公告明确，对购置日期在2023年1月1日至2023年12月31日期间内的新能源汽车，免征车辆购置税。购置日期按照机动车销售统一发票或海关关税专用缴款书等有效凭证的开具日期确定。新能源汽车免征车辆购置税政策实施以来，有效激发了新能源汽车消费潜力。国家税务总局此前发布数据显示，2022年1—7月，新能源汽车免征车辆购置税406.8亿元，同比增长108.5%，其中7月份免征车辆购置税71.7亿元，同比增长1110.1%。

2. 国债

国债是国家按照信用的原则有偿筹集财政资金的一种形式，具有财政调节与金融调节的双重特征和功能。国债的调节作用主要表现在：

（1）调节国民收入的使用结构。在不改变资金所有权的条件下，使居民手中尚未使用的消费资金转化为积累资金，调整积累与消费的比例关系。

（2）调节产业结构。一般来说，企业和商业银行投资主要注重投资项目的微观效益，当它与宏观经济目标发生矛盾时，国家可将以国债形式筹集的资金投入到那些微观效益较低但社会效益和宏观经济效益较高的项目上，如农业、"瓶颈"产业、基础工业等，促进经济结构的合理化。

（3）调节资金供求和货币流通，进而影响社会总供求。在金融市场健全的条件下，通过增加或减少国债发行量，提高或降低国债利率，可以有效调节资金供求和货币流通量，对社会总供求产生影响。

3. 公共财政支出

公共财政支出是增加社会总需求的重要渠道，从支出方式上，表现为购买性财政支出和转移性财政支出，其增减变化不但可以直接调节社会需求总量，而且可以改善社会产品的供给结构，因而成为宏观调控中重要的财政政策手段。公共财政支出的作用主要表现在：

（1）购买性财政支出对经济稳定增长的作用。购买性财政支出的增减变动会引起社会总需求的扩张或收缩，进而对经济稳定增长产生影响。当社会需求过旺、经济发展过热时，减少财政支出，可以抑制社会需求，促使经济适度增长；而在经济萧条、社会需求相对不足时，增加财政支出，可以刺激需求，促使经济回升。

（2）转移性财政支出对收入公平分配的作用。转移性财政支出是指政府不直接购买，而是将财政资金转移到社会保障和财政补贴等方面，由接受转移资金的企业和个人去购买商品和劳务。社会保障包括社会救助和社会保险等政策，是实现国家收入再分配和社会公平的主要工具。财政补贴主要用于教育、农业等各个方面，如助学贷款，在校期间的学生贷款利息全部由财政补贴支出。

4. 政府投资

政府投资指财政用于资本项目的建设支出，最终将形成各种类型的固定资产，是实现资源有效配置的重要手段。政府投资的作用主要表现在：

（1）政府投资是实现资源有效配置的重要手段。在市场经济条件下，政府承担着市场不宜或不能实现的资源配置任务。政府投资的项目主要是那些具有自然垄断特征、外部效应大，具有示范和诱导作用的基础性产业、公共设施以及新兴的高科技主导产业等。这些产业关系着国计民生，私人不愿投资，必须由政府进行投资。政府投资在资源配置上与市场形成互补，从而发挥着促进资源合理配置的作用。

（2）政府投资是影响经济稳定增长的决定性因素。由于政府投资数量大，作用力强，其投入能大大提高全社会的积累水平，促进经济稳定增长。当经济衰退时，总需求不足，增加政府投资，因为政府投资的示范、诱导作用可以刺激投资需求和消费需求；在经济繁荣时，总需求过旺，减少政府投资，因为政府投资的示范、诱导作用可以抑制投资需求和消费需求。

5. 政府预算

政府预算是国家的基本财政收支计划。从实际经济内容看，政府预算反映了政府活动的范围、方向和政策。它是财政政策的主要手段，具有综合性、计划性和法制性的特点，因此成为调控力度极强的一种政策工具。政府预算的调控作用主要表现在两个方面：

（1）通过预算收支规模的变动及收支对比关系的不同状态，可以有效地调节社会总供求的平衡关系。一般来说，在总需求大于总供给时，可以通过紧缩预算规模和实行预算收入大于支出的结余政策进行调节；当总供给大于总需求时，可以通过扩张预算规模和实行预算支出大于收入的赤字政策进行调节；在总供求基本平衡时，为保持这种平衡状态，国家预算应实行收支平衡的中性政策与之配合。

（2）通过预算支出结构的调整，可以调节国民经济中各种比例关系，从而形成合理的经济结构。政府预算增加对某个部门的资金支出，就能促进该部门的发展；反之，政府预算削减对某部门的拨款，则会限制该部门的发展。由此它可以调节经济结构，并且这种调节具有直接、迅速的特点。

10.3 央行"降准"背后的深意

为保持流动性合理充裕，促进综合融资成本稳中有降，落实稳经济一揽子政策措施，巩固经济回稳向上基础，中国人民银行决定于2023年3月27日降低金融机构存款准备金率0.25个百分点（不含已执行5%存款准备金率的金融机构）。本次下调后，金融机构加权平均存款准备金率约为7.6%。

中国人民银行将坚决贯彻落实党的二十大精神，加大稳健货币政策实施力度，着力支持实体经济，不搞大水漫灌，兼顾内外平衡，更好发挥货币政策工具的总量和结构双重功能，保持流动性合理充裕，保持货币供应量和社会融资规模增速同名义经济增速基本匹配，支持重点领域和薄弱环节融资，推动经济实现质的有效提升和量的合理增长。

请思考： 降低存款准备金率的政策意图是什么？

> 知识解读

10.3.1 货币政策的概念

货币政策是国家调节经济活动的重要手段，其范围有广义和狭义之分。

从广义上讲，货币政策包括政府、中央银行和其他有关部门制定的货币方面的所有规定和采取的影响货币数量的一切措施。

通常意义上的货币政策是指狭义范围的货币政策，即中央银行为实现既定的经济目标，运用各种工具调节货币供给和利率，进而影响宏观经济的方针和措施的总和。这一定义较之广义货币政策的口径要窄得多，一般主要包括三个方面的内容：①政策目标；②实现目标所运用的政策工具；③预期达到的政策效果。

同时，由于从确定最终目标到运用具体的工具乃至最终达到预期的政策效果，这中间存在着一些作用环节，因此货币政策实际上还包含中介指标的选择和传导机制等内容。

10.3.2 货币政策的类型

1. 扩张性货币政策

扩张性货币政策是指通过降低法定存款准备金率、降低再贴现率、中央银行在公开市场业务中买入有价证券等手段，增加社会货币供应量，进而刺激社会总需求的政策。扩张性货币政策适用于社会有效需求不足，总需求小于总供给的情况。

2. 紧缩性货币政策

紧缩性货币政策是指通过提高法定存款准备金率、提高再贴现率、中央银行在公开市场业务中卖出有价证券等手段，抑制或减少社会货币供应量，进而减少社会总需求的政策。紧缩性货币政策适用于社会需求严重膨胀，总需求大于总供给的情况。

3. 中性货币政策

中性货币政策是指货币供应量大体等于货币需要量，对社会货币供应量及社会总需求既不产生扩张性效应，也不产生紧缩性后果的政策。中性货币政策适用于经济稳定增长时期。

10.3.3　货币政策目标

货币政策作为国家经济政策的组成部分，如同财政政策一样，其最终目标与国家的宏观经济目标是一致的。世界各国中央银行货币政策所要实现的目标有四个：稳定物价、充分就业、经济增长和国际收支平衡。这四个货币政策目标之间是有矛盾的，所以任何一个国家的中央银行，对上述四个目标是不能同时兼顾的，即不可能同时达成四个目标。一般说来，不同的国家选择货币政策目标的侧重点是不同的。

自1984年到1995年，我国一直奉行的是双重货币政策目标，即发展经济和稳定货币。这种做法符合我国过去的计划经济体制，特别是在把银行信贷作为资源进行直接分配的情况下，货币总量控制与信贷投向分配都由计划安排，发展经济和稳定货币这两个目标比较容易协调。但是改革开放以后十多年来的实践表明，在大多数情况下，倾向政策的双重目标并没有能够同时实现。1995年3月颁布实施的《中华人民共和国中国人民银行法》（以下简称《中国人民银行法》）对"双重目标"进行了修正，确定货币政策目标是"保持货币币值的稳定，并以此促进经济增长"。这个目标体现了两个要求：第一，不能把稳定币值与经济增长放在等同的位置上。从主次看，稳定币值始终是主要的。从顺序来看，稳定货币为先。中央银行应该以保持币值稳定来促进经济增长。第二，即使在短期内兼顾经济增长的要求，仍必须坚持稳定货币的基本立足点。2003年修订的《中国人民银行法》仍保留了该货币政策目标，这样就将货币政策的目标以法律形式确定下来，为中央银行在国务院领导下制定和实施货币政策确定了方向。

10.3.4　货币政策工具

货币政策工具又称货币政策手段，是中央银行为达到货币政策目标而采取的手段。货币政策工具通常划分为三大类：一般性货币政策工具、选择性货币政策工具和其他货币政策工具。

1. 一般性货币政策工具

一般性货币政策工具是指从总量的角度对货币和信用进行调节和控制，从而对整个经济体系发生普遍性影响的工具。这类工具主要有三个：法定存款准备金率、再贴现率、公开市场业务。人们习惯上称之为中央银行的"三大法宝"。

一般性货币政策工具

（1）法定存款准备金率。法定存款准备金率是指以法律形式规定商业银行等金融机构将其吸收存款的一部分上缴中央银行作为准备金的比率。作为政策工具，它必须建立在实行法定存款准备金制度的基础上。实行法定存款准备金制度的初衷是为了确保商业银行对存款提取有充足的清偿能力。从20世纪30年代初起，一些国家相继把调整存款准备金率作为中央银行调节信用、调节货币供应量的手段之一。

当经济繁荣，需求过旺，物价上涨过快，发生通货膨胀时，中央银行可以提高法定存款准备金率，借以收缩信用规模，从而减少市场货币供应量。当经济衰退，社会需求不足，发生通货紧缩时，中央银行可以降低法定存款准备金率，促使商业银行扩大信贷规模，增加市场货币供应量。

法定存款准备金率的优点是中央银行具有完全的主动权，它是三大货币政策工具中最容易实施的一个工具，对货币供应量的作用迅速、效果明显，一旦确定，商业银行等金融机构立即执行。但这一工具明显的缺陷在于作用效果过于猛烈，缺乏弹性，不宜作为中央银行日常调控货币供应量使用。

（2）再贴现率。再贴现是相对于贴现而言的，企业将未到期的商业票据卖给商业银行，得到短期贷款，称为贴现；商业银行在票据未到期以前将票据卖给中央银行，得到中央银行的贷款，称为再贴现。中央银行在对商业银行办理再贴现贷款时计算所收取利息的利率，称为再贴现率。再贴现政策是中央银行通过制定或调整再贴现率，来干预和影响市场货币供求，从而调节市场货币供应量的金融政策。

当经济繁荣，社会需求过旺，出现通货膨胀时，中央银行提高再贴现率，商业银行借入资金成本上升，这就迫使商业银行减少向中央银行借款或再贴现，紧缩信贷规模，从而减少市场货币供应量，抑制社会总需求。当经济衰退，社会需求不足，出现通货紧缩时，中央银行降低再贴现率，商业银行向中央银行借入资金成本降低，就可能增加向中央银行的借款或再贴现，扩大其信用贷款规模，从而增加市场货币供应量，增加社会总需求。

再贴现有利于中央银行发挥最后贷款人的职责，并在一定程度上体现中央银行的政策意图，既可以调节货币总量，又可以调节信贷结构；但再贴现的主动权在商业银行，而不在中央银行。如果商业银行可通过其他途径筹资，而不依赖再贴现，则中央银行就不能用再贴现控制货币供应总量及其结构。

延伸阅读

普惠养老专项再贷款

为深入贯彻落实党中央、国务院关于积极应对人口老龄化的决策部署，加快健全养老服务体系，中国人民银行、发展改革委决定在河北省、江苏省、浙江省、江西省和河南省开展普惠养老专项再贷款试点，支持金融机构向普惠养老服务机构提供优惠贷款，推动增加普惠养老服务供给。试点自2022年第二季度起实施，期限暂定两年。专项贷款发放对象包括国家开发银行、中国进出口银行、中国工商银行、中国农业银行、中国银行、中国建设银行、交通银行等七家金融机构。

专项再贷款采取"先贷后借"的直达机制，按季度发放。自2022年4月1日起，金融机构自主决策、自担风险向支持范围内符合条件的养老服务机构发放贷款后，于次季度第一个月10日（遇节假日顺延）前以正式文件向中国人民银行申请专项再贷款资金，并报送相应贷款台账。

（3）公开市场业务。公开市场业务是中央银行在金融市场上公开买进或卖出有价证券的活动。20世纪20年代，美国联邦储备体系首先选用公开市场业务工具。此后，公开市场业务逐渐成为各国中央银行重要的货币政策工具。中央银行买卖有价证券并非以营利为目的，而是借此活动达到调节信用和货币供应的目的。中央银行买卖的有价证券主要是政府短期债券，交易对象的主体主要是商业银行。

中央银行通过金融市场的证券买卖活动（主要是政府债券），可以达到扩张或收缩信用、调节货币供应量的目的。当金融市场上资金缺乏时，中央银行就通过公开市场业务买进有价证券，将货币投放出去，引起信用的扩张和货币供应量的增加。相反，当金融市场上货币过多时，中央银行就通过公开市场业务卖出有价证券，实现货币的回笼，从而引起信用规模的收缩和货币供应量的减少。

在中央银行的一般性货币政策工具中，公开市场业务通常被认为是最重要、最常用和效果最理想的工具。中央银行在操作中始终处于主动地位，可以主动决定证券买卖时机和买卖数量，如果出现操作过头可以进行反向操作，及时纠正。但公开市场业务政策意图的告示作用较弱，需要以较为发达的有价证券市场为前提。

2. 选择性货币政策工具

中央银行还可运用选择性货币政策工具对某些特殊领域或特殊用途的信贷信用加以调节，是一般性货币政策工具的必要补充。常见的选择性货币政策工具有以下四种：

（1）消费信贷控制。消费信贷控制是指中央银行对消费者购买不动产以外的各种耐用消费品的信用规模和期限等要素所采取的限制性措施，包括消费信贷首次付款的最低金额、消费信贷的最长期限、适用消费信贷的消费品种类、不同消费品的放款期限等。通过控制消费信贷可以达到调节社会消费需求的货币政策目标。

（2）不动产信用控制。不动产信用控制是指中央银行对住房或商品房购买者的购房信贷的限制措施。不动产信用控制主要包括不动产贷款的最高金额、最长期限、首次付款的金额以及分期付款中分期还款的最低金额等方面的规定。其主要目的在于限制房地产投机，抑制房地产泡沫。

（3）证券市场信用控制。证券市场信用控制也称证券交易的法定保证金比率控制，是指中央银行通过规定和调节信用交易、期货交易和期权交易中的最低保证金率，刺激或抑制证券交易活动的货币政策手段。证券市场信用控制通过规定贷款额占证券交易额的百分比，来调节或限制证券市场的活跃程度。中央银行可根据金融市场的状况，随时提高或降低法定保证金比率。

（4）优惠利率。优惠利率是指中央银行对国家拟重点发展的某些经济部门、行业或产品制定较低的利率，目的在于刺激这些部门的生产，调动它们的积极性，实现产业结构和产品结构的调整。

3. 其他货币政策工具

其他货币政策工具是指除了以上两类货币政策工具外，中央银行还根据本国的具体情况和不同时期的具体要求，运用一些其他政策工具，对信用进行直接控制和间接控制。

（1）直接信用控制。直接信用控制是指中央银行以行政命令的形式对金融机构信用活动进行控制，直接对金融机构尤其是存款货币银行的信用活动进行控制。其手段包括利率最高限、信用配额、流动性比率和直接干预等。

1）利率最高限。规定存贷款最高利率限制是中央银行最常用的信用管制工具，目的是防止银行用抬高利率的办法竞相吸收存款和为谋取高额利润而进行高风险存贷。

2）信用配额。中央银行根据金融市场状况以及宏观经济需要，分别对各个商业银行的信用规模加以分配，限制其最高数量。这种办法在资金供给严重不足的发展中国家被广泛采用。

3）流动性比率。流动性比率是指中央银行行为了限制商业银行的信用扩张，所规定的流动性资产占存款的比重。一般来说，流动性比率与收益率成反比。为保持中央银行规定的流动性比率，商业银行必须缩减长期放款、扩大短期放款和增加易于变现的资产。

4）直接干预。中央银行以"银行的银行"身份，直接对商业银行的信贷业务放款范围等加以干预，如直接限制放款额度、明确各家银行的放款和投资的范围等。

（2）间接信用控制。间接信用控制是指中央银行凭借其在金融体制中的特殊地位，通过与金融机构的磋商、宣传等形式指导其信用活动，间接影响商业银行的信用创造。其主要措施有道义劝告和窗口指导等。

1）道义劝告。中央银行运用自己在金融体系的特殊地位和威望，以口头或书面谈话的方式劝告商业银行遵守金融法规，自动采取相应措施，配合中央银行货币政策的实施。

2）窗口指导。中央银行根据市场行情、物价走势、金融市场的动向、货币政策要求等，通过劝告和建议来影响商业银行信贷行为的一种温和的、非强制性的货币政策工具。

 模块小结

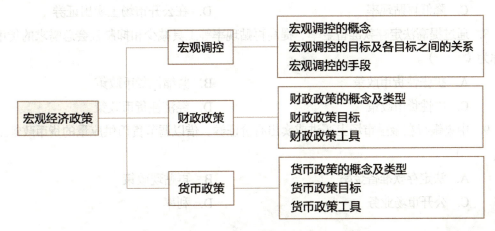

复习思考题

一、单项选择题

1. （　　）作为一种财政政策工具，具有分配形式上的强制性、无偿性和固定性特征。
   A. 税收　　　　　　　　　　　　　B. 国债
   C. 公共财政支出　　　　　　　　　D. 政府预算

2. 按照（　　），财政政策可以分为扩张性财政政策、紧缩性财政政策、中性财政政策。
   A. 作用空间　　　　　　　　　　　B. 作用时间
   C. 调节经济周期要求　　　　　　　D. 调节国民经济总量要求

3. 实行紧缩性财政政策，一般是采用（　　）的措施。
   A. 增加税赋或增加支出　　　　　　B. 增加税赋或压缩支出
   C. 降低税赋或压缩支出　　　　　　D. 降低税赋或增加支出

4. 通过减少财政收入、扩大财政支出来增加和刺激社会总需求的财政政策称为（　　）。
   A. 扩张性财政政策　　　　　　　　B. 紧缩性财政政策
   C. 中性财政政策　　　　　　　　　D. 经济性财政政策

5. 当宏观经济运行中存在失业时，可以采取的财政政策工具是（　　）。
   A. 提高公司所得税　　　　　　　　B. 提高个人所得税
   C. 增加政府支出　　　　　　　　　D. 增加货币发行量

6. 货币政策的制定者和执行者是（　　）。
   A. 中央政府　　　　　　　　　　　B. 商业银行
   C. 财政部　　　　　　　　　　　　D. 中央银行

7. 以下属于扩张性货币政策的是（　　）。
   A. 提高法定存款准备金率　　　　　B. 提高商业银行存贷款利率
   C. 降低再贴现率　　　　　　　　　D. 在公开市场上卖出证券

8. 通过提高法定存款准备金率、提高再贴现率等工具减少和抑制社会总需求的货币政策称为（　　）。
   A. 扩张性货币政策　　　　　　　　B. 紧缩性货币政策
   C. 中性货币政策　　　　　　　　　D. 经济性货币政策

9. 中央银行在金融市场上买进或卖出有价证券，借以调节货币供应量的货币政策工具是（　　）。
   A. 法定存款准备金率　　　　　　　B. 再贴现政策
   C. 公开市场业务　　　　　　　　　D. 利率

10. 我国的货币政策目标是（　　）。
    A. 稳定物价　　　　　　　　　　B. 充分就业
    C. 稳定币值，并以此促进经济增长　　D. 经济增长

二、多项选择题

1. 以下属于宏观经济政策目标的是（　　）。
   A. 充分就业　　B. 物价稳定　　C. 经济增长　　D. 国际收支平衡
   E. 社会稳定

2. 宏观调控的手段有（　　）。
   A. 经济手段　　B. 市场手段　　C. 法律手段　　D. 行政手段
   E. 计划手段

3. 以下属于财政政策工具的有（　　）。
   A. 政府预算　　B. 政府投资　　C. 国债　　D. 税收
   E. 利率

4. 一般性货币政策工具包括（　　）。
   A. 法定存款准备金率　　　　　　B. 再贴现率
   C. 优惠利率　　　　　　　　　　D. 公开市场业务
   E. 窗口指导

5. 下列有关再贴现率变动与货币当局意图的描述正确的有（　　）。
   A. 再贴现率下降表示货币当局减少货币和信贷供给
   B. 再贴现率下降表示货币当局扩大货币和信贷供给
   C. 再贴现率上升表示货币当局减少货币和信贷供给
   D. 再贴现率上升表示货币当局扩大货币和信贷供给
   E. 表示政府采取旨在使收入分配公平的政策

三、问答题

1. 宏观调控的政策目标之间有什么矛盾？如何协调？
2. 财政政策有几种类型？在经济衰退时如何使用？
3. 货币政策工具分为哪几类？每类货币政策工具又包含哪些内容？

四、案例分析

2022年12月29日，全国财政工作视频会议在北京召开。会议以习近平新时代中国特色社会主义思想为指导，深入贯彻党的二十大精神，认真落实中央经济工作会议部署，总结2022年及党的十九大以来财政工作，研究部署2023年财政工作。

会议指出，2022年以来，在以习近平同志为核心的党中央坚强领导下，各级财政部门抓好稳经济一揽子政策措施落实，各项财政政策早出快出，推动稳住宏观经济大盘。加大财力下沉力度，切实保障基层财政平稳运行。支持保粮食能源安全，保障产业链供应链稳定，推动经济总体回稳向好。

2023年，积极的财政政策要加力提效，更直接更有效发挥积极财政政策作用，重点把握好五个方面：一是完善税费支持政策，着力纾解企业困难；二是加强财政资源统筹，适度扩大财政支出规模；三是大力优化支出结构，不断提高支出效率；四是均衡区域间财力水平，促进基本公共服务均等化；五是严肃财经纪律，切实防范财政风险。

问题：我国为什么要推行积极的财政政策？

 **技能实训**

深入了解中国人民银行最新货币政策颁布情况

登录中国人民银行网站，关注央行最新货币政策颁布情况：

1. 了解货币政策委员会日常工作。
2. 了解货币政策工具类型。
3. 分析央行最新货币政策意图。
4. 讨论货币政策如何贯彻执行。
5. 将分析、讨论结果写在实训报告上。
6. 组织各小组汇报。

参 考 文 献

[1] 许缦，朱玮玮. 财政学[M]. 成都：西南交通大学出版社，2015.

[2] 张素勤. 财政学教程[M]. 上海：立信会计出版社，2019.

[3] 袁晓梅，陈宁. 财政与金融[M]. 2版. 北京：人民邮电出版社，2022.

[4] 王丽娟，王梓涵，吴强. 财政与金融[M]. 成都：电子科技大学出版社，2020.

[5] 苏艳丽，曾祁. 新编财政与金融[M]. 7版. 大连：大连理工大学出版社，2021.

[6] 马春晓，姚梦歌. 财政与金融[M]. 2版. 北京：中国财政经济出版社，2022.

[7] 徐金霞. 财政金融基础知识[M]. 6版. 北京：中国财政经济出版社，2022.

[8] 冯超群. 财政与金融[M]. 北京：中国农业出版社，2020.

[9] 黄达，张杰. 金融学[M]. 5版. 北京：中国人民大学出版社，2020.

[10] 贺瑛. 金融概论[M]. 5版. 北京：高等教育出版社，2014.

[11] 李健. 金融学[M]. 4版. 北京：高等教育出版社，2022.

[12] 中国人民银行. 金融知识国民读本[M]. 北京：中国金融出版社，2007.

[13] 米什金. 货币金融学[M]. 徐雷，等译. 12版. 北京：中国人民大学出版社，2023.

[14] 周建松. 金融学基础[M]. 3版. 北京：中国人民大学出版社，2021.

[15] 张晓华. 金融基础[M]. 3版. 北京：机械工业出版社，2020.